职业教育工学一体化课程改革规划教材·老年服务与管理系列
北京劳动保障职业学院国家骨干校建设资助项目
总主编　王建民

U0873674

老年产品营销

屈冠银　主　编

中国人民大学出版社
·北京·

北京劳动保障职业学院国家骨干校建设资助项目

编　委　会

编委会主任　李继延　李宗泽

编委会副主任　冯琦琳

编委会成员　王建民　青　玮　臧少敏　谈玲芳　王　婷　王文焕　赵　强　牛晋芳　王　钵　卢　先　杨　萍　程俊飞　欧阳青

参编者（排名不分先后）

王建民　北京劳动保障职业学院

谈玲芳　北京劳动保障职业学院

屈冠银　北京劳动保障职业学院

郑春贤　北京劳动保障职业学院

杨海英　北京劳动保障职业学院

王　婷　北京劳动保障职业学院

刘　艳　北京劳动保障职业学院

王　巍　北京劳动保障职业学院

卢　先　北京慈爱嘉养老服务有限公司

王凤臣　北京京北职业技术学院

王红红　北京劳动保障职业学院

罗雪艳　美国达拉斯医院

侯晓霞　大连职业技术学院

臧少敏　北京劳动保障职业学院

青　玮　北京劳动保障职业学院

季　琼　北京劳动保障职业学院

李　冰　北京劳动保障职业学院

黄志远　北京劳动保障职业学院

王文焕　北京劳动保障职业学院

张保丰　北京劳动保障职业学院

王　钵　北大医疗产业园科技有限公司

赵　丹　北京京北职业技术学院

杜　庆　重庆城市管理职业学院

徐红莉　湖北职业技术学院

谭　晶　同济医院

曾　韬　荆楚理工职业学院

贾　真　北京京北职业技术学院
齐玉梅　荆楚理工职业学院
马丽娟　东北师范大学人文学院
许川资　CFU家庭支持资源中心
杨　萍　北京市华龄颐养精神关怀服务中心
黄文杰　东北师范大学人文学院
刘世文　东北师范大学人文学院
赵　强　北京鹤逸慈老年生活用品有限公司
王红歌　北京鹤逸慈老年生活用品有限公司
苏兰君　北京信息职业技术学院
朱军伟　邢台学院
张　妍　北京劳动保障职业学院
章艳华　淮安信息职业技术学院
杨爱春　北京诚和敬投资有限责任公司
崔文一　北京英智康复医院
韩艳萍　东北师范大学人文学院
付　玉　东北师范大学人文学院
惠普科　北京劳动保障职业学院
弓永钦　北京劳动保障职业学院
雷　雨　重庆城市管理职业学院
刘　琼　北京京北职业技术学院
王　允　大连职业技术学院
曲　波　东北师范大学人文学院
王鹏云　中国科学院心理研究所
陈捷文　甘家口社区卫生服务中心
肖品园　北京京北职业技术学院
邢　媛　北京鹤逸慈老年生活用品有限公司
程俊飞　北京无障碍设施中心
欧阳青　禄祥源（北京）科技发展有限公司
薛　齐　北京劳动保障职业学院
张　洁　用友新道科技有限公司
肖三喜　北京市海淀区职工大学
贾金凤　北京市朝阳区寸草春晖养老院
王艳蕊　北京市乐龄老年社会工作服务中心
尚振坤　北京市第一社会福利院
郝莹莹　甘家口社区卫生服务中心
徐海峰　北京劳动保障职业学院
张艳宁　临沂职业学院

总　序

中国的老龄化趋势日趋严峻，养老服务人才严重短缺，为了加快养老服务人才培养的步伐，北京劳动保障职业学院与同类院校、行业企业专家共同编写的国内首套“老年服务与管理”专业系列教材终于开始出版发行了。作为整个系列教材立项的支持者和编写过程的见证者，我感到无比兴奋与欣慰。

第一，本套教材的推出是促进专业发展的“及时雨”。21 世纪的第一个十年刚刚过去，我国老龄人口已经突破两个亿，老龄社会已经快速到来。老年服务业开始成为“夕阳事业中的朝阳产业”，老年服务人才已经成为老年服务企业竞相争抢的对象。面对老年服务产业人才短缺现状，不少具有战略眼光的高职和中职院校纷纷开设老年服务类专业。然而，教材的短缺已经成为制约专业教学发展的重要瓶颈之一。在此时推出本套系列化教材可谓“好雨知时节”，“久旱逢甘霖”，某种程度上可以说填补了国内空白，相信一定会很好地满足老年服务类专业教学的迫切需要，发挥其应有的作用。

第二，本套教材是真正以能力为导向的项目化教材。项目化教材是“坚持能力为重”的最好体现。《国家中长期教育改革和发展规划纲要（2010—2020 年）》关于“坚持能力为重”是这样论述的：“坚持能力为重。优化知识结构，丰富社会实践，强化能力培养。着力提高学生的学习能力、实践能力、创新能力，教育学生学会知识技能，学会动手动脑，学会生存生活，学会做事做人，促进学生主动适应社会，开创美好未来。”职业教育改革的实践证明，能力不是教师“讲”出来的，不是学生“听”出来的，能力是靠学生自己动手、动脑“练”出来的，而项目和任务是训练能力的最好载体。参与教材编写的专家和老师们高度认同这些观念，所以，本套教材打破了传统的“知识体系”，确立了现代职业的“能力体系”；改变了惯常的“章、节”编写体例，创建了以项目和任务贯穿始终的新体例。而且，每一个项目和任务都不是孤立存在，而是根据具体的工作情境设计出来的。因此，这是一套真正意义上坚持能力导向的项目化教材。使用本套教材的学生，定会成为学习的真正主体，在教师的引导下，靠项目和任务的驱动去学习知识、创新方法，在完成一系列项目和任务的过程中提高分析问题和解决问题的能力。

第三，本套教材是学校、企业、行业多方合作的结晶。《教育部关于全面提高高等职业教育教学质量的若干意见》（教高 2006 年 16 号文）对如何进行教材建设明确提出：“与行业企业共同开发紧密结合生产实际的实训教材，并确保优质教材进课堂。”在本套教材的编者中，既有企业实践一线的业务骨干和管理者，又有养老行业的知名专家。企业专家贡献他们的实践经验，为教材提供真实的案例；行业专家发挥他们的战略思维优势，为教材开发指明方向。教材中涉及的学习项目和典型工作任务都是专业教师和行业、企业专家一起从实际工作中提取出来的，切合实际，便于教与学。

第四，本套教材是学院国家骨干校建设结出的硕果。北京劳动保障职业学院2011年被评为国家骨干高职建设院校，其中项目化课程改革是骨干校建设的一项重要内容。“三年磨一剑，今日把示君”，经过三年艰苦努力，学院不仅在办学硬件方面提升了一个档次，而且在专业建设方面也打磨出了一批精品专业。其中“老年服务与管理”专业成为学院的品牌专业，在北京市乃至全国高职院校中都享有一定的知名度。该专业的所有核心课程都完成了项目化课程改革，并随之产生了相应的项目化校本教材。有观念的改变和课程改革经验的积累，才能编出优秀的教材，从这个意义上讲，本套教材的产生是学院国家骨干校建设结出的硕果。

本套系列教材共16本，几乎涵盖了“老年服务与管理”专业所有专业基础课和专业核心课，这是一项浩大的工程。我为北京劳动保障职业学院专业教师的勇气和能力感到骄傲，为多位行业、企业专家能够积极参与到教材编写中来而深深感动。祝愿这套系列教材能为全国有志于为老年事业服务和奉献的同行们提供教学和培训参考，为促进中国老年事业健康发展贡献自己绵薄的力量！

北京劳动保障职业学院院长、教授　**李继延博士**

前　言

我国正在加速进入老龄化社会，老年产业可谓“夕阳产业正朝阳”。许多富有远见的企业纷纷进入老年市场，老年服务人才短缺问题日益突出。为弥补老年产业人才缺口，我国不少大专院校开始设立老年服务管理相关专业。由于专业开设时间短，各院校均处在探索阶段，目前市场上还没有相配套的系列化教材。尤其是市场营销，市面上教材虽多，但针对老年产品的营销教材几乎没有。

编者长期从事市场营销的教学和科研工作，近几年又开始为老年健康管理专业讲授“老年产品营销”课程，深感老年市场有自己的特点，有必要以菲利普·科特勒经典营销理论为基础，开发出适合的老年产品营销教材。

本教材共包含10个学习项目，分别是认识老年产品营销（掌握市场营销的基础知识）、调研老年产品市场（学习设计调研计划、问卷，了解调研内容和环境分析方法）、分析老年人消费行为（学习老年消费心理和购买过程）、细分老年市场并设立定位（学习目标市场策略和定位方法）、创建与管理老年品牌（学习品牌构建的步骤与方法、设计品牌战略）、制定产品策略（学习设计产品组合、包装和生命周期策略）、设计与管理老年服务（学习制定服务营销策略和管理服务质量）、制定老年产品价格（学习定价的方法和策略）、设计与管理营销渠道（制订渠道方案，激励与控制渠道成员）以及设计与管理促销传播（学习广告、销售促进、公共关系、人员推销策略）。

本书深入贯彻党的二十大精神，全面融入社会主义核心价值观，弘扬正能量，寓价值观教育于知识体系和能力培养之中，落实立德树人的根本任务，体现育人与育才相结合的教学目标。教材以建构主义理论为基础，按照“项目导向、任务驱动、理论够用、突出技能”的基本编写原则，每个学习项目设置了“学习目标”、“情境导入”、“任务描述”、“相关知识”、“同步训练”、“项目小结”、“教学做一体化训练”等栏目，使学生能够聚焦学习问题、激活原有知识、主动学习知识、应用训练技能、实现融会贯通，便于教师以学生为主体，开展项目化教学。

编者的理想是编写一本具有老年行业特色的营销教材，然而，知易行难，在编写过程中才发现，由于长期对老年市场的忽视，老年产品营销的案例素材非常缺乏，也造成本教材在引用案例方面不够丰富。好在明确了方向，就不怕路远，编者会继续努力，以后慢慢补充完善。

在本教材的编写过程中，编者得到了北京信息职业技术学院苏兰君老师、刘赟老师、禄祥源（北京）科技发展有限公司创始人欧阳青教授、鹤逸慈老年生活用品有限公司赵强总经理、邢媛经理的指导和帮助。同时，爱人和孩子无私的支持和奉献是书稿得以完成的基础，在此一并表示感谢。

由于时间仓促，加之编者水平有限，书中不足之处在所难免，敬请各位专家、读者批评指正。

编者

目 录

项目一

认识老年产品营销

学习目标

知识目标

1. 理解市场营销的定义；
2. 理解市场、产品、顾客让渡价值、顾客满意等重点概念的含义；
3. 掌握市场需求类型及相应策略；
4. 掌握5种营销观念的内容；
5. 了解营销3.0时代的营销组成部分。

素质目标

1. 培养一定的顾客观念和服务意识；
2. 培养一定的竞争意识和资源整合观念；
3. 养成积极主动的生活态度。

能力目标

1. 能用市场营销的概念解释见到的营销现象；
2. 能够判断企业市场需求的类型，并提出针对的解决策略；
3. 能够应用市场的概念分析老年市场的规模和潜力；
4. 能够应用营销观念的知识对企业所奉行的理念做出分析与判断。

任务一

理解营销相关概念

情境导入

小张在一家老年保健品公司做推销员，业绩一直不错。今年 7 月份，市场营销部经理突然离职了，于是公司决定提拔小张做该公司的营销部经理。上任第一天，公司李总把小张叫到办公室，二人进行了一次简短的谈话。

小张："谢谢公司对我的信任，我会充分利用自己做推销员的经验，积极主动，努力工作，把营销部的工作做好。"

李总："你已经做了几年推销员，对企业的产品和老年市场都有了较好的了解，但推销和营销还是有很大区别，工作中还需要加强学习。"

任务描述

1. 理解营销和推销

假如你是小张，按照你的理解，并阅读相关知识，列出市场营销部门的工作内容。按照李总的说法，推销和营销是有区别的，你认为有哪些区别？二者有什么联系？用自己的话概括出你认为正确的营销概念。

2. 理解产品和市场

营销者需要"知己知彼"，既要了解自身的产品，又要了解市场需求。阅读相关知识后回答，老年产品可能有哪些表现形式（举例回答）？目前，老年市场为什么在中国备受各界关注？老年市场规模的大小由哪些因素决定？

相关知识

营销无处不在。不论是国家、企业、个人还是学校，任何组织或者个人都在从事着各种各样的营销活动。然而，成功的营销绝非偶然，需要掌握一定的营销基础知识，并根据所处环境进行不断创新。所以，营销是一门科学，也是一门艺术。

（一）什么是营销

到现在为止，市场营销（marketing）还没有一个统一的定义，营销学者和相关组织都从某个角度对其内涵进行阐述。下面是一些富有远见卓识的观点：

关于市场营销最简洁的说法是：满足别人并获得利润。

美国经济学家保罗·马苏（Paul Magur）曾说："市场营销是给社会传递生活标准。"

营销学之父菲利普·科特勒（Philip Kotler）认为，市场营销是个人和集体通过创造、提供、出售，并同别人交换产品和价值，以获得其所需所欲之物的一种社会和管理过程。在这个概念中，指出了营销者可以是组织也可以是个人；营销的对象是产品和价值；营销的核心是交换；营销的目的是各取所需；营销的特点是系统或过程。

2007年，美国市场营销协会（AMA）推出了目前关于市场营销的最新定义。该定义认为，市场营销是创造、传播、交付和交换那些对顾客、代理商、合作伙伴和全社会有价值的市场供应物的活动、制度和过程。

已故管理大师彼得·德鲁克（Peter Drucker）认为，市场营销是如此基本，以致不能把它看成是一个独立的功能，从它的最终结果来看，也就是从顾客的观点来看，市场营销是整个企业活动。关于推销，德鲁克认为："可以这样说，推销往往是需要的。然而，市场营销的目的是使推销成为多余。市场营销的目的就在于深刻地认识和了解顾客，从而使产品和服务完全适合特定顾客的需要，从而实现产品的自我销售。"

（二）营销和推销的区别

1. 目标

营销的目标是树立品牌，扩大品牌知名度、提升美誉度，给消费者提供产品购买的理由，最终通过消费者满意获取利润。而推销的工作目标就是如何把产品送到消费者的面前，并成功地收回资金，实现商品的价值。

2. 层次

营销与推销从层次上讲是"战略"和"战术"的关系。营销涉及销售的方方面面，包括销售前、销售中、销售后的市场调查，营销方案的制订，产品定位和品牌推广方案，价格制定，渠道开发和促销的政策制定，售后服务政策等，是全局统筹的工作，具有战略性。推销工作主要是将营销部门研究规划出的产品按设计好的渠道和价格以及促销宣传方式具体实施，保证渠道畅通和物流、资金流的安全等，是战术实施方面的事情。

3. 时间

营销的策略研究、品牌规划建设一般都是以年度为一个检验周期，如五年甚至十年，所以关系的是企业长远的利益。而推销工作往往是以月、季度、最多是年度为单位的，所以关系到的是企业的短期利益。

4. 方法

营销要整合营销组合中涉及的各种营销方法，而推销主要是应用广告、人员推销、公共宣传、短期营业推广等方法。

（三）产品

营销人员营销的是产品。产品是任何能用以满足人类某种需要或欲望的东西。老年产品就是任何用来满足老年人某种需要或欲望的东西。有时我们也用其他的术语来描述产品，例如提供物或问题的解决。一般而言，营销人员主要经营10种形态的产品（见表1—1）。

表 1—1　　产品的 10 种形态

产品形态	简要说明
实体产品（goods）	营销的主要对象，如衣服、食品、保健品、老年手机等看得见的产品。
服务（services）	逐渐成为主要营销对象，如航空、餐饮、护理、家政、康复咨询等。
体验（experiences）	体验是不同产品和服务组合带给顾客的体会、经验和感觉，如迪斯尼的梦幻王国可以让游客身临童话世界，登上海盗船或走进鬼屋猎奇。
事件（events）	事件是基于时间的活动，如大型商业展览、艺术表演、公司庆典，甚至一些全球事件，如奥运会。
人员（persons）	个人可以进行营销，不少艺术家、首席执行官、医生和律师都精于此道。如美国管理学家汤姆·彼得斯就是一个很善于建立自我品牌的人。
地点（places）	国家、城市、地区、旅游景点都可以通过营销吸引游客，增加旅游收入。拉斯维加斯通过营销让世界知道了它是“成人的游乐场”。
所有权（properties）	所有权（或财产权）是一种无形的权利，如不动产（房地产）和金融证券（股票或债券），市场买卖的就是所有权。
组织（organization）	组织也想在公众中构建强大、受人欢迎的独特形象。大学、博物馆、协会、各种各样的俱乐部为了获取资金，都在不断营销自己。
信息（information）	信息是一种特殊的商品，出版社、大学、调研公司都在以一定的价格出售信息。
观念或创意（ideas）	每种产品都包含观念或创意，露华浓公司的查尔斯·雷夫森指出：“在我们的工厂里，我们制作化妆品；在商店里，我们出售希望。”

（四）市场

营销者常用市场这个术语指代各种各样的顾客。在营销者看来，卖方构成行业，买方构成市场。营销中的市场是由那些具有特定的需要或欲望，而且愿意并能够通过交换来满足这种需要或欲望的全部潜在顾客所构成的。用公式表示为：

市场＝人口＋购买欲望＋购买力

上述概念为营销者判断一个市场是否存在、市场规模大小提供了依据，忽略其中的任何一个因素，都有可能犯错误。老年顾客构成了老年产品市场，这个市场潜力巨大。

引例：老年消费市场巨大

统计数据显示，从 2011 年到 2015 年，全国 60 岁以上老年人将由 1.78 亿增加到 2.21 亿，平均每年增加老年人 860 万。预计未来 20 年，我国人口老龄化会日益加重，到 2030 年全国老年人口规模将会翻一番。庞大的老年人群，必将产生巨大的消费需求。从长远来看，其购买力总和将不断扩大，老年消费将成为我国内需的重要组成部分，且所占比例越来越大。当前，我们应该尽快转变老年人的消费理念，刺激并不断满足老年人的各种需求，双管齐下启动我国老年消费市场，从而为扩大内需另辟蹊径。

资料来源：http：//finance. people. com. cn/GB/70846/17211078. html，2012－02－24。

同步训练

你是如何理解德鲁克所说的“市场营销的目的是使推销成为多余”这句话的？为什么说我国老年产品市场潜力巨大？

任务二

管理需求下降

情境导入

A公司是一家经营中老年保健品的公司，主要目标顾客是处于更年期的女性。该公司保健品的主要功能是促进睡眠、治疗烦躁和增加骨密度。公司以前主打产品功能，营销效果一直不错，销量也一直在增长。但是，从今年开始销售业绩似乎到达了顶点，并出现了需求下降的趋势。听市场调研人员讲，有一大批潜在顾客，她们有产品使用需求，但又怕别人说自己更年期。

任务描述

A公司目前面临需求下降的情况。如果你是该公司的营销经理，该如何扭转产品需求下降的趋势，扩大销售量？

相关知识

（一）需要、欲望和需求

（1）需要（needs）。需要是指没有得到某些基本满足的感受状态。它描述人类最基本的要求，如人们需要食物、衣服、房屋，以及安全、归属感、尊重和自我实现等。需要是客观存在的，市场营销者不能创造需要，只能发现并适应它。

（2）欲望（wants）。欲望是指对具体满足物的愿望。一种需要可以用不同的满足物来满足，从而就表现为不同的欲望。如一个人需要食品，可以是馒头、汉堡，也可以是熊掌、鱼翅或燕窝。人们的需要是有限的，但欲望是无穷的。商业组织可以刺激人们形成和再形成种种欲望。

（3）需求（demand）。需求是指对有能力购买并且愿意购买某个具体产品的欲望。许多老年人都想享受高级的养老服务，但只有具有支付能力的人才能购买。因此，市场营销者不仅要了解有多少消费者需要某产品，更重要的是要了解他们是否愿意并且有能力购买。

（二）需求管理

营销管理的本质是需求管理。营销者需要努力去影响需求的水平、时机和构成，以便使其符合组织的目标。一般而言，市场有 8 种需求类型（见表 1—2），需要采用不同的策略去应对。

表 1—2　　需求的 8 种类型与策略

序号	需求类型	说明	策略
1	负需求	消费者厌恶某种产品或服务，甚至愿意出钱躲避它。	改变对产品的信念和态度。
2	无需求	消费者对某种产品不了解或不感兴趣，如一些非洲国家居民从不穿鞋子，对鞋子无需求。	刺激需求，把产品利益同人们的自然需求及兴趣结合起来。
3	潜在需求	现有的产品或服务不能满足许多消费者的强烈需求。	开发有效的产品和服务满足这些需求。
4	下降需求	消费者对某些产品或服务的需求出现了下降趋势。	重振需求，通过寻求新的目标市场，以扭转需求下降的趋势。
5	不规则需求	消费者的需求因季节、月份、周、日、时而发生变化，许多旅游景点的需求就不规则。	平衡需求，通过灵活的定价、促销及其他刺激手段来改变需求时间模式。
6	充分需求	某种产品或服务目前的需求水平等于期望，令组织满意。	通过改进产品质量及不断估计消费者的满意程度，以维持现时需求。
7	过度需求	对某些产品的需求超过了组织的供应能力，产品供不应求。	减缓营销，可以通过提高价格、减少促销和服务等方式使需求减少。
8	有害需求	对身心健康有害产品或服务的需求，诸如烟、毒品、黄色书刊等。	反向营销，大力宣传有害产品或服务的严重危害性或通过立法禁止销售。

延伸阅读

老年玩具需求上升

老年玩具市场正在升温。医学专家早就做过科学的分析：7 岁的儿童与 70 岁的老人在渴望呵护、渴望关怀、渴望抚慰、渴望集体游戏等诸多方面的分值有惊人的相似。这就给商家提供了一个巨大的老年玩具市场。

调查表明，近几年来，老年人玩具需求有明显上升趋势，所以很多商家进货时经常选择一些既适合少年儿童又同样适合老年人的玩具。那为什么不进一些专门给老年人制造的玩具？很多商家表示，不是不想进，而是市场上的老年玩具实在是太少了，想进也没那么多。玩具不仅可以益智，也可以健身，这是毋庸置疑的。人们对老年人玩玩具的认识还有待提高，玩具厂家对老年人玩具市场视而不见，是造成老年玩具市场发展不充分的重要原因。

资料来源：http：//mkt. icxo. com/htmlnews/2011/02/21/1429476 _ 2. htm，2011 - 02 - 21。

同步训练

阅读下面材料，分析老年家具的需求状态，并提出自己管理该需求的策略。

“实在受不了家里那套软布艺沙发，一坐下去便会‘深陷其中’，站起来时吃力不说，坐久了连气都喘不过来。”某卖场内，一位上了年纪的消费者王先生表示，目前市场上多数家居产品并不适合老年人。

“家具还有适合老年人和年轻人之分吗？老年人用，就买个颜色深的。”某家具品牌店导购表示不解。记者发现，商家一般只知道有儿童家具，却很少知道老年人家具，还有商家甚至将材质、颜色或软硬程度适合老年人使用的产品改了一套说辞，就当成“最适合”，甚至“只适合”老年人使用的产品来卖。

记者在建材市场随意选取了大自然、圣象等几家较为知名的地板品牌，咨询是否有为老年人量身定制的产品。导购们均表示，目前还没有专门为老年人定制的木地板产品。还有部分商家表示，这部分消费市场所占比例较小，没必要专门拿出精力来做。

中国家具协会理事长朱长岭表示，老年人家居建材市场出现空白，并非没有需求，而是业内未进行正确引导。他谈道，我国已逐步进入老龄化社会，老年人家具市场前景可观。然而多数厂家只注重年轻消费者的喜好，忽略了老年人对市场的需求。再加上老年人家具产品无法迅速产生经济效益，因此一些企业将其看成“非主流”，或视而不见，或持观望态度，或只做一个系列来试探市场行情。

任务三

提高顾客让渡价值与满意度

情境导入

北京鹤逸慈老年生活用品有限公司最近采购了一批欧斯莱斯牌老年代步车。该车时速8km，电瓶功率12V36Ah×2，铅酸电池，马达功率24V530W，行驶里程20～25km，爬坡度10度，10英寸充气胎。前后配有外置安全杠，使用更安全，座椅配有前后可调滑道，高低可调，可旋转；电瓶可快速拆卸，便于存放及充电。该代步车的整体特点是坚固耐用。

任务描述

如果你是鹤逸慈老年生活用品有限公司的营销经理，你认为要哪些方面制定哪些相应的营销策略才能增加欧斯莱斯牌老年代步车的市场竞争力？

相关知识

（一）价值与成本

价值（value）是顾客从某一特定产品或服务中获得的一组利益，包括产品价值、形象价值、服务价值和人员价值。价值的大小取决于消费者对产品满足各种需要的能力的评价。从顾客的角度看，成本（cost）是消费者获得、使用和享受产品利益所支付的费用，包括货币成本、时间成本、体力成本和精神成本。可见，顾客成本不仅指货币成本。亚当·斯密在其所著的《国富论》中就指出："任何东西的真实价格是获得该东西所付出的一切心力与劳力的代价。"

顾客在做购买决策时，既要考虑价值又要考虑成本，即取决于顾客从产品中所获得的利益与所支付成本的比较。可以用相对值（B/C）反映，也可以用与顾客满意紧密相关的另外一个概念即顾客让渡价值（customer delivered value）反映（见图1—1）。它是指总顾客价值（产品价值、形象价值、服务价值和人员价值）与总顾客成本（货币成本、时间成本、体力成本和精神成本）之差。顾客让渡价值理论已经成为指导企业提高竞争力的战略框架。

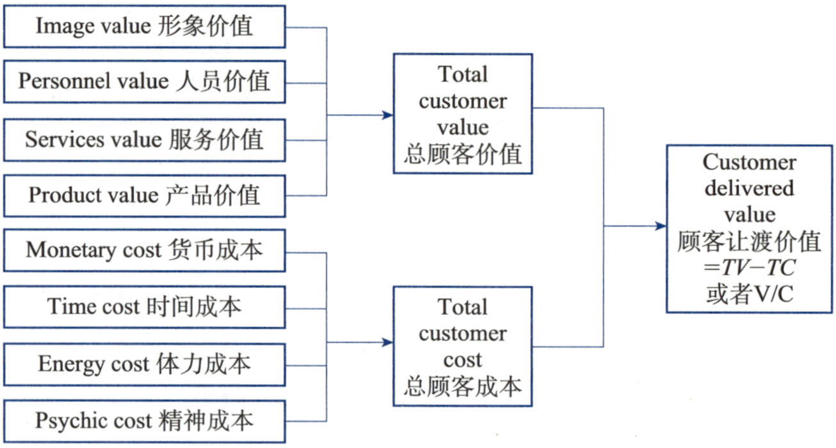

图1—1　顾客让渡价值

（二）顾客满意

顾客满意是指一个人购买和使用产品之后通过对该产品的感知效果（perceived performance ）与他的期望值（expectation）相比较后，所形成的愉悦或失望的感觉状态。感知效果小于期望值，顾客就不满意；感知效果等于期望值，顾客就满意；感知效果超过期望，顾客就有高满意度或愉悦。可见，要提高顾客满意度，除了提高顾客让渡价值之外，还要降低顾客对产品的预期。因为期望越大，失望越大，也就越容易产生不满意。

期望来自顾客过去的购买经验、朋友或伙伴的意见、营销人员和竞争者的信息及许诺。如果营销人员使顾客期望值太高，顾客很可能会失望。但是，公司将期望值定得太低，又无法吸引足够的购买者。成功的公司都是提高顾客期望值，并保证履行承诺，实现顾客的期望。

引例：木村事务所的员工感动了老太太

日本有一家叫作木村事务所的企业，有一年，该企业想购买一块地皮用于建造新厂房。同时，也有其他几家公司看中了那块地。但是，前后半年多的时间内，各厂家的董事长不知跑了多少路，费了多少口舌，也没能说服地主方——一位倔强守旧的老太太出卖土地。一个下雪天，老太太去城里办事顺便来到木村事务所，她的本意是想最后一次见一见董事长，告诉他"死了买地这条心"。

可当她推门一看，屋里地面光可鉴人，觉得自己穿着肮脏的鞋进去不太合适，就在她犹豫不决，进退两难时，一位年轻的小姐出现在她面前："欢迎光临！"小姐一下子看出老人的窘态，便想找一双拖鞋给她换上，碰巧屋里没有，小姐便毫不犹豫地把自己穿的拖鞋脱下来，整齐地摆在老人的脚前，微笑着说："很抱歉，请穿上这个好吗？"老太太看着小姐双脚踩在冰冷的地上，有些过意不去。小姐却热情地说："别客气，请穿上吧，我没关系。"等老人穿好拖鞋，小姐才问道："老太太，您要找谁呢？""哦，要见木村先生。""他在楼上，我带您去见他。"小姐就像女儿搀扶母亲上楼梯那样小心翼翼地扶着老太太上了楼。老太太感到脚下的拖鞋是温暖的，但更使她感到温暖的是这位素不相识的女孩子的心。于是就在她走进木村董事长办公室的一瞬间，她改变了主意，决定把土地出售给木村事务所。那位老太太后来告诉木村先生："在我漫长的一生里，遇到的大多数人都是冷酷的。我也去过其他几家想买我的地的公司，他们的接待人员没有一个像你这里的小姐一样对我这么好，你的女职员这么年轻就对人那么善良、体贴，真令我感动。"

资料来源：劳动和社会保障部、中国就业培训技术指导中心：《营销师》，24页，北京，中国环境科学出版社，2003。

同步训练

假设你所在的老年用品公司新进了一台高科技老人洗澡机，利用顾客让渡价值理论和顾客满意理论，谈一谈该如何营销才能提高产品的市场竞争力。

任务四

树立合适的营销观念

情境导入

北京某大型养老机构的营销经理希望增加企业的竞争力，为此，他提出的战略是提供更好的膳食、清洁的环境、受过良好教育的专业养老服务人员和较低的入住价格来提高顾客的满意度。但问题是：他并没有权限处理所有这些事情。备餐部门选购食材时往往要保证较低的成本；保洁部门总是倾向使用最廉价的保洁员；人力资源部门在招聘员工时首先考虑的是用工成本，而不是应聘者是否受过良好的训练和态度是否友善；财务部门负责核算入住价格。由于养老机构总体处于供不应求的状态，这些部门在做决策的时候，都在坚持降低成本，从而使这位营销经理在推出整合营销方案时处于尴尬的境地。

任务描述

该养老机构的营销经理奉行的是什么营销观念？其他几个部门奉行的是什么营销观念？你认为市场营销只是营销部门的事情吗？

相关知识

企业营销观念是企业营销活动的指导思想，反映企业如何看待企业自身、顾客和社会利益的关系。

（一）生产观念

生产观念（production concept）认为，消费者喜爱那些可以随处买得到的、价格低廉的产品。生产者应致力于提高生产效率，扩大生产规模，进行广泛的分销覆盖。

这种观念产生于 20 世纪 20 年代，当时，资本主义社会生产力相对落后，产品供不应求。因而，企业经营哲学不是从消费者需求出发，而是从企业生产出发。其主要表现是“我生产什么就卖什么”。例如，福特公司的 T 型车在 20 世纪 20 年代一直供不应求，老福特曾傲慢地说：“顾客可以想要他们喜欢的任何颜色的汽车，但是福特汽车只有黑色。”

（二）产品观念

产品观念（product concept）认为，消费者最喜欢高质量、多功能和具有某些特色的产品。企业应该致力于生产优质产品，并不断地改进产品，使之日臻完善。

这些企业认为“好酒不怕巷子深”，只要产品好就会顾客盈门，因而经常迷恋自己的产品，而未看到市场需求的变化。持这种观点的企业很容易患上“市场营销近视症”，从而导致经营的失败。

（三）推销观念

推销观念（selling concept）认为，消费者有购买惰性，如果任其自然的话，他们不会积极购买某一组织的产品。企业营销战略应该是致力于主动销售和积极促销。

随着社会生产力的巨大发展，市场趋势由卖方市场向买方市场过渡，尤其是在 1929—1933 年美国的特大经济危机期间，大量产品销售不出去，因而迫使企业重视采用广告术与推销术去卖产品。这种观念虽然比前两种观念前进了一步，开始重视广告术及推销术，但其实质仍然是以生产为中心。

（四）市场营销观念

市场营销观念（marketing concept）认为，实现组织目标的关键在于正确确定目标市场的需要和欲望，并且比竞争对手更有效、更有利地让渡目标市场所期望满足的东西。可见，市场营销观念是以满足顾客需要为出发点的，即“顾客需要什么就生产什么”。这种观念产生于 20 世纪 50 年代以后的美国，当时社会生产力迅速发展，市场趋势表现为供过于求的买方市场，同时广大居民个人收入迅速提高，有可能对产品进行选择，企业之间的竞争加剧，许多企业开始认识到，必须转变经营哲学，才能求得生存和发展。

市场营销观念的出现，使企业经营哲学发生了根本性变化，是营销学上的一次革命。推销观念与市场营销观念的区别如表 1—3 所示。但也有专家认为，顾客一般是缺乏远见的，营销不是一味地满足顾客需要，而是要创造需要。

表 1—3　推销观念和市场营销观念的比较

	出发点	重点	方法	目的
推销观念	工厂	产品	推销和促销	通过销售获取利润
营销观念	市场	顾客需求	整合营销	通过顾客满意获取利润

引例：老太太买李子

一位老太太去市场买水果。她来到第一个水果摊前，小贩热情地招呼："我这里有桃子、苹果、李子，您想买点什么？"老太太说："我想买点李子。"小贩赶忙介绍："我这里的李子又大又甜，特好吃。"老太太听后却摇摇头，走了。

老太太来到第二个水果摊前，这个小贩也像第一个那样，问老太太买什么水果。老太太说买李子。小贩接着问："我这里有很多李子，有大的，有小的，有酸的，有甜的，您要哪一种呢？"老太太说要买酸李子。小贩说："我这里有一种李子特别酸，您先尝尝？"老太太尝了一口，果然很酸，马上买了一斤。

老太太买完李子继续在市场中逛。她看到一个小贩的摊上也有李子，又大又圆很抢眼，便问道："你的李子多少钱一斤？"

小贩说："您问的是哪一种李子？各种李子价钱不一样。"

"酸一点的那种。"老太太回答。

"别人买李子都要又大又甜的，您为什么要酸的呢？"小贩接着问。

"我儿媳妇怀孕了，想吃酸的。"

小贩马上说："老太太，您对儿媳妇真好！那您知道不知道孕妇最需要什么样的营养？"

老太太摇了摇头。

小贩接着说："其实孕妇最需要的是维生素，所以光吃酸的还不够，还要多补充维生素。水果之中，猕猴桃含有的维生素最丰富，所以您要经常给儿媳妇买猕猴桃吃才行！"

老太太一听很高兴，马上买了一斤猕猴桃。

当老太太要离开的时候，小贩又说："我天天在这里摆摊，下次到我这里买，还能给您优惠。"

从此以后，这个老太太买水果就直接找这个小贩。

资料来源：http://www.eastobacco.com/sypd/wljs/201207/t20120711_242581.html。

（五）全方位营销观念

全方位营销观念（holistic marketing concept）认为，所有事物都与营销相关，因此需要一种广泛的、整合的观念。图 1—2 显示了全方位营销的四个组成部分：关系营销、整合营销、内部营销和绩效营销。同时，该图认识并调和了营销活动的边界与复杂性。

1. 关系营销

关系营销最早由美国营销专家巴巴拉·本德·杰克逊提出，其基本含义是：企业要与顾客、供应商、经销商和其他营销伙伴建立长期、互惠的满意关系，从而发展彼此的连续性交往，以提高品牌忠诚度，巩固和扩大市场。关系营销与传统的交易营销的区别见表 1—4。

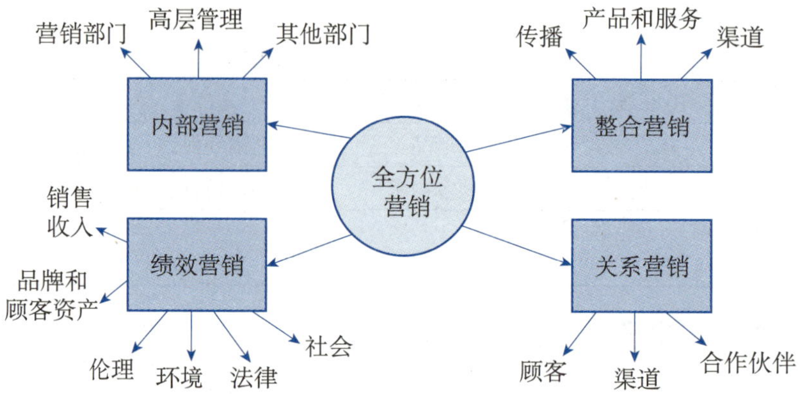

图 1—2　全方位营销的维度

表 1—4　关系营销与交易营销的区别

项目	交易营销	关系营销
适合的顾客	眼光短浅和低转换成本的顾客	具有长远眼光和高转换成本的顾客
核心概念	交易、你买我卖	建立与顾客之间的长期关系
企业的着眼点	近期利益	长远利益
企业与顾客的关系	不牢固，如果竞争者用较低的价格、较高的技术解决顾客的问题，关系可能会终止	比较牢固，竞争者很难破坏企业与顾客的关系
对价格的看法	是主要的竞争手段	不是主要的竞争手段
企业强调的重点	市场占有率	顾客回头率、顾客忠诚度
营销管理追求的目标	单纯交易的利润最大化	追求与对方互利最佳化
市场风险	大	小
了解对方的文化背景	没有必要	非常有必要
最终结果	未超出“营销渠道”的范围	超出“营销渠道”的范围，可能成为战略伙伴，发展成为营销网络

关系营销的最终结果是建立企业的独特资产——营销网络。营销网络由企业和与其建立了互惠商业关系的利益方（顾客、员工、供应商、分销商、经销商、广告代理、专家等）组成。渐渐地，竞争不是在企业之间展开，而是在不同的营销网络之间进行。具有更好营销网络的企业将取得最终胜利。

2. 整合营销

整合营销是一种对各种营销工具和手段的系统化结合，是根据环境进行即时性的动态修正，以使交换双方在交互中实现价值增值的一种营销理念与方法。麦肯锡咨询公司将主要的营销工具总结为“4P”：产品（product）、价格（price）、渠道（place）和促销（promotion）。整合就是把各个独立的营销工具综合成一个整体，以产生协同效应。

延伸 阅读

营销管理的新“4P”

（1）人员（people）。人员指的就是内部营销。也就是说，对营销的成功来说，员工至关重要。如果组织的员工不够优秀，那么营销很难获得持续的成功。换句话说，组织的员工的素质直接影响了营销的成功程度。同时，它也意味着必须把消费者视作活生生的个体，并从广义的角度去理解其生活，而不仅仅关注消费者购买和消费了什么样的产品或服务。

（2）流程（process）。流程是营销管理中所涉及的所有创造力、规则和结构。营销人员必须避免临时的规划和策略，并确保最先进的营销思想和观念能够在自己的营销决策和营销实施中发挥相应的作用。只有那些建立了一套正确的流程（用以指导营销活动或者项目）的企业，才有可能更好地与顾客建立起长期互惠的关系。此外，流程还包括与企业产生创新性的思想和突破性的产品、服务及营销活动有关的内容。

（3）项目（program）。项目反映了企业内部与消费者直接相关的所有活动。其中，既包括传统的“4P”，也包括和陈旧的营销观点不很匹配的其他营销活动。无论某项营销活动是在线上发生的还是在线下发生的，也不论该项营销活动是传统的还是非传统的，企业都应该对其进行整合，使所有营销活动都能够成为一个有机的整体（使得整体大于各项活动简单加总之和），并确保它们有助于实现企业的多重目标。

（4）绩效（performance）。在全方位营销中，将绩效定义为：一系列可以从财务角度和非财务角度进行测量的结果指标（如利润、品牌或者顾客权益）。而且，这些指标已经超越了企业自身，包括对社会责任、法律、道德和相关社区的影响等。

资料来源：[美]菲利普·科特勒，凯文·莱恩·凯勒：《营销管理》（第14版），27页，上海，格致出版社、上海人民出版社，2012。

美国学者劳特朋（Lauterborn）教授从消费者角度出发，提出了与“4P”相对应的4C理论，即消费者的需要与欲望（customer's wants and needs）、消费者愿意付出的成本（cost）、购买商品的便利（convenience）和沟通（communication）。“4C”理论的提出引起了营销传播界及工商界的极大反响，从而也成为整合营销传播的核心。我国一些营销界人士认为，“4C”缺乏可操作性，企业应该用“4C”来思考，用“4P”来行动。“4C”是站在消费者的角度来看营销，决定了企业的未来；“4P”是站在企业的角度来看营销，把握着企业的现在。“4P”和“4C”间的关系我们可以这样描述：当企业决定生产什么产品的时候，要考虑消费者的需要和欲望；当为产品制定价格的时候，要考虑消费者愿意付出的成本；当设计销售渠道的时候，要考虑能否尽可能给消费者带来方便；当选择促销方式的时候，是否尽可能做到和消费者的相互沟通。

整合营销有两个关键主题：（1）采用大量不同的营销活动来宣传和传递同一个价值。（2）协调所有的营销活动以实现其总体效果的最大化。换句话说，计划和实施任何一项营销活动时都要考虑其他所有活动。

3. 内部营销

内部营销是指成功地雇用、培训和激励有能力的员工，使之更好地为顾客服务。聪明的营销者意识到，公司内部的营销活动可能与外部营销活动同样重要，没有满意的员工，就没有满意的顾客。如果公司的员工没有准备好，那么给顾客提供优质服务的承诺是没有任何意义的。

内部营销需要在两个层次上进行：在第一个层次，营销团队、广告、顾客服务、产品管理和营销调研功能必须共同发挥作用，并从顾客的角度进行协调。在第二个层次，其他部门必须给予营销支持，它们也必须“想顾客之所想”。

4. 绩效营销

绩效营销要求了解市场营销活动和方案为企业和社会带来的财务回报和非财务回报。高层管理人员不仅要重视销售收入，还应该了解市场占有率、顾客流失率、顾客满意度、产品质量和其他绩效指标的具体水平。同时，他们也会从更广泛的角度考虑市场营销活动对法律、道德、社会和环境等的影响和效应。

当前，社会要求企业承担更多的社会责任，奉行社会营销观念。绩效营销不但要求企业比竞争者更有效率和更有效果地满足目标消费者的需要，而且要带来社会福利的提高。营销者必须平衡好公司利润、消费者需要满足和社会公共利益三者的关系。

引例：默克公司赠送药品

曾经，非洲及南美洲有上百万人感染了河盲症，这种疾病的成因是大量的寄生虫在人体组织里游动，最后移到眼睛，造成失明。100 万个顾客是规模相当大的市场，只是这些人都很贫穷，买不起昂贵的药品。默克公司知道，研制针对河盲症的药品不可能有什么投资回报，却仍然推动这个计划，希望产品通过检验后，某些政府机构或第三方会购买这种药品，分发给病人。但没有机构愿意购买，于是公司决定免费赠送药品给需要的人，且自行负担费用，直接参与分发工作，以确保药品确实送到受这种疾病威胁的上百万人手中。

默克的 CEO 魏吉罗还讲过这样的话：“我 15 年前第一次到日本时，日本的企业界人士告诉我，是默克公司在第二次世界大战之后把链霉素引进日本，消灭了侵蚀日本社会的肺结核。我们的确做了这件事，而且没赚一分钱，但是，默克今天在日本是最大的美国制药公司，这一点儿也不意外。这种行为的长期影响并非总是很清楚，但我认为多多少少它会有回报的。”

资料来源：屈冠银：《市场营销理论与实训教程》(第 2 版)，23 页，北京，机械工业出版社，2009。

同步训练

分析美国石原农场（Stonyfield Farm）奉行的是什么营销观念。

社会责任是 Stonyfield Farm 这个全天然有机酸奶生产厂商的核心。Stonyfield Farm 的供应商不选择那些使用抗生素、生长激素、农药和化肥的农业企业的产品。在计算了工厂需要多少能源以后，该公司决定再做一个等价的环境投资项目，如再造林和风力田。同时，该公司也不再使用塑料盒子来装酸奶。这样，每年可以节省 100 万磅的塑料。而且，该公司还在包装盒上添加全球变暖、激素危害和转基因食品等信息。该公司还专门生产适合老年人喝的低脂肪酸奶，并添加了培养菌和食物增补剂等来提高人体免疫力与预防疾病。Stonyfield Farm 采用的这些理念和态度，不仅没有降低公司的财务业绩，反而使公司成为美国三大酸奶品牌之一。

资料来源：[美] 菲利普·科特勒，凯文·莱恩·凯勒：《营销管理》(第 14 版)，26～27 页，上海，格致出版社、上海人民出版社，2012。

知识链接

营销学之父菲利普·科特勒在其所著的《营销革命 3.0》一书中认为，市场营销进入了 3.0 时代，企业需要更新观念，学会使用新的营销策略。

（一）营销 3.0 时代的营销组成部分

营销 3.0 时代由合作营销、文化营销和精神营销三部分构成，其背后的推动力分别是参与化时代、全球化矛盾时代和创造型社会时代的到来。

1. 参与化时代与合作营销

自 2000 年年初起，信息技术逐渐渗透到主流市场并发展成为新浪潮科技。新浪潮科技指的是能够帮助个体和群体保持互联互动的科技，它包括三个主要组成部分：廉价的计算机和手机、低成本的互联网接入以及开源性软件。新浪潮科技允许个人表达自己以及与他人合作，它的出现标志着参与化时代的到来。在参与化时代中，人们在消费新闻、观点和娱乐的同时也主动创造它们。新浪潮科技使得人们从被动的消费者变成了生产型消费者。

推动这种新浪潮科技发展的力量之一是社会化媒体的兴起。社会化媒体可以分成两大类：一类是表达性社会媒体，其中包括博客、微博、YouTube、Facebook 以及其他各种社交性网站；另一类是合作性社会媒体，典型代表是维基百科。维基百科网站的内容是由很多网友共同完成的，他们自愿牺牲时间，为这个共同作品创建了无数主题和条目。现在，维基百科已推出 235 个语言版本，拥有超过 1 300 万篇文章。

在营销 3.0 时代，企业必须和消费者合作，它表现出来的第一个特征是营销经理必须学会倾听消费者呼声，了解他们的想法，获取市场信息。当消费者开始主动参与产品和服务共建时，企业和他们的合作就会进入一个更深的层次。从某种意义上看，生产者把消费者变成了“雇员”。在数字化生活空间，企业和消费者合作，不仅可以激发创意，还可以弥补产品的不足，提高产品性能，更重要的是为消费者忠诚奠定基础。在营销 3.0 时代，企业光靠与消费者的合作营销还不够。在经济高度互联化的今天，它们必须学会同其他企业、股东、渠道合作伙伴、员工合作。简而言之，营销 3.0 就是企业和所有具有相似价值观和期望值的商业实体之间的密切合作。

引例：宝洁公司的开放创新计划

宝洁公司在消费者沟通和开发方面做得很出色，它的营销策略彻底放弃了传统的消费者调研和开发方式。宝洁公司的营销模式很像一只海星，用《海星模式》的作者布莱福曼（Brafman）和贝克斯特朗（Beckstrom）的话来说，这种模式代表了企业未来的营销发展方向，因为它“无头无尾，更像是一群努力协作的细胞”。正是受到这种开放创新计划的影响，宝洁公司在全球的管理者和供应商才得以源源不断地拥有各种鲜活生动的产品创意。有数据显示，开放创新计划对宝洁公司的营业收入贡献值高达 35%，公司很多知名产品都是和消费者共同开发创建的，如玉兰油新生焕肤系列产品、速易洁除尘拖把和佳洁士电动牙刷等。

资料来源：[美] 菲利普·科特勒：《营销革命 3.0》，10 页，北京，机械工业出版社，2011。

2. 全球化矛盾时代和文化营销

信息技术与物流技术的发展已使全球化延伸到了世界上的每个角落，形成了一个庞大的互联式经济体。和科技因素不同的是，全球化是一把“双刃剑”，同时具有两种完全相反的作用力。在寻找力量平衡的过程中，全球化往往会造成相互矛盾的情形。例如，全球化一方面促进了自由贸易，另一方面又催生了贸易保护主义；一方面促进了和平与合作，另一方面又导致了民族主义的出现；一方面促进了全世界的繁荣与进步，另一方面又造成了财富分配的失衡和贫富分化的加剧；一方面在促进世界文化的融合，另一方面也在不断深化各国的传统文化。这些全球化矛盾，特别是社会文化矛盾，正在深刻地影响着各个国家、企业和个人，让我们不得不同时承受作为全球化公民和地区性公民所产生的压力。在这种压力下，很多人变得焦虑不安，内心开始出现既冲突又交织的不同价值观。特别是在经济环境不稳定时期，这种焦虑感会成倍增加，表现得十分明显。

营销专家认为，面对全球化矛盾，我们不是要消除它们，而是要抓住主要矛盾或矛盾的主要方面去管理它们。企业在全球化矛盾时代的生存与发展之道是进行文化营销，塑造文化品牌。文化品牌可以为消费者提供生活上的连续感、沟通感、价值感和方向感，促进全球化过程中各种社会、政治、经济和环境问题的解决，降低一个国家的集体焦虑感。所以，文化营销代表着未来的一个营销方向。

韩国前文化部长说过让全世界肃然起敬的一句话：“19 世纪是军事征服世界的世纪；20 世纪是经济征服世界的世纪；21 世纪是文化创造新世界的世纪。”在企业未来发展过程中，言之无文，必将行而不远；企若无文，必将行而不久。

文化营销是指企业（或其他组织）在核心价值观的影响下，利用文化的力量进行营销的行为方式。在文化营销观念下，企业给予企业、产品、品牌以丰富的个性化的文化内涵，努力从文化的角度考虑和检验公司的经营方针。

文化营销可以在产品层面展开，通过产品的概念、设计、包装、命名、广告等塑造产品文化品牌。如我国不少白酒品牌因为丰富的文化内涵而走俏市场：“杏花村”和“杜康”的诗词文化，“金六福”的福文化，“国窖 1573”的历史文化，“水井坊”的高尚生活元素，“小糊涂仙”难得糊涂的中庸文化，“舍得”酒的智慧人生等。

文化营销也可以在企业层面展开，通过导入企业理念系统，形成顾客所接受或推崇的价值观、使命和愿景，从而促进顾客对整个企业的认同。

文化营销应该注意以下两个方面：

第一，文化营销应该是动态的。企业既要根据不同时期社会文化趋势确定传播重点，又要根据企业成长阶段调整企业文化内涵。例如，联想在收购 IBM 的 PC 事业部之前，是属于民族的，宣传口号是“扛起民族工业大旗”、“产业报国”，收购 IBM 的 PC 事业部之后，成为一个国际化的联想，宣传口号就变成了“人类失去联想，世界将会怎样?”如果不做这样的调整，势必会在国际化矛盾时代举步艰难。

第二，文化营销要把握变化中的不变主题。这些主题包括追求公平正义、关注环境、人文关怀以及满足人的精神、情感需求等。例如，星巴克致力于抢占人们的第三滞留空间（家庭、办公室之外的空间），创造一种全新的咖啡文化。现场钢琴演奏、欧美经典音乐背景、流行时尚报纸杂志再加上精美欧式饰品等配套设施，力求给消费者带来一种高品位的感觉。让咖啡消费者在忙乱、寂寞时都会中找到一块小憩的绿洲。

3. 创造型社会时代和精神营销

营销 3.0 的第三个组成部分是创造型社会的出现。人类从原始社会的猎手和农夫发展到依靠体力工作的蓝领工人，然后是依靠左脑工作的白领职员，最后成为使用右脑工作的艺术家。同样，科技是这个演进过程的主要推动力。

尽管从事创造性工作的人数远低于从事普通工作的人数，但前者在社会中的影响力正变得越来越突出。从事这些工作的人往往是善于创造和使用新技术和新概念的人，在新浪潮科技影响下的合作性社会中，他们就像连接器一样紧紧地把消费者联系在一起。他们是最具表达性和合作性的消费者，对社会化媒体的利用程度也最高。他们的生活方式和态度决定着整个社会的动态，他们对全球化矛盾和社会问题的意见左右着其他民众的看法。

随着创造性人群规模的日益增长，人类文明正在接近前所未有的巅峰。一个先进的创造性社会的重要特点在于，生活在这个社会中的人已经超越了对生存需要的基本满足，而是把自我价值实现作为人生的第一目标。这些人都是富有表达性和合作性的共同创造者，作为复杂的个体，他们以人类精神为信仰，听从发自内心深处的呼唤。据说，马斯洛在临死前曾对自己的理论表示遗憾，认为“需要金字塔”（生理需要、安全需要、社交需要、尊重需要、自我实现需要）应该颠倒过来才对，把自我实现需求作为人类最基本的需求。

创造性人群是马斯洛需求倒金字塔理论的坚定拥护者。对他们来说，精神性即“重视生活中非物质化的一面，相信永久性现实”，这个定义可以说和创造型社会高度相关。在现实生活中，很多科学家和艺术家都是这样，他们往往忽略了对物质需求的满足，一心追求自我价值的实现。他们追求的是金钱无法买到的东西，他们渴望的是人生的意义、快乐和精神实现。相比之下，物质方面的满足简直无关紧要，仅仅是心灵满足之余对自己的一个小小奖赏。

伴随着这种社会变化，当今的消费者所寻找的产品和服务不但要满足自己的基本需要，他们更希望能发现一种可以触及其内心深处的体验。也就是说，为消费者提供意义感将成为企业未来营销活动的价值主张，价值驱动型商业模式将成为营销 3.0 的制胜之道。心理精神回报对消费者来说才是最重要的需求，能否提供这种回报将成为营销者之间的终极差异。

和创造性人群一样，企业也必须超越自己的物质目标，以企业的自我实现为最终目的。企业必须了解自己的本质、为什么从事这个行业以及未来将何去何从，然后把这些问题的答案写进自己的企业使命、愿景和价值观。只有当企业努力为全人类的利益做出贡献时，消费者才会追随你，利润才会滚滚而来。从企业的角度来看，这就是精神营销，或者叫人文精神营销。

（二）协同创新与社区化

1. 信任感水平化

麦肯锡咨询公司发布了一份调查报告，其中列出金融危机之后商业发展的十大趋势，其中之一是企业经营所面对的市场正日益转变为低信任度市场。科特勒教授在《营销 3.0》一书中指出，实际上，信任感并没有缺失，它只是从垂直关系转化成了水平关系。如今，消费者对彼此的信任要远远超过对企业的信任，社会化媒体的兴起本身就反映了消费者的信任从企业向其他消费者的转移。根据尼尔森全球调查报告，现在几乎没有多少消费者关注企业制作的广告，更不会以此来引导自己的购买行为，他们认为消费者之间的口碑作用往往比企业广告可靠得多。根据这份调查，约有 90% 的消费者相信朋友或熟人推荐的产品，70%的消费者信任网络上的顾客观点。来自另一家调查咨询公司 Trendstream & Lightspeed 的研究也表明，消费者似乎更愿意相信社交网络上的陌生人，而不愿听从企业产品专家的指导建议。

现在，企业要想重新获得消费者的信任，就必须建立新型消费者信任体系，即水平化的信任体系。如今的消费者喜欢聚集在由自己人组成的圈子或社区内，共同创造属于自己的产品和消费体验，只有那些令人心动和钦佩的产品特征才会吸引他们走出自己的圈子。但是，一旦他们发现自我圈子之外的优秀产品，就会成为其忠实的支持者和传播者。为了取得成功，企业应当认识到，当今的消费者正变得越来越欣赏协同创新、社区化。

2. 协同创新

协同创新是指创新资源和要素有效汇聚，通过突破创新主体间的壁垒，充分释放彼此间“人才、资本、信息、技术”等创新要素活力而实现深度合作。在营销中，协同创新是企业、消费者、供应商和渠道合作伙伴形成有机网络共同创造产品和服务以及共同传播、传递价值的新方式。数字化生活空间为企业和消费者提供了一个协同创新的舞台，通过协同创新的营销方式，改变了过去企业主导、单向传播，消费者被动接受的状态，激活了消费者的创新意识和创新激情。协同创新的本质是多方参与、分享、体验和互动为核心的创新，它将散落在各个角落的智慧聚合起来，并快速进行复制、转发、延展和完善，达到创新传播的目的。

协同创新包括三个主要过程：首先，企业必须建立“平台”，消费者通过该平台可以实现和企业以及其他消费者的互动交流；其次，企业设计一个消费者感兴趣的问题、话题或活动（北大陈刚教授称之为“沟通元”），一旦投入数字化空间，就会迅速引起关注，激发热烈的关注、讨论和参与；最后，整合消费者的反馈信息，完善产品和服务，扩大品牌影响力。这种做法在开源软件开发中非常普遍，我们认为它同样可以应用到其他行业。企业必须学会利用消费者水平化网络中的协同创新能力来帮助营销。

3. 社区化

科技不仅把世界上的国家和企业连接起来，推动它们走向全球化，而且还把消费者连接起来，推动他们实现社区化。社区化的概念和营销中的部落主义概念非常接近，雅虎前副总裁赛斯·高汀在其作品《部落》中指出，消费者更愿意和其他消费者而不是和企业相关联。如果企业想接受这种新趋势，就必须帮助消费者实现这种需求，让他们更便利地形成圈子相互沟通。高汀认为，要想实现成功营销，企业必须取得消费者圈子的支持。

按照哈佛商学院教授苏珊·福尼尔和李拉瑞的观点，消费者可组成池状、网状或星状社区。池状社区是指消费者共享相同的价值观，但并不和其他成员互动，吸引他们走到一起的是对某个品牌的信仰和强大关联。这种类型的社区属于典型的品牌热衷者群体，值得企业重点培育。网状社区和池状社区的不同之处在于，社区内的成员存在互动关系。这种社区属于典型的社会化媒体社区，成员之间存在深刻的一对一影响关系。星状社区和上面两种情况有所不同，群体内的成员会围绕某个明星人物形成忠实的粉丝团。高汀、福尼尔和李拉瑞都认为，社区的存在目的并不是为企业服务，而是为其成员服务。有鉴于此，企业必须积极参与这些消费者社区，努力为其成员服务，这样才有机会展开营销。

项目小结

市场营销是个人和集体通过创造、提供、出售，并同别人交换产品和价值，以获得其所需所欲之物的一种社会和管理过程。营销的产品包括实体产品、服务、体验、人员、事件、地点、所有权、组织、信息、观念或创意。在买卖双方中，积极主动的一方被称为营销者。在营销者看来，卖方构成行业，买方构成市场。营销中的市场是由那些具有特定的需要或欲望，而且愿意并能够通过交换来满足这种需要或欲望的全部潜在顾客所构成的。

市场营销的核心概念主要有：需要、欲望、需求、价值、成本、满意等。企业可以在以下五种观念中选择一种指导企业经营：生产观念、产品观念、推销观念、市场营销观念和全方位营销观念。前三种是站在企业角度的观念，应用有限。全方位营销观念有四个组成部分：关系营销、整合营销、内部营销和绩效营销。

营销3.0时代由合作营销、文化营销和精神营销三部分构成，其背后的推动力分别是参与化时代、全球化矛盾时代和创造型社会时代的到来。在营销3.0时代，信任感水平化、协同创新和社区化是营销者必须面对的现实。

教学做一体化训练

一、选择题（每题至少有一个正确答案）

1. 市场营销的核心是(　　)。

A. 生产　　B. 分配　　C. 交换　　D. 促销

2. 市场的构成要素有(　　)。

A. 购买者　　B. 购买商品　　C. 购买欲望　　D. 购买力

E. 购买目标

3. 下面的观念中，以生产者为中心的是(　　)。

A. 生产观念　　B. 产品观念　　C. 推销观念　　D. 市场营销观念

E. 全方位营销观念

4. “没有满意的员工，就没有满意的顾客。”这种营销观点是(　　)。

A. 内部营销　　B. 整合营销　　C. 关系营销　　D. 绩效营销

5. 经典的营销“4P”组合是指(　　)。

A. 产品　　B. 广告　　C. 价格　　D. 渠道

E. 促销

二、判断题（请在正确的论述后面打“√”，错误的论述后面打“×”）

1. 市场营销就是推销。(　　)

2. 营销人员创造了需要。(　　)

3. 营销中的“老年市场”是指老年商品交换的场所。(　　)

4. 关系营销就是在营销活动中通过吃、喝、玩等手段拉关系。(　　)

5. “发现顾客的需要，并想办法满足顾客的需要”反映的是市场营销观念。(　　)

三、简答题

1. 产品的表现形态是什么？

2. 市场有哪些需求状态？分别应采用什么营销策略？

3. 顾客总价值和顾客总成本分别包含哪些内容？

4. 全方位营销观念包含哪些内容？

5. 营销3.0时代的营销组成部分是什么？

四、案例分析

企业掘金“银发族”市场

在已经进入老年化社会的今天，许多老板总是抱怨老年人产业商机不明显，挣钱不容易，其实反观其自身，也是没有做到细致入微，没有真正吸引到老年人的注意。在老年用品市场开发起步较早的国家，有许多企业主动调整产品，迎合与年轻人市场截然不同的老年消费市场，以下是几个典型的案例。

福特汽车：在发现50岁以上的驾驶员死亡率更高后，福特汽车便开始为这些驾驶员寻求提高安全性的方法，包括防撞性设施和撞车后援助。但是，工程师们如何理解这些老年消费者的生理极限呢？他们创造了一种套服，看起来像宇航服。工程师穿着套服模拟比自己年长30岁驾驶员的动作、力量及视觉。套服在关键部位诸如膝盖、肘部、腹部及背部特意添加了大块物体，从而限制穿套服者的活动范围。他们还佩戴眼镜模拟白内障。1994年研发的这款套服已广泛用于多款福特汽车的设计过程中。

美国富达投资集团：作为全球最大的共同基金及投资公司，它通过网站与顾客互动。为改善互动效果，富达专门调查了老年用户如何操作此网站。调查发现：老年参与者倾向于浏览页面上的大多数文章，并且对他们在网站上的任何动作（包括点击链接）分外谨慎。他们喜欢较长的文章，更倾向于点击看起来“可点击”的对象，包括项目符号、标题，而不易点击较小的文本链接。老年用户通常不理解年轻用户所用的一些网站条款。富达利用这些发现改善网站设计，使得老年用户更容易操作网站，加强了老年人的参与度。

迪士尼：2003年，迪士尼公司提出了主要针对50岁以上人群的“魔力聚会”，组织他们同朋友、子孙及同学户外旅行。该项目允许老年顾客用网络来制定旅行计划。“魔力聚会”吸引了一批祖父母，他们期待与子孙共同旅行，而迪士尼主题乐园则成了受这些人欢迎的地方。这项服务巧妙地利用了老年消费者的社交网络及亲属关系，从乘车、娱乐、就餐到休闲，迪士尼都能更好地让他们与子孙共同享乐。通过该项目，迪士尼公司获得了丰厚的利润。

目前，仅有少部分国内企业关注50岁以上消费者市场，并周到地调整了产品或服务。老年人市场拥有巨大的市场机会及经济潜力，企业管理者必须理解老年人市场如何演变，从多维度不断调整产品、服务以满足老年消费者的需求。

问题：

1. 案例中三个成功的企业践行的是什么观念？它们成功的共同前提是什么？
2. 根据你对我国老年人市场的了解，为什么说我国老年人市场拥有巨大的经济潜力？
3. 我国企业怎么做才能抓住老年人市场巨大的发展机会？

五、营销辩论

有人认为，营销就是发现并满足顾客的需求。然而，批评家却认为，市场营销的作用不止于此，它还可以创造需求，营销人员实际上是鼓励消费者在那些当前还不是实际需要的产品和服务上花费更多的钱。

辩论双方

正方：市场营销能够创造消费者需求。

反方：市场营销只能反映消费者需求。

项目二

调研老年产品市场

学习目标

知识目标

1. 掌握市场调研的步骤；
2. 掌握市场调研的方法；
3. 了解影响企业营销的宏观环境和微观环境；
4. 掌握 SWOT 分析法。

素质目标

1. 培养实事求是的工作作风，避免“拍脑袋”决策；
2. 培养关注环境变化、善于抓住商机的职业敏感性；
3. 养成适应环境的生活态度。

能力目标

1. 能独立制订市场调研计划；
2. 能独立设计市场调查表；
3. 能对企业内外部环境进行 SWOT 分析。

任务一

制订市场调研计划

情境导入

当前，我国手机用户达到9.2亿，手机已经成为当今信息社会不可或缺的工具。尤其是近年来，随着3G智能手机的发展，手机市场更是一派红火。与此同时，手机市场也渐趋细分，女性手机、商务手机、盲人手机、儿童手机、老人手机等特色更鲜明、用户定位更明确的小众产品纷纷上市。然而，在手机细分市场上，老人手机却未能得到足够的重视。可以说，老人手机是当前手机细分市场上较薄弱的一环。据了解，从号称国内首款老人手机的海尔Z300算起，虽然经历了几年的缓慢发展，但是国内专门针对老年人的手机品牌和款式还不多。总的市场行情是尽管有企业准确地把握了老人对手机的需求，提出了老人手机这一概念，在这一细分市场取得了一定的成功，但整体而言，老人手机这一产品在目标群体中普及率还很低，这一新兴细分市场还远远没达到饱和的状态。

A公司是一家新成立的手机生产企业，公司老总看到了老人手机市场巨大的发展潜力，有意进入这个细分市场。为了不打无准备之仗，公司决定对老人手机市场进行一次深入的市场调研，摸清潜在老年顾客对手机款式、颜色、功能、操作等方面的具体要求，了解总体市场规模、竞争态势和外部环境，为科学制定营销决策提供支持。

任务描述

假如你是A公司市场部经理，负责本次老人手机市场的调研任务，请带领团队制订一份简单的调研计划。要求在计划中写清楚调研目的、调研内容、调研对象、抽样方法、调研方法、进度安排、调研预算等。

相关知识

营销调研一般分为五个步骤，如图2—1所示。

图2—1 营销调研的步骤

(一) 确定调研的问题和内容

对调研问题和内容的确定要非常小心，基本原则是：不要太宽，也不要太窄。如果调研的问题过于宽泛，除了使调研成本升高外，过多的资料往往会使决策者无所适从。如果调研的问题过于狭窄，营销经理根据调研结论可能会作出片面的决策。

并不是所有的调研项目都可以很明确地界定调研内容。有些研究属于探索性研究，这类研究的目的在于找出问题的真相，提出可能的答案或新的创意。有些研究属于描述性研究，这类研究重在描述项目内容的某些数量特征。还有一些研究是因果性研究，这种研究的目的是检测现象间是否存在因果关系。

(二) 编制调研计划

在这一步，要作出的决定包括确定资料的来源、调研的方法、调研的工具、抽样的方法以及调研经费预算与日程安排。

1. 确定资料的来源

资料分为第一手资料和第二手资料。第一手资料（first-hand data）是为当前的某种特定目的而收集的原始资料。第二手资料（second-hand data）就是在某处已经存在并已经为某种目的而收集起来的信息。第二手资料可以来源于内部，包括公司的损益表、资产负债表、销售数据、销售访问报告、发票、存货报告和调查前的准备报告等，还可以来源于政府统计公报、出版物、期刊、杂志和网络以及一些调研公司的商业资料。无论资料来自哪里，都要注意它的有效性和可靠性。由于第二手资料的支出很少且易获得，所以研究人员通常先检查第二手资料能否解决一部分问题或全部问题，再决定是否要支付昂贵的费用去收集原始资料。

2. 确定调研的方法

综合来说，最常用的调研方法有以下三种：

(1) 访问法。

访问法又称调查表法，是通过询问的方式向被调查者了解市场情况，获取原始资料的一种方法。根据调查人员与被调查者接触方式的不同，又可将访问法分为面访、电话访问、邮寄访问和网上访问等（见图2—2）。面访是通过调查者与被调查者面对面交谈以获取市场信息的一种调查方法。询问时可按事先拟定的提纲按顺序进行，也可采取自由交谈方式。电话访问是通过电话媒介与选定的被调查者交谈以获取信息的一种方法。由于彼此不直接接触，而是借助于电话这一媒介工具进行，因而电话访问是一种间接的调查方法。邮寄访问是市场调研中一种比较特殊的资料收集方法，它是一种将事先设计好的调查问卷邮寄给被调查者，由被调查者根据要求填写后寄回的一种调查方法。网上访问是一种随着网络发展而兴起的最新访问方式，是一场新的革命，主要是市场调查者将需要调查的问题系统制作，通过互联网收集资料的一种调查方法。

(2) 观察法。

观察法是指调查者凭借自己的眼睛或摄像、录音器材，在调查现场进行实地考察，记录正在发生的市场行为或状况，以获取各种原始资料的一种调查方法。这种方法的主要特点是，调查者同被调查者不发生直接接触，而是由调查者从侧面直接地或间接地借助仪器把被调查者的活动按实际情况记录下来，从而提高调查结果的真实性和可靠性，使取得的资料更加接近实际。在现代市场调查中，观察法常用于消费者购买行为的调查以及对商品的花色、品种、规格、质量、技术服务等方面的调查。

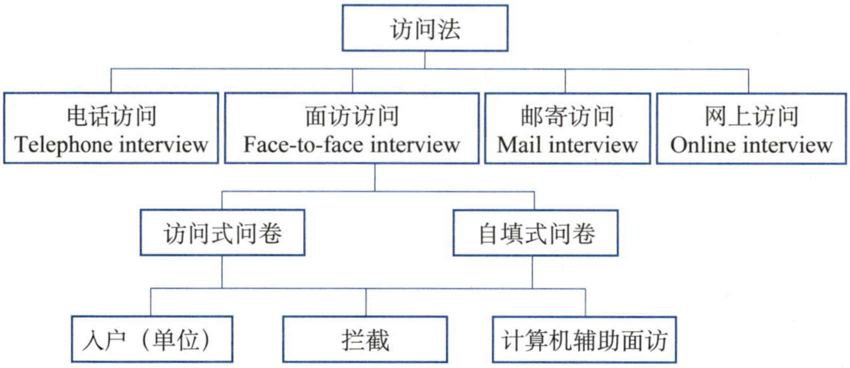

图 2—2　访问法的方式

引例：神秘购物者小王

小王是一名来自湖南邵东女孩，1999 年有幸被美国纽约的商学院录取。毕业后，她不知该干什么，非常茫然。2003 年 2 月的一天，她在互联网上意外发现了一个招聘“神秘购物者”的广告。经了解，原来所谓的“神秘购物者”，往往受雇于一家与商家签约的神秘购物公司，平时以一个普通消费者的身份，应一些企业的要求到他们的商店踩点“购物”。通过实地观察体验，了解产品在市场上的受欢迎度、服务和管理等诸多方面的问题，然后将这些“情报”整理成报告，交给这家企业的老板。

第一天上班，一家饭店抱怨最近顾客明显减少，于是小王被邀请去那家饭店“用餐”。当她走进那家饭店，点了几个法国菜和主食后，就开始频频看表，计算从服务员拿走菜单到把菜端到桌上花了多长时间。这还不算，她还得顺带观察饭店里的卫生情况。比如，她看到自己坐的这张餐桌上，虽然放着一些用于盛放各类开胃小零食的碟子，可早就空空如也。按理说，服务小姐应当立即将开胃小零食补上，或者将空碟子端走，可她们并没有这么做。于是，她就将这一切都默默地记录了下来。再看看手表，已经过去了很长一段时间，可点的饭菜仍不见上来。回去后，她将自己在饭店的所见所闻写成报告，并提出改进建议，转交给了这家饭店的老板。饭店老板根据她的建议对饭店整顿一段时间后，饭店的生意的确比以前大有起色。

资料来源：杜明汉，《市场调查与预测》，59 页，大连，东北财经大学出版社，2011。

（3）实验法。

实验法又称因果性调查法，是指市场实验者按照一定实验假设，有目的、有意识地通过改变或控制一个或几个市场影响因素的实践活动，来观察市场现象在这些因素影响下的变动情况，认识市场对象的本质和发展变化规律。例如，实验者控制一个或多个自变量（如价格、包装、广告等），研究在其他因素（如质量、服务、销售环境等）都不变或相同的情况下，这些自变量对因变量（如销售量）的影响或效果。我们日常见到食品展销会上的品尝活动，就是采用了实验法。

引例：实验法的两个例子

1. 单一实验组前后对比实验

某饮料公司为了提高汽水的销量，认为应该改变原有的陈旧包装，并为此设计了新的包装图案。为了检验新包装的效果，以决定在未来是否推广新包装，厂家选取 A、B、C 三种口味的汽水作为实验对象，对这三种汽水在改变包装的前一个月和后一个月的销量进行了检测，得到的实验结果见表 2—1。

表 2—1 单一实验组前后对比表

汽水品种	实验前销售量 Y_0	实验后销售量 Y_n	实验效果 Y_n-Y_0
A、B、C	50、56、46	60、70、56	10、14、10
合计	152	186	34

从表 2—1 可以看出，改变包装可以促进销售。但是，单一实验组前后对比实验，只有在实验者能有效排除非实验变量的影响，或者是非实验变量的影响可忽略不计的情况下，实验结果才能充分成立。

2. 实验组与控制组对比实验

某品牌服装公司为了了解广告明星是否对消费者购物产生影响，选择了 A、B、C 三个专卖店作为实验组，再选择与之条件相似的 D、E、F 三个专卖店作为控制组进行观察。在实验组中，店内挂有多幅印有醒目明星照片的 POP 广告，而控制组则没有类似的设置。实验为期一个月，结果见表 2—2。

表 2—2 实验组与控制组对比实验

实验对象	实验后销售量
A、B、C（实验组）	2 800、3 000、2 900
D、E、F（控制组）	2 500、2 400、2 600
实验结果	（300、600、300）=1 200

在其他因素不变的情况下，销售量增加就可以完全看成是明星广告影响造成的。但是，市场受多种因素影响，在市场实验期间，消费者的偏好及竞争者的策略都可能有所改变，从而影响实验的结果。而这种方法对实验组和控制组都是采取实验后检测，无法反映实验前后非实验变量对实验对象的影响。为弥补这一点，可将上述两种实验进行综合设计。

资料来源：杜明汉：《市场调查与预测》，62～64 页，大连，东北财经大学出版社，2011。

延伸阅读

焦点小组（focus group）访谈

焦点小组访谈是研究人员基于人口统计特征、心理统计特征和其他因素的考虑，谨慎地招募 6～10 人，然后将他们召集在一起，由主持人根据事先拟定好的提纲，在规定的时间内与这些参与者进行讨论的一种调研方式。参与者可以得到一些报酬。在焦点小组访谈中，主持人试图辨别消费者的真正动机和为什么消费者会提及所做过的某件事。整个座谈会的过程需要记录，营销经理通常坐在座谈室隔壁的装有单面镜的房间内对座谈会的讨论过程进行观察与控制。为了使讨论更加深入，小组的规模通常都很小。

实施焦点小组访谈必须让参与者尽可能地感到气氛轻松，这样他们才可能说真话。环境的布置有助于形成轻松的氛围，应避免把访谈室布置成医院或审讯室的样子。为了使焦点小组访谈的参与者进行积极互动，研究人员可以事先准备一些资料，如日志、图片和资料等。由于焦点小组访谈的样本太小，不能简单地把受访者的感受推广到整个市场，但是，这种方法仍然是一种很有效的探索性调研方法，而且是一种成本最低、速度最快、最为直接的方法。

资料来源：［美］菲利普·科特勒，凯文·莱恩·凯勒：《营销管理》（第 14 版），102 页，上海，格致出版社、上海人民出版社，2012。

3. 确定调研的工具

营销调研人员在收集第一手资料时，可以选择两种主要的工具：第一，调查表（问卷），它是迄今为止用于收集第一手资料的最普遍的工具，下面有对调查表（问卷）的详细介绍；第二，仪器，仪器工具在营销调研中较少使用。

4. 确定抽样的方法

营销调研人员在决定了调研方法与工具后，必须设计一个抽样计划，要求作出三个决定：抽样单位、样本大小、抽样程序。抽样单位，即向什么人调查，营销调研人员必须在抽样对象中确定目标调查者。样本大小，即应调查多少人，样本越大，结果越可信。但没有必要抽取全部单位，只要抽样过程可靠，样本量只需少于总体单位数的1%就可以了。抽样程序，即怎样选择被调查者，抽样程序依据研究的目的不同而有所不同。根据抽样时是否有个人的主观影响，抽样分为随机抽样和非随机抽样。探索性调研一般采用非随机抽样，而涉及总体性的研究则一般采用随机抽样。抽样的类型如表2—3所示。

表2—3　　抽样的类型

大类别	小类别	特点
概率抽样	简单随机抽样	总体中的每个成员都有被选中的均等机会。
	分层随机抽样	防止样本过于集中，把总体依某种属性划分为不同的组别（例如年龄组），然后对每个组别进行简单随机抽样。
	分群随机抽样	防止样本过于分散，把总体分解为不同群体，群体之间相似，但每个群体成员具有较大差异。
非概率抽样	方便抽样	调研人员选择人口中最容易接触的成员以获得信息。
	判断抽样	调研人员应用自己的判断来选择人口中能提供准确信息的理想成员。
	配额抽样	调研人员在几个类型中，对每个类型按照所规定的人数去寻找和访问调查对象。

5. 调研经费预算与日程安排

有价值的调研结果需要时间和金钱。在调研计划中，要根据调研需要搞好预算。日程的安排使调研者有紧迫感，又能有条不紊地推进调研计划的执行。需要多长时间完成调查要看具体情况，一般小型的商业调研大概需要一个半月左右，而国家全面性调查则可能需要一年。

（三）收集信息

输入的如果是垃圾，输出的也一定是垃圾，所以收集信息的质量决定调研结果的质量。

营销调研的信息收集阶段是花钱最多，也是最容易出错的阶段。在进行调研时常会发生四类主要的问题：被调查者恰好不在家，因此需要再度访问或替换样本；受访者拒绝合作；受访者的答案具有偏差或不真实；被调查者可能会给予有偏见或不诚实的回答。

收集信息的最大挑战之一是调研风格要符合受访者当地的文化。例如，拉丁美洲的受访者认为互联网缺少人情味儿，故对于网上访问感到很不自在，在调查中需要采用互动的方式，使受访者感到他们是在和一个真人讲话。而在我们亚洲国家，面对面访问常常使受访者感到有压力，在线焦点小组访谈则可能是一种令人舒服的方式。

（四）分析信息

分析信息的主要内容包括：分析得到信息的渠道是否可靠；分析信息内容的准确性；分析信息

间的相互关系和变化规律。

分析信息的一般程序为：

（1）编辑整理。

首先检查资料的误差。误差一般有两种：一种是抽样误差，由于抽样调查是用其结果推算全体的，推算结果与全体必然有一定误差，所以必须加以测定；另一种是非抽样误差，如统计计算错误，调查表内容设计不当，谈话记录不完整，访问人员有偏见，被调查人员回答不认真或前后矛盾等。错误资料必须剔除。其次，要对资料进行评价，即审核其根据是否充分、推理是否严谨、阐述是否全面、观点是否成熟，以确保资料的真实与准确。最后，剔除对营销决策不重要的信息，以免信息过杂而影响决策效率。

（2）分类编码。

为了便于归档、查找、统计、分析，必须将经过编辑整理的资料进行分类编码。如果资料采用计算机处理，分类编码尤为重要。

（3）统计和分析。

为了分析信息之间的相互关系和变化规律，根据调查所得到的有用数据和资料，用有关图表表示信息的相互关系及状况，用模型来表达其规律性。

（五）展示研究结果

营销人员经过研究以后，要向营销经理汇报研究结果，避免营销经理埋头于大量的数据和复杂的统计技术中去的局面，影响决策的效率。而且研究人员所提出的应该是与营销决策有关的一些主要研究结果，从而减少在决策时的不确定因素。

同步训练

小张是一名老年服务与管理专业的大学生，马上要毕业了，他不想做一名“北漂”，而是想回家创业。小张的创业梦想是在老家所在的县城开一家老年服装店。但是，在县城开设老年服装店是否合适？如果合适，老年服装店该如何定位？如何选址？他对一系列问题还不清楚。为此，小张决定利用实习机会回县城做一次市场调研。请你为小张拟定一个简单的调研计划。

任务二

设计市场调查问卷

情境导入

A旅行社是北京市一家市场意识非常敏感，富有进取心和责任感的公司。最近，该旅行社准备重点开拓北京老年旅游市场。为了更全面地了解北京老年人外出旅游的现状和特点，促进旅行社业务科学定位，准确把握目标市场需求，有针对性地设计老年人旅游路线，为老年人提供更好的服务，旅行社决定做一次问卷调查。

任务描述

假如你是A旅行社负责本次调研的工作人员，请设计一份《北京市老年旅游市场调查问卷》。

相关知识

（一）问卷的基本结构

一般而言，问卷可分为开头、甄别、主体和结语四个组成部分，其基本内容应该包括问卷的标题、问候语、填写说明、甄别、问题与答案、编码和访问证明的记载七部分。

1. 标题

标题是对问卷调查主体的基本概况的说明，基本功能是让被调查者一目了然地了解该项问卷调查的主要内容和基本用意。问卷标题既要简明扼要又要切中主题，不要简单采用“问卷调查”这样的标题，如《北京市老年房地产市场需求状况调查问卷》不能简单写成《调查问卷》。标题一般位于问卷上端居中，对某项调查起画龙点睛的作用。

2. 问候语

问候语也叫前言或问卷说明，它是对调查目的、意义以及有关事项的说明。其主要作用是引起调查对象的兴趣和重视，消除调查对象的顾虑，激发调查对象的参与意识，以争取他们的积极合作。问候语一般位于问卷的开头，也可单独做成一封信。

3. 填写说明

填写说明通常在自填式问卷中出现，旨在帮助被调查者填写问卷。包括应注意事项，填写方法、交问卷的时间要求以及问卷如何返回调查者手中等，可在问题前面集中说明，也可在每个问题中说明，用括号括起来。如“请您在所选答案的题号上画圈”、“需填写数字的题目在留出的横线上填写”。

4. 甄别

甄别也称作过滤，是指在对被调查者做一份正式的完整的调查问卷之前，首先对被调查者是否为自己问卷调查的对象做出一个筛选。去掉不需要的被调查者，然后针对特定的被调查者进行调查。甄别的目的有两个：一是筛选掉与调查项目有直接关系的人，排除干扰因素；二是确定哪些人是最合适的被调查者。

5. 问题与答案

问题与答案是问卷的主体，也是问卷最重要的部分，篇幅也最多。其基本内容包括根据调查目的设计的各种问题、不同问题的回答方式、对各类回答方式的指导说明。问题一般分为封闭式问题和开放式问题，如表2—4所示。

表 2—4　　　　**问卷问题的类型**

封闭式问题		
名称	说明	例子
两分法单项选择	只有两种答案的问题	在安排这次旅行中，您打算使用美国航空公司的电话服务吗？ 是□　否□
多项选择	一个问题提出三个或更多的回答供选择	在本次飞行中，您和谁一起旅行？ □没有　□只有孩子 □配偶　□同事/朋友/亲属 □配偶和孩子　□一个旅游团
李克特量表	被调查人可以在同意和不同意的量度之间进行选择	小型航空公司一般比大型航空公司服务得好。 □非常不同意　□不同意　□没意见 □同意　□非常同意
语意差别	在两个意义相反的语意间赋予尺度，请被调查者根据自己的看法选择最适当的位置	美国航空公司是： □大型公司　□小型公司 □有经验　□无经验
重要性量表	对某些属性从“根本不重要”到“极重要”进行重要性分等	航空公司的食品服务对我是______。 □极重要　□很重要　□有点重要　□不太重要　□极不重要
排序量表	对某些属性从“质劣”到“极好”进行分等	美国航空公司的食品服务是______。 □极好　□很好　□好　□尚可　□质劣
购买意图量表	测量购买人意图的量表	如果长途飞行时提供电话服务，我将： □肯定会用　□可能会用　□不知道　□可能不用　□肯定不用
开放式问题		
名称	说明	例子
自由格式	被调查者可以用几乎不受任何限制的方法回答问题	你对美国航空公司有什么意见？
词汇联想法	列出一些词汇，每次一个，由被调查者写出他头脑中涌现的第一个词	当你听到下列文字时，你脑海中涌现的第一个词是什么？ 家电______　美国______
词句完成法	提出一些不完整的词句，每次一个，由被调查者完成该词句	当我选择一个航空公司时，最优先考虑的是______。
故事完成法	提出一个未完成的故事。由被调查人来完成它	我在几天前乘了美航班机。我注意到该飞机的内部都展现了明亮的颜色，这使我产生了下列联想和感慨……请将这个故事补充完整。

续前表

开放式问题		
名称	说明	例子
图画完成法	画出一幅有两个人的图画，一个人正在发表某种意见，要求被调查者发表另一种意见，并写入图中的空框中	
主题联想测试	画出一幅图画，要求被调查者构想出一个图中正在发生或可能发生的故事。	

6. 编码

编码是主体中的一个组成部分，它是将问卷中的调查项目以代码的形式表示出来。一般的问卷均需对每个问题加以编码，以便分类整理，易于进行计算机处理和统计分析。编号和编码不是完全等同的概念。对于每个问题而言，编号是进行编码的基础和前期准备；编码除了对每个问题实施外，每份问卷也必须有编号，该编号除了反映顺序号之外，还应包括与样本有关的抽样信息等。

7. 访问证明的记载

所谓访问证明的记载，是指要在调查问卷的最后注明调查员的姓名、访问日期、访问时间等。如有必要，还需注明被调查者的姓名、单位或家庭住址、电话等，以便于审核和进一步追踪调查。当然，对于涉及被调查者隐私的问卷，可视情况考虑不将上述内容列入。

（二）设计问卷问题时应注意的问题

设计问卷问题时应注意的问题主要有：

（1）涉及敏感的隐私问题时，可提供区间选择以降低敏感性；

（2）问题要简单明确，尽量用常用词语；

（3）不要使用否定疑问句；

（4）同一个问题不要涉及两个以上的内容；

（5）避免使用过于专业的词汇；

（6）问题不能带有倾向性，不对答案进行暗示；

（7）避免假设性问题，因为回答想象中的问题是困难的；

（8）确保问题的备选答案没有重叠；

（9）对于可能性答案较多的情况，备选答案中应当列出“其他”选项，以供被调查者选择；

（10）避免使用模糊的词汇（如“经常”、“一般”等）。

同步训练

分析下面的问话存在什么问题：

（1）如以百元为单位，您的收入是多少？

（2）您是否喜欢电影中的蒙太奇手法？

（3）今年4月，您在电视上看到几次航空公司的广告？

（4）您认为在评价航空公司时，最显著的、最具决定性的属性是什么？

（5）您认为“政府对飞机票加税从而剥夺了许多人乘坐飞机的机会”的说法是对的吗？

（6）您的轿车是贷款买的吗？

（7）您家离最近的公园有多远？

（8）您对这种空调的价格和质量还满意吧？

（9）您觉得这种电视的价格不合理吗？

（10）青岛啤酒泡沫丰富、口味清爽，您是否喜欢？

任务三

分析企业的营销环境

情境导入

B公司是福建省厦门市一家房地产企业，长期从事住宅楼的开发和销售业务，在业界一直有较好的口碑。2014年11月26日，公司张总在《福建日报》看到了一篇关于养老地产的报道：

如果说2013年是养老地产的元年，那么2014年则是国内养老地产的“沸腾年”。

随着近两年政策的不断倾斜和刺激，养老地产由徘徊观望迅速进入沸腾期。大大小小的各类企业都对这块“蛋糕”垂涎不已。据行业知情人士透露，目前中国养老市场的商机约4万亿元人民币，而到2030年有望增加至13万亿元。目前，我国养老地产的格局形成了“保险系”、“央企系”、“房企系”三足鼎立的格局，而仅“房企系”中，就有逾30家企业已经在全国范围内拓展养老地产，全国投资规模已超过千亿元。

正所谓：内行看门道，外行看热闹。在进入实操阶段的房地产企业中，不少房地产企业人士坦言，尽管不断刷新的数据论证着这个行业的美好前景，却由于拿地难、金融无法衔接、盈利周期过长、投入过大、模式不清晰、支付能力不足或无支付意愿等原因导致养老地产实际发展举步维艰。不仅如此，部分房企还开启了一轮以养老为名的“圈地运动”。

任务描述

由于B公司也有进入老年地产的计划，所以张总对上述报道看得特别仔细。但该报道只是笼统地提出了老年地产所面临的机会和问题，但到底是哪些环境因素带来的影响，还需要进一步分析研究。看完报道后，张总随即向公司营销部提出了要求，要求其对影响老年地产企业发展的所有内外部环境做一个调查。假如你是该公司营销部门的经理，请列举出需要调查哪些宏观环境和微观环境。

相关知识

海尔总裁张瑞敏在总结自己管理企业的经验时，说过这样一句深有体会的话：在市场经济条件下，我认为，一个精明的企业家必须有三只眼，只有两只不行。要用第一只眼睛盯住企业内部，最大限度地调动职工积极性，不断提高产品质量；要用第二只眼睛盯住外部，最大限度地满足用户的需要，不断扩大市场份额；还要用第三只眼睛盯住国家宏观调控政策，及时抓住机遇，从而加快企业规模的发展。

（一）宏观环境

企业必须在大范围内关注六类主要宏观环境：政治法律、经济、社会文化、自然、人口和科技。

1. 政治法律环境

政治因素像一只有形之手，调节着企业营销活动的方向；法律是企业的行为准则，约束企业的行为。政治与法律相互联系，共同对企业的市场营销活动发挥影响。

（1）政治环境因素。

政治环境主要包括政治局势、国家方针政策、国际关系等内容。如果政局稳定，生产发展，人民安居乐业，就会给企业造成良好的营销环境。相反，政局不稳，社会矛盾尖锐，战争、暴乱、罢工、政权更替、国际冲突等政治事件不断，则可能对企业营销活动产生不利影响。各个国家在不同时期，根据不同需要颁布一些经济政策，制定经济发展方针，这些方针、政策不仅影响本国企业的营销活动，而且会影响外国企业在本国市场的营销活动。在强大的政治力量面前，企业的力量往往显得很弱小。

（2）法律环境因素。

企业营销人员必须熟悉法律环境，密切关注与本企业有关的国际、国内法律法规等，使企业的经营在合法的轨道上运行，同时，善于运用法律武器来维护企业的正当合法权益。目前，我国正在逐步加强市场方面的法律建设，概括起来，主要有三类：一是保护公平竞争的法律，如《反不正当竞争法》、《经济合同法》、《专利法》、《商标法》、《广告法》等；二是保护消费者权益的法律，如《食品卫生法》、《产品质量法》、《消费者权益保护法》、《老年人权益保障法》等；三是保护社会公众长远利益的法律，如《环境保护法》、《大气污染防治法》等。

2. 经济环境

在经济环境中，实际购买力取决于现行收入、价格、储蓄、负债及信贷条件。

老年人经济收入的主要来源是子女或亲属供养、老年人离退休金和劳动收入以及社会保险和救济。以城市老年人为例：第一，领取退休金的人数占有相当高的比例，而且退休金数额在逐年增加，就企业退休人员来说，养老金水平经过“十连涨”之后，已从2005年的每月人均700元提升到目前超过2 000元；第二，有相当一部分老年人退休后又重新找到工作，我国城市 60～65 岁的老年人口中约有 45％的人还在业，他们除了有退休金之外，还有另外的收入；第三，一部分老年人或多或少地会从子女那里得到一部分赡养费；第四，一部分老年人拥有一定的储蓄，据中国老龄科学行业研究中心的一项调查，城市老年人中有 42.8％的人拥有储蓄存款。

据中国老年学会估计，仅目前老年人的离退休金、再就业收入、亲朋好友的资助每年可达4 000亿～5 000 亿元，且总量仍在不断增加。预计到 2025 年和 2050 年，随着经济收入水平的稳步提高与老年人口规模的大幅增加，老年人的潜在购买力将分别达到 14 000 亿元和 50 000 亿元，这将使老年市场成为未来最具影响力的消费市场之一。

值得一提的是，和中青年相比，大多数老年人已上无赡养父母的责任、下无抚养子女的义务，因而可倾其所有来满足自己的需求，使老年人相对有限的经济收入最大限度地转化为现实购买力，其边际消费倾向明显高于中青年消费者。由于我国老年人口基数大，老年人的经济收入在逐年增加和具有强烈的购买欲望，我国老年市场具有不可估量的开发潜力。而且，现在的老年人多数是在物质和精神生活相对贫乏的五六十年代度过他们的青春年华，一直没有机会满足各种人皆有之的生活追求。因此，当他们从繁忙的工作和家庭负担中解脱出来后，就会迸发出强烈的补偿要求，希望自己的晚年生活能过得幸福、充实、绚丽多彩。从这个意义上讲，老年人有比青年人更强烈的购买欲望。

3. 社会文化环境

社会文化是指一个社会的民族特征、价值观念、生活方式、风俗习惯、伦理道德、教育水平、语言文字、社会结构等的总和。社会文化因素通过影响消费者的思想和行为来影响企业的市场营销活动。因此，企业在从事市场营销活动时，应重视对社会文化的调查研究。

（1）教育水平。

一个国家、一个地区的教育水平与经济发展水平往往是一致的。不同的文化修养表现出不同的审美观，购买商品的选择原则和方式也不同。一般来讲，教育水平高的地区，消费者对商品的鉴别力强，容易接受广告宣传和接受新产品，购买的理性程度高。因此，在产品设计和制定产品策略时，应考虑当地的教育水平，使产品的复杂程度、技术性能与之相适应。另外，企业的分销机构和分销人员受教育的程度等也对企业的市场营销产生一定的影响。

（2）语言文字。

语言文字是人类交流的工具，属于表层文化。不同国家、不同民族往往都有自己独特的语言文字，即使是同一国家，也可能有多种不同的语言文字，即使语言文字相同，也可能表达和交流的方式不同。营销者应注意语言文字因翻译出现的沟通问题。

（3）价值观念。

价值观念是人们对社会生活中各种事物的态度、评价标准和崇尚风气。不同的文化背景下，人们的价值观念差别是很大的，而消费者对商品的需求和购买行为深受其价值观念的影响。例如，东方人将群体、团结放在首位；而西方人则注重个体和个人的创造精神。我国整体上崇尚节俭，以储蓄消费为主；而西方一些国家崇尚个人享受，信贷消费非常流行。

引例：美国人和中国人的消费观念

中国太太和美国太太在天堂相遇，谈人间一生。

美国太太：我苦了 30 年，终于把住房贷款还清。

中国太太：我苦了30年，终于攒够买房的钱。

美国太太的子女：刚办完丧事，又要去贷款买房。

中国太太的子女：母亲对我们真好，留下一套房子，我也要攒钱，给孩子买房。

（4）宗教信仰。

不同的宗教信仰有不同的文化倾向和戒律，从而影响人们的消费行为，特别是在一些信奉宗教的国家和地区，宗教信仰对市场营销的影响力更大。如印度人忌讳吃牛排、穆斯林不吃猪肉等。某些国家和地区的宗教组织在教徒的购买决策中有重大影响。一种新产品宗教组织有时会提出限制和禁止使用，认为该商品与该宗教信仰相冲突。相反，有的新产品出现，如果能得到宗教组织的赞同和支持，它就会号召教徒购买、使用，起到一种特殊的推广作用。

（5）风俗习惯。

风俗习惯是人们根据自己的生活内容、生活方式和自然环境，在一定的社会物质生产条件下长期形成，并世代相袭的一种风尚和由于重复、练习而巩固下来并变成需要的行动方式的总称。它在饮食、服饰、居住、婚丧、信仰、节日、人际关系等方面，都表现出独特的心理特征、伦理道德、行为方式和生活习惯。不同的国家、不同的民族有不同的风俗习惯，它对消费者的消费嗜好、消费模式、消费行为等具有重要的影响。

4. 自然环境

一个国家、一个地区的自然环境包括该地的自然资源和地理环境。自然资源是指自然界提供给人类的各种形式的物质财富，如矿产资源、森林资源、土地资源、水资源等。这些资源分为三类：一是无限资源，如空气等；二是有限但可以更新的资源，如森林、粮食等；三是有限但不可再生的资源，如石油及锡、煤、锌等矿物。自然资源是进行商品生产和实现经济繁荣的基础，和人类社会的经济活动息息相关。地理环境是指一个国家或地区的地形、地貌和气候，是企业开展市场营销所必须考虑的因素，这些地理特征对市场营销有一系列的影响。例如，气候（温度、湿度等）与地形地貌（山地、丘陵等）特点，都会影响产品和设备的性能和使用。

企业要避免由自然环境带来的威胁，最大限度地利用环境变化可能带来的市场营销机会，应不断地分析和认识自然环境变化的趋势，根据不同的环境情况来设计、生产和销售产品。同时，企业在充分利用环境的同时，还要保护环境。

5. 人口环境

人口是构成市场的第一因素。市场是由那些想购买商品同时具有购买力的人构成的。人口的规模、年龄结构、性别结构、地理分布、婚姻状况、出生率、死亡率、密度、流动性及其文化教育等特性会对市场格局产生深刻影响，并直接影响企业的市场营销活动和企业的经营管理。

据国家统计局第六次人口普查结果显示：全国总人口约为13.4亿人，45岁及以上的人口占33.2%，比2000年人口普查上升近4个百分点，其中65岁及以上人口占8.8%，比2000年人口上升1.9个百分点。据预测，2020年我国60岁以上的老年人将接近3亿人。

经济学家认为，在一个高度商品化的经济社会中，人们生活消费的主体是通过商品交换行为来取得的，即通过市场上的购买活动取得各种生活资料。由此，从市场营销的角度看，我国人口结构中，中老年人数量的增加、比重的加大等变化趋势对总体营销市场产生着深远的影响。

中国人口老龄化，不仅是一个人口问题、社会问题、政治问题，而且是一个经济问题。老龄化社会的到来，使消费结构发生了巨大变化，特别是中老年消费品市场的发展将变得越来越广阔。我国已经拥有世界上最大的中老年消费市场，据估算，目前我国中老年人各类收入的总和达到了

3 000 亿~5 000亿元，随着人民生活水平的进一步提高，此项指标还将以比较快的速度增长。庞大的中老年人群体和强劲的潜在购买力，培育了一个巨大的消费市场。

6. 科技环境

科学技术是社会生产力的表现，是企业把资源转化为符合人们需要的物品的基本手段。科学技术的进步不可阻挡，不仅对社会环境和经济环境产生重大影响，而且对消费者、企业经营产生重大影响。新技术的应用会影响人们的消费方式和购买习惯，在给企业创造新的发展机会的同时，也会冲击和毁灭陈旧落后的产业。因此，研究分析科技环境，对于营销人员来说十分重要。营销人员应注意技术发展的四种趋势：技术变革步伐加快、无限的革新机会、差异较大的研发预算和不断增加的技术革新规定。

需要指出的是，科技的快速发展与老年人接受新事物的习惯是相悖的。“高科技恐惧症”已经成为老年人的通病。一些社会人士认为，老年人“科技恐高”的根源在于适合其使用的高科技产品的缺失，需要企业研发出高科技“傻瓜产品”，才能从根本上治愈他们的“高科技恐惧症”。也有人认为，对老年人进行“科技关怀”，帮助他们摘掉“科技文盲”的帽子，需要政府、社会、家庭通力合作。政府和社会应多开办一些老年大学，帮助老年人及时了解科技发展的现状，子女在给父母购买高科技产品时，更应不厌其烦地向他们讲解操作方法和使用要领，不要让老年人被日新月异的高科技“边缘化”。

（二）微观环境

微观环境由企业的供应商、营销中介、顾客、行业竞争者、公众以及企业内部参与营销决策的各部门组成。其中，顾客与行业竞争者居于核心地位。和宏观环境相比，微观环境对企业的影响更为直接，而且微观环境的一些因素通过企业的努力可以不同程度地受到控制。

1. 供应商

供应商是指向企业及其竞争者提供生产产品和服务所需资源的企业或个人。供应商所提供的资源主要包括原材料、设备、能源、劳务、资金等。供应商对企业的影响表现在三个方面（见图 2—3）。

图 2—3　供应商对企业的影响

2. 营销中介

营销中介是指协助企业促销、销售和配送其产品给最终购买者的企业或个人，包括中间商、实体分配机构、营销服务机构等。

（1）中间商。

中间商是协助企业寻找顾客或直接与顾客交易的商业性企业或个人。中间商主要有两类：代理中间商和买卖中间商。代理中间商包括代理商、经纪人和生产商代表。它们专门介绍客户或与客户磋商交易合同，但并不拥有商品所有权。买卖中间商又称经销中间商，主要有批发商、零售商和其他再售商。它们购买商品，拥有商品所有权。中间商对企业产品从生产领域流向消费领域具有极其重要的影响。中间商由于与目标顾客直接打交道，因而它的销售效率、服务质量会直接影响企业的产品销售。

（2）实体分配公司。

实体分配公司主要是指储运公司，它是协助厂商储存货物并把货物从产地运送到目的地的专业企业。储运公司提供的服务可以是针对生产出来的产品，也可以是针对原材料及零部件。一般情况下，企业只有在建立自己的销售渠道时，才会主要依靠储运公司。在委托中间商销售产品的情况下，储运服务往往由中间商去承担，储运公司储存并保管要运送到下一站的货物。运输公司包括铁路、公路、航空、货轮等货运公司，生产企业主要通过权衡成本、速度和安全等因素，来选择成本效益最佳的货运方式。因此，储运公司的作用在于帮助企业创造时空效益。

（3）营销服务机构。

营销服务机构主要有营销调研公司、广告公司、传播媒介公司和营销咨询公司等，范围比较广泛。它们帮助生产企业推出和促销其产品到恰当的市场。如今，大多数企业都要借助这些服务机构来开展营销活动，如请广告公司制作产品广告，依靠传播媒介传播信息等。企业选择这些服务机构时，须对它们所提供的服务及其质量、创造力等方面进行评估，并定期考核其业绩，及时替换那些不具有预期服务水平和效果的机构，这样才能提高经济效益。

3. 公众

公众是指对企业实现其目标的能力感兴趣或产生影响的任何团体或个人，主要有以下七类（见图2—4）。

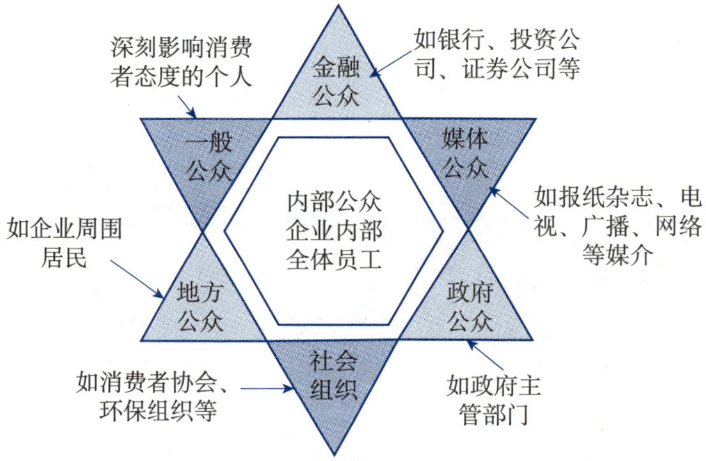

图2—4　公众

公众对企业的生存和发展产生巨大的影响，公众可能有增强企业实现其目标的能力，也可能会妨碍企业实现其目标。所以，企业必须采取积极适当的措施，主动处理好同公众的关系。

4. 行业竞争者

哈佛大学的迈克尔·波特从竞争的角度识别出有五种力量决定了一个市场或细分市场的长期内在吸引力（见图2—5）。这五种力量是：同行业竞争者、潜在竞争对手、替代产品、顾客和供应商。

这五种力量实质上也代表了五种竞争者的类型。

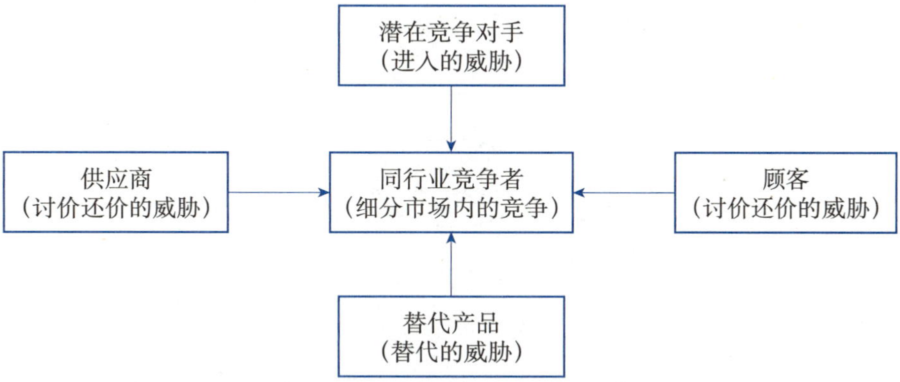

图 2—5　决定市场细分吸引力的五种力量

（1）同行业竞争者。如果某个细分市场已经有了众多的、强大的或者竞争意识强烈的竞争者，那么该细分市场就会失去吸引力。如果该细分市场处于稳定期或者衰退期、生产能力不断大幅度扩大、固定成本过高、撤出市场的壁垒过高、竞争者投资很大，那么情况就会更糟。这些情况常常会导致价格战、广告争夺战、新产品推出，并使公司要参与竞争就必须付出高昂的代价。

（2）潜在竞争对手。某个细分市场的吸引力随其进退难易的程度而有所区别。根据行业利润的观点，最有吸引力的细分市场应该是进入的壁垒高、退出的壁垒低。在这样的细分市场里，新的公司很难进入，但经营不善的公司可以安然退出。最坏的情况是进入细分市场的壁垒较低，而退出的壁垒却很高。于是在经济良好时，公司蜂拥而入，但在经济萧条时，却很难退出。其结果是公司生产能力过剩，收入下降。

（3）替代产品。如果某个细分市场存在替代产品或者有潜在替代产品，那么该细分市场就失去吸引力。替代产品会限制细分市场内价格和利润的增长。

（4）顾客。如果某个细分市场中顾客的讨价还价能力很强或正在加强，该细分市场就没有吸引力。顾客会设法压低价格，对产品质量和服务提出更多要求，并且使竞争者互相斗争，所有这些都会使销售商的利润受到损失。

（5）供应商。如果公司的供应商经常提价或者降低产品和服务的质量，或减少供应数量，那么该公司所在的细分市场就没有吸引力。如果供应商集中或有组织，或者替代产品少，或者供应产品是重要的投入要素，或者转换成本高，或者供应商可以向前实行联合，那么供应商的讨价还价能力就会较强大。因此，与供应商建立良好关系和开拓多种供应渠道才是防御上策。

5. 最终顾客

企业的一切营销活动都是以满足顾客的需要为中心的，因此，顾客是企业最重要的环境因素。可以对顾客从不同角度以不同的标准进行划分。按照购买动机和类别分类，顾客市场可以分为消费者市场和组织市场。组织市场包括生产者市场、中间商市场和非营利性组织市场。老年产品市场其实是一个产业链，包括老年消费者市场、老年产品生产者市场、老年产品中间商市场，以及服务于老年产业的非营利组织市场。

6. 内部营销环境

面临相同的外部环境，不同企业的营销活动所取得的效果往往并不一样，这是因为它们有着不同的内部环境要素（见图 2—6）。

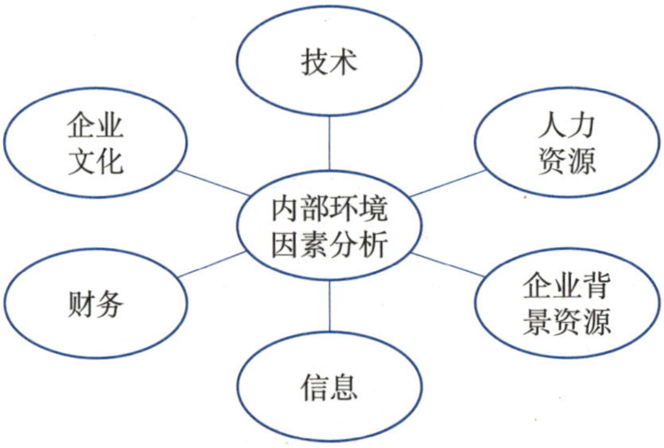

图 2—6　企业主要的内部环境要素

在企业内部各环境要素中，人员是企业营销策略的确定者与执行者，是企业中最重要的资源。企业的背景资源、技术先进性和信息沟通便利性影响着企业营销机制的工作效率。财务状况与厂房设备等条件是企业进行一切营销活动的物质基础，这些物质条件的状况决定了企业营销活动的规模。

此外，企业文化和企业组织结构是两个需要格外注意的要素。企业文化是近年来日益受到重视的企业内部要素。所谓企业文化，是指企业的管理人员与职工共同拥有的一系列思想观念和企业的管理风貌，包括价值标准、经营哲学、管理制度、思想教育、行为准则、典礼仪式以及企业形象等。企业组织结构主要是指企业营销部门与企业其他部门之间在组织结构上的相互关系。营销部门在整个企业组织中的地位影响着营销活动能否顺利进行。

同步训练

应用迈克尔·波特识别出的五种力量分析影响老人手机市场吸引力的因素，判断老人手机市场是否长期具有吸引力。

任务四

老年企业 SWOT 分析

情境导入

以下是有关北京“太阳城”养老社区和中国整个养老房地产市场的部分调研结论。

（一）关于北京“太阳城”的描述

（1）全国首家，占得先机。

（2）北京“太阳城”居住形式灵活多样，有居家式、租住式、安养式、度假式四种养老方式。

（3）北京“太阳城”集医疗救护、生活照料、精神赡养三大功能于一身，为老年人制定了全程化的养老服务模式。

（4）北京“太阳城”是以市场运作为先导，以公益性服务为核心；实行综合配套、多元经营，以提高社区的生活质量。凡租住、购买“太阳城”住房的60岁以上的老年人可享受九大项33款的免费服务。

（5）资金和规模与传统房地产企业相比，实力比较弱。

（6）盈利模式结构不明确，养老地产的盈利模式需要产品销售和物业服务两方面并重，以租为重还是以售为主目前尚无定论。

（7）后期物业管理要求高。为老年人提供的管家式服务、医护服务、保健服务、活动组织、日常课程、特殊饮食护理服务等较为复杂和多样化，需要专业的物业管理公司进行操作。

（二）关于中国养老市场的描述

（1）中国已进入老龄化社会，传统养老方式已无法满足人们的需求，国内的养老设施满足不了需求，缺乏中高端配套。根据国家有关部门统计预测，到2025年，老年人将占到到全国总人口的19.34%；到2040年，老年人将占到全国总人口的27.8%，届时每三个半人口中就会有一个老年人口。

（2）以房养老可能给老年地产带来新机遇。

（3）养老方式逐步向集中养老转移。

（4）国家、省、市各级政府鼓励进行养老地产的建设，在税收、土地等方面会出台相关优惠政策。

（5）老年住宅在京、沪两地备受热捧。

（6）新兴市场不稳定，养老地产作为一个新兴的市场自然要面对许多风险，由于人们对这一产业还不很熟悉，所以可能需要一个适应期。

（7）投资额高，如养老地产社区的无障碍通道、慢速电梯等方面的成本要比普通商品住宅社区高30%～50%。

（8）老年地产回收期长，资金链和现金流压力大。

（9）我国有关养老的社会观念、生活习惯、心理接受度的改变需要时间。

（10）有竞争实力的房地产公司已经开始或已经进入这个巨大的市场。

任务描述

请用SWOT分析工具对“太阳城”老年社区面临的内外部环境进行归类，填入表2—5中（填序号），并在表中列出可行的营销战略。

表 2—5　　企业 SWOT 分析

内部环境 / 外部环境	列出优势（strengths）	列出劣势（weaknesses）
列出机会（opportunities）		
列出威胁（threats）		

相关知识

SWOT 分析法也称态势分析法，于 20 世纪 80 年代初由美国旧金山大学的管理学教授韦里克提出，经常被用于企业战略制定、竞争对手分析等。SWOT 分析法是把组织内外环境所形成的机会（opportunities）、威胁（threats）、优势（strengths）、劣势（weaknesses）四个方面的情况结合起来进行分析，以寻找制定适合本组织实际情况的经营战略方法。

（一）机会

机会是指对企业特别有利的状态。机会的来源之一是关键的发展趋势。对细分市场的预测、竞争环境的变化、技术变革、与顾客或者供应商关系的改善都能给企业带来机会。

（二）威胁

威胁是对企业发展不利的外部因素，是妨碍企业目前或未来市场地位的主要因素。竞争者的进入、市场增长的减缓、主要客户或供应商讨价还价能力的增强、技术变革和法律法规的修订都会给企业的成功带来威胁。

（三）优势

优势是企业的特殊能力，是从企业可获得的资源和能力的基础上发展起来的。优势会使企业在竞争中处于有利地位。

（四）劣势

劣势是企业相对于竞争对手而言存在的资源或能力上的限制或缺陷，它阻碍公司的有效表现。

基于 SWOT 分析可以得出四种战略，如表 2—6 所示。

表 2—6　　SWOT 分析模型与战略

内部环境 / 外部环境	列出优势（strengths）	列出劣势（weaknesses）
列出机会（opportunities）	SO 战略或增长战略 发挥优势、利用机会	WO 战略或转移战略 抓住机会、减少或避开劣势
列出威胁（threats）	ST 战略或多元化战略 利用优势、避免威胁	WT 战略或收缩防御战略 克服劣势、避免威胁

同步训练

北京商业银行计划推出一款老年理财产品，通过详细的调研，得到如下信息：

（1）银行有国家担保，公信度高。

（2）此款理财产品专门针对老年人的理财需求，对老年人进行深度市场细分，分类明确。

（3）银行的网点众多，分布广泛，设备齐全，业务涉及范围广，方便老年人进行理财产品的购买。

（4）人力资源充足，在此款理财产品推出前将有专业理财师对银行客户经理进行培训，弥补其专业知识的不足。

（5）银行经过长期的发展已经积累了大量的营销经验，可运用多种营销手段宣传该理财产品。

（6）老年人对风险厌恶程度高，一般只能接受债券型理财产品。

（7）老年人投资期限较短，要求高度的动性。

（8）老年人对网上交易信任度低，且缺乏单独操作技能，对柜台交易仍有较大依赖，这为银行节约成本带来不利影响。

（9）老年人口增长带来巨大市场潜力。

（10）国内社会保障和社会福利水平逐渐提高，老年人生活负担降低，财富的增长加大了其长期理财的需求。

（11）老年群体理财意识增强。

（12）政治环境稳定为产品提供保障。

（13）科技发展增大业务普及的可能性。

（14）老年人“藏富”心理严重，银行很难一次性获得老年人完全真实的信息，这降低了产品和消费者间的匹配性，增加了客户定位的难度。

（15）此款理财产品风险低、期限结构合理，除银行以外的其他金融机构也能推出类似产品。

（16）目前，金融危机影响并未完全消除，货币市场、资本市场仍波动严重。

（17）经济下行，物价上涨，不能确定长期货币政策趋势，使得银行经营风险增加。

请你对该银行提供的上述信息进行 SWOT 分析，并提出相应的策略。

知识链接

（一）调研报告的结构

调研报告一般包括封面、摘要、目录、正文、结论和建议、补充说明和附录。

（1）封面。写明调研题目、委托单位名称、承办单位（人）和日期等。

（2）摘要。以简明扼要的词语陈述调研目的、方法、结果及有关建议，以便企业的决策者或主管在较短的时间内迅速地了解调研的成果，决定应该采取什么样的措施或行动。因此，摘要是调研报告中最重要的部分。

（3）目录。应该列出调研报告的所有主要部分和细节（一般需要列到二级标题）及其所在页数，以便使读者能尽快阅读所需内容。

（4）正文。正文是调研报告的主体部分，将研究结果做有组织、有条理地整理和陈述，图文并茂，尽可能地说明问题，便于读者阅读。

（5）结论和建议。调研报告的作用不仅在于向读者提供调查事实，而且应该在事实的基础上给出结论并提供建议。

（6）补充说明。如对特殊问题的说明、调研存在的局限性等。

（7）附录。附录是调研报告的结尾部分，可以附上相关的数据、图表和调查问卷等。

引例：约翰的教训

纽约地区的调研人员约翰·斯皮尔伯格(John Speilberg) 曾谈起他为美国一家最大的糖果制造商精心准备的长达250页的报告（包括图表和统计数据）的故事。在经历了大约6个月的艰苦调查后，约翰直接向公司3名最高决策者口头汇报。他信心百倍，自以为他的报告中有许多重大发现，包括若干个可开发的新细分市场和若干条产品理念方面的创意。

然而，在听了一个小时的充满事实、数据和图表的汇报后，糖果公司的总经理站起来说道："打住吧，约翰！我听了一个多小时枯燥无聊的数字，完全给搞糊涂了，我想我并不需要一份比字典还厚得多的报告。明天早晨8点前务必把一份5页纸的摘要放到我的办公桌上。"说完就离开了房间，约翰遇到了将使其受益于整个职业生涯的一个教训。

资料来源：杜明汉：《市场调查与预测》，229页，大连，东北财经大学出版社，2011。

（二）撰写市场调研报告应注意的问题

（1）注意处理好篇幅和质量的关系。篇幅不代表质量，令使用者满意的报告才是高质量的报告。

（2）避免解释不充分或不准确。图表和数据是报告的主要部分，但需要对它们做出清楚的解释。

（3）把握好资料的取舍。根据调查目标取舍资料至关重要，避免报告中充斥与目标无关的资料。

（4）避免提出不可行的建议。如果对企业和市场没有充分的了解，避免提出草率的建议。

（5）避免过度使用定量分析。过度使用定量分析会降低报告的可读性，引起阅读疲劳。

（6）合理利用版面设计。报告的字体、字号、行距、页边距、黑体字、插图等的利用都不能忽视，合理的设计会增加美感，显得专业化，为报告增色。

（7）注意细节，消灭差错。如果报告中经常出现错别字，会让使用者对报告的质量产生怀疑。

项目小结

市场调研一般分为五个步骤：确定问题和调研内容、编制调研计划、收集信息、分析信息、展示调研结果。最常用的调研方法有访问法、观察法和实验法。最常用的调研工具是调查表。调研报告一般包括封面、摘要、目录、正文、结论和建议、补充说明和附录。

影响企业营销的宏观环境包括政治法律、经济、社会文化、自然、人口和科技，微观环境包括供应商、营销中介、顾客、行业竞争者、公众以及企业内部参与营销决策的各部门。SWOT分析法是把组织内外环境所形成的机会（opportunities）、威胁（threats）、优势（strengths）、劣势（weaknesses）四个方面的情况结合起来进行分析，以制定适合本组织实际情况的经营战略。

教学做一体化训练

一、选择题（每题至少有一个正确答案）

1. 下列抽样方法属于概率抽样的是(　　)。

A. 分层随机抽样　　B. 分群随机抽样

C. 方便抽样　　D. 简单随机抽样

E. 判断抽样

2. 市场调研最费钱的阶段是(　　)。

A. 确定问题　　B. 编制计划

C. 收集信息　　D. 分析信息

E. 展示结果

3. "创造性毁灭力量"指的宏观环境是(　　)。

A. 政治法律　　B. 科技环境

C. 自然环境　　D. 人口环境

4. 供应商对企业的主要影响一般表现为(　　)。

A. 供货的稳定性和及时性　　B. 供货价格水平

C. 供货质量水平　　D. 供应商态度

E. 关系亲密程度

二、判断题（请在正确的论述后面打"√"，错误的论述后面打"×"）

1. 建立在市场调研基础上的决策都是正确的。(　　)

2. 市场调研的程序是：先进行实地调研，再进行二手资料调研。(　　)

3. 确定的调研问题和内容不要太宽泛，也不要太狭窄。(　　)

4. 企业自身能力和资源上的缺陷属于威胁因素。(　　)

5. 如果某个细分市场上存在着过多的替代产品或有潜在替代产品，则该市场的吸引力就较低。(　　)

三、简答题

1. 市场调研的五个步骤分别是什么？

2. 市场调研有哪些方法？

3. 宏观环境包括哪些内容？

4. 微观环境包括哪些内容？

四、案例分析

老年用品市场路在何方？

日前，浙江省政府提出一份名为《关于加快培育浙江省老年用品产业的建议》的报告。报告中提到，工作人员在调研浙江省老龄事业发展中发现了一些问题，比较突出的是老年用品购买难问题尚未得到足够的重视。

1. 老年用品市场被忽略

如果你留意的话，一条繁华的商业街，往往有各种女装店、童装店，但唯独找不到老年服饰店。

超市里，有老年用品，但以按摩器为主，价格昂贵。一些生活小用品，如穿针器、义齿冲洗器却很难找到。

杭州银泰百货一楼电梯间，有各个楼层的分布表。一楼为国际名品馆，二楼为时尚名品馆，一直到九楼，少女装、淑女装、童装等各年龄段都有，唯独没有老年服装。

在银泰百货，记者遇到拎着大包小包的张娜，她说好多专柜搞活动，就为自己买了不少东西。“本来想顺便给我爸妈买几件衣服，可是转了一圈都没有合适的。”

张娜说，自己的妈妈年纪大了，身材也走形了，所以想给妈妈买上几件合适、漂亮的衣服，却很难。

而在杭州百货大楼，难得一见的经营老年服装的店铺里，款式单一、色彩灰暗。

“我这个年纪，买衣服真头痛，以前扯块蓝布头叫裁缝师傅做做就好了，现在条件好了，哪里还有人这样做？但是又不好买。”今年63岁的钟丽花说，商场里的老年服装款式太单一，市场里的质量又太差。

2. 老年用品店生意冷清

实际上，已经有商家做出一些尝试，可是经营效果并不理想。本报曾在2013年4月17日第三版详细报道过一家老年用品专卖店。这家店铺的名字叫“老年生活馆”，位于杭州市潮鸣街道所巷社区树园小区，专卖老年用品。

日前，记者再次来到这家专卖店。一走进去，是一个90平方米左右的大开间，各种拐杖、轮椅等大件商品摆在两旁，中间空出一条道。店长高志红说，店是2009年8月开业的，主要销售老年人的生活、医疗用品。可是，经营了将近4年的“老年生活馆”，生意却很冷清，还时常有客户拿着一两年前买的东西要求调换。

采访当天，门口经过不少人，有遛狗的、有买菜的、有散步的……有一些老年人路过进来逛一圈，可是都只看不买。

76岁的张女士拿着一把已经很旧的三脚拐杖要求调换，说是觉得三脚的用起来不灵便。高志红说，张女士的拐杖是两年前买的，可是高志红还是很耐心地给她换了一把新的拐杖，他觉得能照顾就照顾一下。

“这种情况很常见，换货率高达20%。”高志红说，不是因为货物的质量问题，而是很多老年人买了东西后会后悔。换回来的旧货没办法再卖出去，也会赔进去不少钱。“前后总共投入了30多万元，现在成本都还没有收回来。”

除了这家用品店，杭州曙光路上也曾经有一家老年用品专卖店，但记者找到那里时才发现，它早已变成一家保健品店。保健品店店员说，老年用品店因为生意惨淡无法继续经营。

资料来源：余晓叶：《老年用品市场路在何方》，载《浙江老年报》，2013-09-25。

问题：

1. 老年用品市场为什么会出现购买难和生意冷清共存的局面？
2. 你认为该如何解决“老年生活馆”生意冷清的问题？

五、营销辩论

在调研方法或技巧方面，营销人员各有偏好。有些人喜欢通过定性研究方法深入了解消费者态度与产品品牌的相关信息，有些人则认为只有采用定量研究方法的调研才更科学。

辩论双方

正方：营销调研应当采取定量研究方法。

反方：营销调研应当采取定性研究方法。

项目三

分析老年人消费行为

学习目标

知识目标

1. 了解老年消费者消费行为的演变；
2. 理解老年消费者消费价值观与需要层次理论；
3. 掌握老年消费者的自我概念；
4. 理解消费者的购买决策过程。

素质目标

1. 培养尊重老年消费者的品质；
2. 具备一定的心理学素养。

能力目标

1. 能对老年消费者的心理特征进行归纳与分析；
2. 能根据老年人不同的消费动机制定相应的营销策略；
3. 能根据消费者购买的不同阶段制定不同的营销策略。

任务一

分析老年人的消费特征

情境导入

王大爷和张阿姨夫妇家住北京，现在都70多岁了。退休前，王大爷是大学教授，张阿姨是企业职工。一天，王大爷对张阿姨说："老伴儿，有一件事我一直觉得对不起你。咱们结婚时，生活不富裕，没给你买什么像样的东西，连个婚纱照也没拍。"

"那时候哪有现在的条件，想拍也没地方拍去。"张阿姨倒没有责怪的意思，不过突然好像想起了什么，对王大爷说："听小区老太太讲，咱家附近好像开了一家新的婚纱摄影楼，专门为老人补拍婚纱照，有老人已经去拍了，正在做促销，质量好，还便宜。"

"那好呀，既然不贵，咱们也补拍一套去！"王大爷当即说道。张阿姨也很兴奋，温柔地看着老伴说："咱也青春时髦一把，找找感觉。"

任务描述

仔细阅读"情境导入"中的案例，结合你所掌握的老年消费行为的知识，分析王大爷和张阿姨夫妇具有哪些老年消费行为特征。

相关知识

（一）传统理论对老年消费者消费行为特征的表述

传统理论对于老年消费者的研究通常基于如下假设：老年人习惯性消费既是几十年生活惯性的继续，又是对新生活方式较少了解和难以接受的反映。人到老年以后，其行为表现往往是：怀旧和沿袭旧俗的心态大于对新事物的学习和接受。其生理和心理基础在于：老年人学习能力和适应能力下降，而几十年生活方式的积累所形成的个人意识中的丰厚沉积构成了难以接受新事物的思维屏障。同时，身体机能的老化，使老年人对过去的远期记忆深刻，而对当前的近期记忆弱化。因此，在消费生活中，延续几十年形成的生活习惯，就成为老年人普遍的消费特征。基于上述情况，传统理论对老年消费者的消费行为特征的表述可以概括为如下几点。

1. 消费态度和行为比较稳定

老年人在长期的消费生活中形成了比较稳定的态度倾向和习惯化的行为方式，这主要表现在日常生活中的购买方式、使用方法、商品认知（或品牌认知）等方面。老年消费者对品牌的偏爱一旦形成，就很难轻易改变。他们大多是老字号、老商店的忠实顾客，是传统品牌、传统商品的忠实购买者。他们往往对传统产品情有独钟。

2. 对商品的要求是物美价廉

老年消费者对商品的普遍要求是物美价廉。他们认为勤俭节约是一种美德，穿衣服要“新三年，旧三年，缝缝补补又三年”，吃饭要“粗茶淡饭”。在这种节俭传统的影响下，老年人购物时，一方面注意价格，择廉选购（虽然许多老年人很难做到价比三家）；另一方面是要求实惠。从一般的消费心态看，年轻人花钱买靓丽、买时尚，老年人花钱买实用、买传统。

3. 注重实际，追求方便实用

老年消费者心理稳定程度高，注重实际，较少幻想。购买动机以方便实用为主，在购买过程中，要求商家提供方便、良好的购物环境和服务。消费中求方便是老年人生理变化促成消费生活变化的自然走向；方便性消费是生理变化的必然结果，它一般表现为购买和消费两个方面。由于精力、体力随人的年龄增加而不断下降，即使生活情趣很高的老年人，对购买时的路途奔波、商品挑选的烦琐或者商场中人流的拥挤，也大多会感到心有余而力不足。在商品使用过程中，对那些有使用要求或需要阅读说明后再使用的商品，特别是对有些家用电器的各种开关、按键等，老年人大多感到不方便和反感。一项非正式调查表明，除少数文化程度较高的老年人外，大多数老年人均不阅读商品包装上的各种文字说明，只是根据个人原有的生活经验或由子女代为说明后才使用，这种求方便心态也是老年消费者容易成为假冒伪劣商品受害者的重要原因之一。

4. 补偿性消费特征

补偿性消费是一种纯粹的心理性消费，它是一种心理不平衡的自我修饰。在生活消费中表现为：人们将现代消费水平与过去消费水平进行比较，比较的结果大多是对过去生活某些方面感到遗憾和不满足，而当家庭或个人生活水平较高且时间充裕时，对过去的遗憾和不满足的补偿往往会成为他们的消费追求。这部分消费者基本上是老年人，因为在生活中追忆往事是老年人的心理特征，而向往和憧憬未来是青年人的心理特征。同时，由于子女成人并独立后，老年人的经济负担减轻了，他们会试图补偿过去因条件限制未能实现的消费愿望。他们在美容美发、穿着打扮、营养食品、健身娱乐、旅游观光等消费方面有着较强烈的消费兴趣。

（二）现代老年消费者消费行为的变化

进入20世纪90年代后的中国发生了巨大的变化，人民生活水平日益提高，人们的生活方式和消费习惯也悄然发生着改变。作为其中一个重要组成部分的老年人，其思想观念、行为方式也不可避免地受到冲击。许多调查发现，老年消费者的消费方式、消费观念和消费行为已经表现出不同于过去的诸多变化。中国老年消费者在消费行为方面所发生的变化一般具有以下几个特点。

1. 消费观念年轻化

老年消费者以前总是被描述为具有较高的品牌忠诚度，对时尚和流行不感兴趣，广告和促销活动对他们的影响不大。总而言之，老年人对新生事物的接受程度不如年轻人。但近年来，老年消费者的消费观念已经发生了重大的变化：他们更乐意接受新生事物，广告在老年人的消费过程中开始扮演着越来越重要的角色；一些新出现的零售业态形式，如直销、电视购物、网络销售等开始为老年消费者所接受；同时，老年人越来越注重曾被他们忽略很久的打扮和穿着。老年消费者的消费观念越来越向年轻人靠拢，这是由于他们的心态越来越年轻。

引例：苹果新商机——老年人也爱 iPad

创新一直是苹果公司的特点。苹果公司作为 IT 行业的引领者，不仅把目光投向年轻人，更是把生意做到了老年人身上。相关数据显示，苹果公司推出的 iPad 平板电脑在全球热卖，其操作简便，获得老年人的好评。

由于世界很多国家如美国、中国、日本等都面临人口老龄化，使得苹果的潜在获利越发惊人。

iPad 可存放大量电子书，包括很多经典作品。同时，老年人还可以用 iPad 和孙子孙女交流，用 iPad 追踪各类新闻，聆听古典音乐，阅读各种经典作品，而且可以展示旅游照片，和别人分享等。

操作简单是 iPad 的一个特点，这对于不熟悉科技知识的老年人来说，有足够的吸引力。东京 BCN 公司的分析师森瑛士认为："iPad 的互动界面，以及可放大文字的功能，对老年人具有吸引力。一旦解决供应短缺的问题，且有更多电子书等合适的内容可供选择，iPad 将在老年人中大受欢迎。"

资料来源：http：//www. bwchinese. com/article/1012274. html，2010－09－25。

2. 消费心理成熟化

消费者心理是指消费者在满足需要活动中的思想意识，它支配着消费者的购买行为。消费者心理因素主要包括引起动机（或动机形成）、感觉、学习、信念和态度。人步入老年期后，由于生理器官的变化，必然引起心理的变化。然而，心理学家认为，年龄越大，老年人之间的差别就越大，要找到老年人心理的共同点是不容易的。尽管如此，我们仍可发现老年人在心理上具有共同点。主要表现在：希望长寿；希望生活安定幸福；希望受到尊重；希望为社会发挥"余热"。同时，他们还有一个突出的共同心理，那就是害怕孤独。研究和分析老年人的心理特征，有助于掌握和了解老年消费者的消费心理，有助于分析老年人的消费行为。

通常，我们将消费者行为划分为六种类型，即习惯型、理智型、经济型、冲动型、想象型和不定型。以前的理论通常将老年消费者划分为习惯型和经济型的消费者，而最近的调查发现，绝大部分的老年人属于理智型的消费者。因为，随着年龄的增加，他们的消费经验不断地增加，哪些商品最能满足自己的需要他们心中有数，因此他们会多家选择，充分考虑各种因素，购买自己满意的商品。我们还发现，属于经济型的老年消费者占的比重并不高。由此可见，现在的老年消费者已不是我们想象中的那种只求价格便宜的消费者了，他们在购买商品时会综合考虑各方面的因素，价格因素只是他们考虑的因素之一。

引例：老年网友购物更"理智"

2014 年的"双十一"，不少年轻的网购者纷纷抓住这一机会，在网上"疯购"，然而平时也会经常尝试网上购物的老年人，却对"双十一"表现平淡。

11 月 11 日下午，记者来到姑苏区友新街道沧浪新城社区，在采访过程中，记者从社区工作者口中了解到，沧浪新城社区常住人口达一万余人，其中老年人口约占 20%，而在这些老年人中，曾有网购经历的占到老年人口的 40%左右。

家住锦沧名苑小区的卢伟，已经 60 多岁了，他平时比较潮，是小区里最早尝试网购的老年居民之一。昨天下午，记者见到卢伟时，他并没有像往常一样忙着在网上购物，而是悠闲地在社区活动室和几个老朋友一起喝茶聊天。在"双十一"这个重要日子里，卢伟却表示不打算在网上"疯购"一把。"对于我来说，网购的确非常省时便利，可以在家坐等物品上门，所以平时有需要时，我就会选择到网上去‘淘宝’。”卢伟说，但是老年网购者对“双十一”不感兴趣，在他看来也是十分正常的事情。因为在“双十一”期间，选择网上购物，一来网购者太多，到货时间势必会受到影响，而且网速不“给力”一样抢不到“便宜货”；二来老年网购者更偏向理性购物，没有购物需求便不凑热闹了。

资料来源：人民网，2014-11-12。

我国现阶段的老年消费者经历过较长一段时间的并不富裕的生活，他们生活一般都很节俭，价格便宜对于他们选择商品有一定的吸引力。但是随着人们生活水平的改善，收入水平的提高，以及我国形成的买方市场下的“过剩经济”，人们的消费观念也发生了改变。老年消费者在购买商品时也不是一味追求低价格，品质和实用性才是他们考虑的重要因素。

复旦大学的一项研究也得出类似的结果，质量的影响力表现得尤为显著。其对上海市老年消费者行为所做的调查表明：在质量、价格、实用和品牌等影响老年消费者购买的主要因素中，质量的影响力居于首位，占82.5%。在“价廉”和“物美”之间，老人们的首选是“物美”，其次才是“价格”。所以，尽量突出产品的质量、突出产品在性价比方面的优势，对企业营销工作具有积极的作用。作为成熟的理性消费者，老年消费者无疑是最关注商品的质量和价格的人群了。但是当两者在一定程度上不能兼顾的时候，老年消费者会更倾向于质量。

3. 家庭角色弱化

“一般来说，家庭的规模越小，其成员对这个家庭购买决策的影响力也越小。西方的小规模家庭会鼓励个性发展和独自的决策权，在消费方面也是如此。但在中国的家庭消费中，个人的购买行为往往取决于家庭中长者的决定。”这是一个西方学者对家庭消费特征的描述，其中我们不难发现他将中国的老年人看做家庭消费的主角。但现在中国的实际情况是，老年人在家庭消费中的地位已极大地下降了，换句话说，老年消费者的家庭角色已经明显弱化。

这种弱化是由多种因素造成的。一方面，青年人收入的提高提升了其在家庭中的经济地位，使得他们在家庭消费上有了更大的自主权。中国改革开放以来，人们的收入越来越高，很多年轻人的收入已经开始高于、甚至远远高于老年人的收入。由此，使得年轻人在家庭购买决策中的地位得以提升。

另一方面，中国传统的“尊长”观念已开始不再适用于家庭消费决策中。由于现代家庭的很多用品越来越复杂、技术含量越来越高，对消费者在购买鉴别和选择上提出了更高的要求，很多老年人不愿意为购买这些产品而操心，于是放手让年轻人自己去决定。此外，民主的观念已经深入人心，家长一个人说了算的做法已经越来越少，子女已越来越多地参与到家庭购买的决策中来。子女独自对一些家庭用品的购买做出决策并不表明他们不再尊重长辈。

4. 补偿心理强化

老年消费者的补偿性消费心理在过去很长一段时间内受到了压抑。一方面，由于经济条件的限制，他们很难产生补偿性消费心理，在我国经济发展水平不高的时候，可供老年消费者选择的商品不多，这是客观条件方面的限制；另一方面，由于受价值观和审美观的影响，他们不敢产生补偿性消费心理，老年人爱打扮、穿得太花哨往往不能被大家甚至是自己所接受，这是主观条件方面的限制。而在现代社会，由于我国的改革开放带来了社会生活和经济生活的巨大改变，所以老年人补偿性消费的特征在现阶段表现得尤为明显。比如，在许多经济发展水平较高的地区出现的“重补结婚照”的热潮，就是补偿性消费的典型例子。许多五六十年代结婚的老年人，重披婚纱，花几百元、甚至上千元来感受现代生活的气息，以补偿过去年代由于过于朴素而留下的某些遗憾。又比如，很多地区出现了老年人自己组团去全国各地、甚至世界各地旅游的高潮，充分利用退休和子女成人后的闲暇时间，去领略大自然的美景和更好地享受生活。追求穿着打扮已经被广大老年人和社会所接受，人们认为，人的年纪越大越需要打扮。于是，“老来俏”成为一种新的赞美语。

中国老年消费者的补偿心理还有一个重要而特别的方面，就是“隔代”消费所占比重大。复旦大学的调查显示，老年消费者用于隔代子女的消费仅次于满足自身需要的消费。现在，中国城镇家庭的组成模式是“4+2+1”，独生子女得到了4个老人和双亲的绝对关注。由于竞争压力的增加，年轻人由于工作繁忙而无暇过多陪伴老人和孩子。同时，由于中国传统观念的影响，许多老年人认为继续照顾第三代人是他们的责任和义务，所以老年人往往将情感倾注到孙辈身上。为了弥补自己年轻时由于经济能力有限等方面的原因造成的花在子女身上的金钱相对较少的遗憾，现在的老年人在对第三代人的消费上显得尤为大方，他们往往不太注重产品的价格等因素，甚至出现倾向于购买高价格产品的趋势。这时的消费已经不能等同于老年消费者为自己购买产品时的特征，而表现出某些青年人消费的行为特征了。

同步训练

解释下面两种老人消费现象背后的原因，并判断其行为是否合理。

（1）老人爱到地摊购物。

在一些地摊上看到，来来往往的大部分都是中老年人，且以老年人为主。据了解，在地摊上摆卖的物品质量相对较差，不少甚至是“三无”产品，但由于价格便宜，吸引了不少老年人购买。一位在地摊上转来转去的老太太讲述，她很少去高档的商场，一般都在地摊上购买自己需要的东西，因为价格十分便宜。挑了许久，老太太花12元买了一副老花眼镜，而在老人用品专卖店里，一副包装精美、有质量保证的金边老花镜也就卖20元。

（2）老年购物狂。

李奶奶是一位退休干部，老伴儿刚刚去世，女儿又在国外，她身体不错，但又无事可做，也没什么爱好。最近，李奶奶突然迷上了购物，成了一位老年购物狂，几乎天天逛商场、超市，看见什么便宜货，就忍不住出手，买回家的东西多数都没什么用处。家里堆积的东西多了，就到处送人。李奶奶也知道自己这样的购物方式不对，但就是控制不住，因为在购物过程中以及送别人东西的过程中她感到特别快乐。

任务二

分析老年人的消费价值观和动机

情境导入

王大爷和张阿姨终于圆了补照婚纱照的梦。在回家的路上，张阿姨向老伴提议：“你的眼镜也该换一副了，一个眼镜腿儿都快断了。”

王大爷说：“眼镜是该换了，都戴十来年了，明天我就去大明眼镜店，这一副就是在那儿配的，老牌眼镜店，靠得住。”

张阿姨说：“不过这周可能不行。儿子、儿媳出差，我还要参加小区的老年歌咏比赛。咱们又要照看孙子，你还要练习绘画，走不开。”

回到家里，王大爷就打开了电脑。最近他迷上了网购，今天他想在网上买一些绘画的耗材。刚过了一会儿，王大爷就开始抱怨了，又摔鼠标，又拍键盘，不停唠叨：“怎么鼠标半天没反应，键盘字母总打错，网站导航条太乱了，找什么都找不到，网站上的字怎么这么小，不知道他们在讲什么，都是专业术语，又跳出来广告了，还有动画，烦人！……”

任务描述

仔细阅读“情境导入”中的案例，结合你掌握的有关理论，分析王大爷夫妇具备什么样的消费价值观，消费需要处在哪个层次。王大爷为什么会在浏览网站时感觉不适？针对老年人开发的电子商务网站，在页面设计上应该注意哪些问题？

相关知识

（一）老年消费者的主要价值观

随着人们逐渐变老，其价值观和选择权也在发生变化。一项研究表明，现代老年人的主要价值观可以表述为下列几点。

1. 独立自主

老年消费者想要过积极并能自给自足的生活。金佰利·克拉克公司在为其 Depends 内衣做的广告中，著名的女影星琼·艾丽森刚打完高尔夫球就去参加一个派对，因为她完全不用担心自己的经济条件。广告以此塑造了一个自主的女性形象，深受老年女性消费者的欢迎。

2. 社会联系

老年消费者很看重他们与朋友以及家庭成员的关系。奎克牌麦片通过一则广告成功地使老年消费者产生了共鸣。在广告中，男演员维尔福德慈爱地教诲年轻一代。

3. 利他主义

老年消费者想要对社会及家庭继续付出。美国兴旺汽车出租公司曾经发起一场名为“帮朋友一把”的广告活动，该活动使公司营业额大增。

4. 个人成长

老年消费者很有兴趣去尝试新的经历，开发自己的潜力。美国谨慎寿险公司一些健康保险产品的广告就是以克莱拉·巴顿和本杰明·富兰克林的成功为主题的。

（二）老年消费者的消费动机分析

动机是一种升华到足够强度来驱动人们采取行动的需要。动机在本质上是一种需要，它能够及时引导人们去探索满足需要的目标，一旦需要被满足，原有的动机消失，就会产生新的动机。美国人本主义心理学家马斯洛将人类的需要按迫切性程度，由低级到高级的顺序分成五个层次或五种基本类型（见图 3—1）。

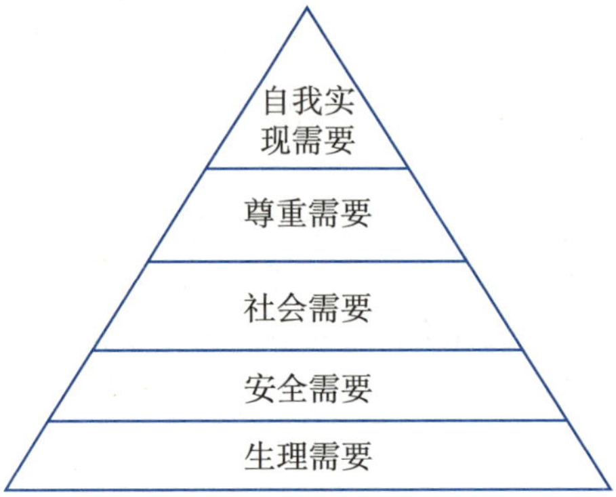

图 3—1　马斯洛的需要层次理论

下面我们用马斯洛的需要层次理论分析一下老年人的具体需要有哪些。

1. 生理需要

生理需要是人最基本的需要，包括食品、服装、住宅、性等方面，是满足人类生存的必要条件。从生理需要来看，老年人对食品、服装等的需要有其特殊之处。在饮食方面，老年人比较注重保健，讲究食物的营养搭配和饮食禁忌；在服饰方面，老人追求服饰与自己的年龄相符，舒适、大方。

2. 安全需要

安全需要包括防备生理损伤、疾病、经济上的灾难和意外事故的发生，以及工作生活安定等。老年人的安全需要集中在医、住和行三个方面。老年人最害怕生病，如果生病，除了肉体上的痛苦之外，还担心生病没人照顾，因此良好的医疗保障是老年人最大的需要之一。老年人的居室要求面积稍大，还要干燥、通风、透光，以防生病；内部装修要便于老年人的行动和使用，如卫生间要有坐便和扶手，楼道要有扶手，以防老年人摔倒；居住楼层不要太高，以便老人下楼活动。从行动方面来看，老年人出行需要有人陪伴，以防途中摔倒或突发疾病，某些公共场所也需要设老人专座或老年通道，以方便老人出行。出行安全是老人比较担心的几个问题之一。

3. 社会需要

社会需要包括两方面的内容：一是友爱的需要，即人人都需要人际关系的融洽，人人希望爱别人，也渴望得到别人的爱；二是归属需要，即人都有归属于某个群体的感情需要，希望成为群体的一员，并相互关心照顾。从社会需要看，老年人首先需要的是享受家庭的温暖，能与子女共享天伦之乐；其次，老年人需要参与社会活动的机会，希望与别人接触和交流，以排解生活中的寂寞；最后，对于一些丧偶的老人，他们还有对爱情的需要，他们希望能有一个伴侣与自己相濡以沫，共度余生。

4. 尊重需要

人人都希望自己有稳定的社会地位，希望得到别人对自己高度的评价和尊重。从尊重需要来看，老年人进入老年期之后特别爱面子，也就是特别希望别人尊重他。而这种尊重的需要往往延伸为老年人对自身形体、服饰的关注，对自己知识和修养的提高等方面。

5. 自我实现需要

自我实现需要是最高层次的需要，是指实现个人的理想、抱负，最大限度地发挥个人能力，完成与自己个人能力相称的一切事情的需要。从自我实现需要来看，“老骥伏枥，志在千里”，许多老年人退休后身体不错，还想找份工作，以证明自己是有用之人；也有的老年人趁退休有时间，想实现一些未完成的心愿，以完善自我。

总之，老年人的需要是多层次的，这些需要还会随着社会的发展不断改变。只有很好地了解了老年人这些不同的需要，才能更好地满足他们。

（三）老年消费者的自我概念

自我概念（self-concept）是个体对自身一切的看法、认识和感受的总和。每个人都会逐步形成关于自身的看法，包括形象、个性、爱好、角色、地位、活动、价值等。自我概念回答的是“我是谁?”和“我是什么样的人?”等一类问题，它是个体自身体验和外部环境综合作用的结果。一般认为，消费者将选择那些与其自我概念相一致的产品与服务，避免选择与其自我概念相抵触的产品和服务。正是在这个意义上，研究消费者的自我概念对企业特别重要。

感知年龄（或称心理年龄）就是老年人的一种自我概念，它和实际年龄（或称生理年龄）常常存在一定的差距。一般来说，老年人都会认为自己比实际年龄年轻。消费者越老，与实际年龄相比较，他们就觉得越年轻。但是，一些营销者常常忽略这一点，他们将老年人的年龄描述得令老人不愉快。亨氏公司就曾经犯过一个这样的错误。它的一个市场人员发现许多老年人购买婴儿食品吃，因为这些食品分量小而且容易咀嚼，于是公司推出了专门为戴义齿的老年人设计的“老年人食品系列”。结果，这次营销活动以失败告终，因为老年人不愿意承认他们需要非自然的食品，这会让人们觉得他们很老，他们更愿意购买婴儿食品，这样就可以假装是为自己的孙辈购买的。现在，越来越多的企业在针对老年人进行的营销活动中，开始强调产品本身的利益而不是年龄的恰当。

欧洲一项针对 50 岁以上人群所做的调查中，有一个问题涉及老年人的感知年龄和实际年龄，得出的结果令人吃惊。他们发现，这些老年消费者觉得比实际年龄年轻 5～10 岁，而受过一些良好教育、性格谦和的人觉得比实际年龄小 30 岁。在营销活动中，对心理年龄的察觉远比实际年龄重要。

引例：有关感知年龄的调查

2000 年 9 月，日本化妆品集团资生堂实施了一项研究，在研究中，日本 50 岁以上的女性均被问到实际年龄和感知年龄的问题。平均来讲，60～64 岁年龄段的女性觉得她们接近 52.7 岁，平均年轻了 9.1 岁；处于 65～70 岁的女性则认为她们现在 57.9 岁，平均年轻了 8.9 岁。

一项美国调查揭示了不同生活阶段的成年人如何界定“老年”。在青年人中，21%的人认为到了 50 岁就算是步入了老年，有 27%的人把标准定在 60 岁。在 45～54 岁的被调查者中，有 33%的人认为到了 70 岁才算是老年。在 65 岁或更年长的群体中，1/3 的人认为到了 80 岁才算步入老年。年龄越大，步入老年的标准越靠后。所以，美国评论家伯纳德·巴拉克在他 90 岁发表的著名评论中说：“老年永远是在你所处的年龄段的基础上再加 15 岁。”

资料来源：应斌：《银色市场营销》，70 页，北京，清华大学出版社，2005。

（四）老年人的感觉和知觉

感觉是人脑对直接作用于感觉器官的客观事物个别属性的反应。如个体通过眼、鼻、耳、舌等感觉器官对事物的外形、色彩、气味、粗糙程度等个别属性的反应。人在感觉的基础上，形成知觉。所谓知觉，是指人脑对刺激物各种属性和各个部分的整体反应，它是对感觉信息加工和解释的过程。

1. 老年人的感觉

（1）味觉和嗅觉。

一般来说，味觉在60岁左右便开始下降。老年人需要食用更多的糖和醋，才能享受和年轻人一样的饮食体验。在他们的味觉系统中，首当其冲的是咸味和甜味，然后是苦味和酸味。

嗅觉与味觉紧密相关，它与味觉一同开始老化。目前还不能确定它们退化的内因，但可以肯定的是，吸烟是损害这两种感觉最明显的外在因素。

味觉和嗅觉的变化，导致老人饮食体验的愉悦程度发生变化，从而可能造成偏食。更严重的是，老人味觉与嗅觉的退化可能使其失去对腐败食物和危险化学物的辨别能力，丧失调动身体的防御机制。

（2）触觉。

由于指尖细胞发生退化，步入老年还会导致触觉失灵。衡量触觉失灵的一种方式是，70岁的老人可能很难区分口袋中的硬币和纽扣。一个更为严重的例子是，对温度灵敏度的下降导致人受凉或烧伤。触觉失灵还影响着人们对疼痛、震动、寒冷、热度、压力和物体质地的感觉。我们很难确定，这些变化是“老龄化”本身的原因，还是老年人更容易功能紊乱的原因。

我们可以不考虑触觉失灵的原因，但随着年龄的增长，许多人都会经历触觉的变化，这对产品设计最大的启示便是触觉失灵将影响触觉反馈。这一现象将影响老年人使用计算机外部设备，特别是对鼠标和键盘的使用。事实上，随着年龄的增长，人们操作各种设备，尤其是带有小按钮的设备，都会越发困难。

（3）视觉。

大概40岁以后，我们的眼睛便开始丧失聚焦能力。如果不戴眼镜，我们将很难看清字小的文章，而且长时间盯着计算机屏幕也会出现这种情况。更糟糕的是，我们对颜色、对比度的辨识能力和敏感度也开始下降。即使视力问题不算太严重，“老龄化”也会导致视力的退化。人们往往需要提高亮度以看清事物。

产品的广告、网页设计和包装设计通常不会考虑视力退化问题，大多数的产品和市场营销媒介似乎是为视力健康者设计的，这显然是需要改进的。

（4）听觉。

据研究机构对20～79岁的576名健康人的调查，发现从40岁开始，在高频区，听力随着年龄的增长而逐渐下降。也就是说，老年性耳聋开始时表现在高频区的听力下降，对日常生活和社交对话非常重要的中低频区的听力还没有受到影响，所以本人并没有耳聋的感觉，只是通过电测听仪器检查才能发现。到50岁以后，听力障碍逐渐从高频区向中低频区扩展，在中低频区出现变化，人们才开始有耳背的感觉。但这只是一般的规律，具体到每一个人，耳聋的发生和发展是不平衡的，受多种因素的影响。除本身体质、遗传因素外，也受环境的影响。血脂过高、动脉硬化、糖尿病、肝硬化、肾功能障碍等慢性病患者和连续使用对听觉系统有不良影响的药物的老人，老年性耳聋的形成和发展进程可以加快。

总体来讲，老年性耳聋是表现在听觉系统方面的衰老现象，基本上属于生理范畴，任何措施也不能改变这一规律。但是，防护可以起到很大的保护作用，如讲究饮食卫生、适当锻炼、增强体质、改善环境、避免噪声刺激、慎用药物等，都可以起到保护听觉系统的作用，以延缓老化进程。

2. 老年人的知觉

“老龄化”对知觉的影响是个复杂的问题，但是大家还是普遍认为，“老龄化”会导致知觉能力的下降。老年人处理信息的速度减慢了，开始出现精力无法集中的现象。任何操作复杂，界面设计不科学的设备都会给老人的理解和使用带来困难。

老年人同样会对同一刺激物产生不同的知觉，这是因为除了受环境影响外，人们会经历三种知觉过程：选择性注意、选择性扭曲和选择性保留。

以商业性广告刺激物为例，平均每人每天要接触 1 500 个以上的广告，但人们感兴趣的只有少数几个广告。这说明人们在日常生活中面对众多刺激，只选择性地注意极少数刺激。营销人员必须确定什么刺激能吸引消费者的注意力。调研结果表明，人们会更多地注意那些与当前需要有关的刺激物、他们期待的刺激物、跟刺激物的正常大小相比有较大差别的刺激物。

选择性扭曲就是指人们按自己的理解方式对信息加以扭曲和解释，使之合乎自己的想法。这说明，即使是消费者注意的刺激物，也并不一定会与刺激提供者预期的方式相吻合。一般来说，选择性扭曲对拥有强势品牌的营销者是有利的，因为人们往往有先入为主的倾向。

人们常会忘记他们所知道的许多信息，但他们倾向于保留那些能够支持其态度和信念的信息。为了让人们经常记起商品的信息，营销人员常常采用赠送小纪念品、激励思考、重复等手段。

延伸阅读

感觉系统与消费行为

视觉是占支配地位的一种感觉。研究表明，黄色电话亭使人们打电话的速度加快；黄色的墙壁和装饰使顾客想尽快地离开商店；快餐店里橙色装饰可以引发饥饿感；医院里用蓝色和粉色装饰可以减轻病人的焦虑。视觉对面积的大小判断会受形状的影响，一般人会觉得正方形的面积比同样大小的长方形的面积要小。

嗅觉是最直接的感觉。闻到童年时闻过的气味能引起童年时的情绪反应。美国市场上最畅销的三款香水都带有婴儿粉的味道，给顾客带来温暖的感觉。心理学家发现，苹果的香味有镇静的作用，可以使人呼吸轻松、血压降低。

人们有令人吃惊的声音辨别能力。一位母亲听到另一个房间婴儿微弱的哭声会很快醒来，但会在更响的垃圾车的“嘎嘎”声中酣睡如常；在一个忙乱嘈杂的鸡尾酒会上，人们能透过所有噪声听到房间另一边有人提到自己的名字。不同形式的声音能够使顾客产生轻松或紧张的情绪，从而影响人们的购物行为。英国的一项研究显示，当播放慢速音乐时，消费者的就餐时间要比放快速音乐时长得多，同时增加了饮食消费支出。

触觉对心理有极其重要的影响。研究发现，导致心脏病人长寿的一个重要原因是他们周围有宠物，抚摸宠物有降低心跳的作用。羊毛、丝绸、皮毛等纤维有直接唤起联想的能力，这显然促进了合成纤维的发展，合成纤维同样能带来自然纤维那样的触觉联想。

味觉是一个很个性化的感觉。人们品尝东西的方式就像指纹一样各不相同。每种文化都用食物作为承认或纪念的符号。食物之神统治着许多人的心灵和生活，在大部分人的生活里，食物是生理和情感愉悦的一大来源。人们创造一些物质来骗过味蕾，如利用人造甜味素和脂肪来模拟糖和饱和脂肪的味道，很多肉类和奶制品正是有了这些味道才能吸引消费者。

资料来源：屈冠银：《消费者感觉及营销应用》，载《北京劳动保障职业学院学报》，2008（4）。

同步训练

（1）分析日本三越百货营销策略的消费心理依据：日本三越百货创造了使老年人能轻松使用网站购物的网络环境，该网站文字很大，带有不同颜色，很容易辨认，还可以和老年人对话，这就使得老年人不用依靠家人和朋友，就可以像年轻人一样自己购物。

（2）举出一个老年品牌的广告案例，分析其背后的心理学依据。

任务三

分析老年消费者的购买过程

情境导入

秋天到了，北京的李大妈想给自己买一双布鞋。她先到小区附近的超市看了看，没有自己喜欢的款式。回到家里，她准备到淘宝上的网店里看看。输入关键词“老年鞋”后，发现有很多款式的布鞋可以选择。最后，李大妈在一家网店里看上了一双既稳重又时尚的新款布鞋。为了享受包邮优惠和价格折扣，她和网店客服聊了大半天，最终决定购买。购后第二天，李大妈就拿到了货，试穿之后，觉得很满意。晚上跳广场舞的时候，李大妈特意把自己的新鞋展示给小区的舞伴们，结果，又有几位大妈也想买这种鞋。李大妈是个热心肠，她晚上又登录了这家网上鞋店，告诉客服自己还要给朋友再买七双，并且告诉客服自己又看上了一双鞋，询问客服能否看在自己批量购买的份儿上，给自己新看上的那双鞋打些折扣。

任务描述

根据“情境导入”中提供的素材，分析消费者购买商品一般分为哪几个步骤。如果你是这家网上鞋店的客服，你是否同意给李大妈第二次买鞋打一些折扣？如果你是这家网店的营销经理，请你针对老年顾客购买商品过程的不同阶段提出一些营销策略。

相关知识

每位消费者在购买某一商品时，均会有一个决策过程，只是因所购买商品的类型、购买者类型的不同而使购买决策过程有所区别，但典型的购买决策过程一般包括以下几个步骤（见图 3—2）。

认识需要 → 收集信息 → 评价方案 → 购买决策 → 购后评价

图 3—2　购买决策过程

（一）认识需要

认识需要（或问题识别）是消费者购买决策过程的起点。当消费者在现实生活中感觉到现实状态与理想之间有一定差距并产生了要解决这一问题的想法时，购买决策便开始了。消费者的这种需求的产生，既可以是人体内机能的感受所引发的，如因饥饿而购买食品、因口渴而购买饮料，又可以是由外部条件刺激所诱生的，如看见电视中的西服广告而打算自己买一套，路过水果店看到新鲜的水果而决定购买等。当然，有时候消费者的某种需求可能是内外原因同时作用的结果。

营销人员的任务就是要制造理想状态与现实状态的差距。一般从两个方面入手：一方面，试图创造出一种能够刺激消费者欲望的理想状态，如通过广告宣传产品的优良性能；另一方面，尝试创造对实际状态的不满，如某杀毒软件公司通过广告描述一位普通顾客受到黑客攻击的场景，从而创造出对实际状态的不满。

（二）收集信息

消费者在需求出现之后，并不是马上就被满足的，他们会去寻找有关满足物的信息。消费者信息的来源主要有如下四个方面：

（1）个人来源。从家人、亲友、邻居、同事等个人交往中获得信息。

（2）商业来源。这是消费者获取信息的主要来源，包括广告、推销人员的介绍、商品包装、产品说明书等提供的信息。这一信息来源是企业可以控制的。

（3）公共来源。消费者从电视、广播、报纸杂志等大众传播媒体所获得的信息。

（4）经验来源。消费者从自己接触、使用商品的过程中得到的信息。

需要引起营销人员重视的是，网络越来越成为消费者获取产品信息的重要渠道，各种各样的网络社区和群落成为重要的社会化媒体，信息的垂直传播变为水平传播。

（三）评价方案

当消费者从不同的渠道获取有关信息后，便对可供选择的方案（购买品牌）进行分析和比较，得出各种方案的优缺点，进一步缩小购买范围。

消费者对不同产品感兴趣的属性不同。如照相机：照片清晰度、摄影速度、尺寸大小、价格；旅馆：位置、清洁度、气氛、费用；漱口水：颜色、效力、杀菌能力、价格、味道；轮胎：安全、耐磨寿命、质量、价格。营销人员要了解消费者在评价自己的品牌时最关注哪些属性，从而在进行广告宣传的时候有的放矢地突出这些属性。

（四）购买决策

在评价方案阶段，消费者会在各种品牌之间形成偏好。但是，只让消费者对某一品牌产生偏好是不够的，真正将购买意向转为购买行动，其间还会受到两个方面的影响（见图3—3）。

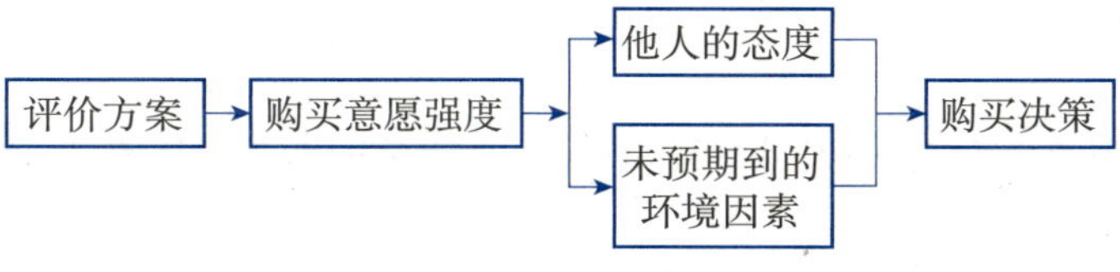

图3—3 评价方案与购买决策之间的步骤

（1）他人的态度。消费者的购买意图，会因他人的态度而增强或减弱。他人的态度对消费意图影响的强度，取决于他人态度的强弱及他人与消费者的关系。成员群体（如家庭、朋友、邻居或同事等）的影响力远远大于间接群体（如明星等被崇拜的群体，或乞丐等被厌恶的群体）。对受到参照群体影响大的产品和品牌制造商来说，必须设法接触和影响有关参考群体中的意见领袖（opinion leader）。意见领袖是指在一个参考群体里，因特殊技能、知识、人格和其他性质等因素而能对别人产生影响力的人。

（2）未预期到的环境因素。消费者购买意向的形成，总是与预期收入、预期价格和期望从产品中得到的好处等因素密切相关的。但是当他欲采取购买行动时，发生了一些意外的情况，诸如因失业而收入减少、因产品涨价而无力购买，或者有其他更需要购买的东西等，这一切都将会使他改变或放弃原有的购买意图。

消费者最终做出购买决策会受启发性知识的影响。启发性知识可以简化决策，如“一分价钱一分货”的经验、品牌忠诚度、原产地特征等。

（五）购后评价

产品在被购买之后，营销人员的工作并没有结束，还需要密切关注消费者的使用和评价情况，并根据情况做出有效的处理。研究发现，一位不满意的顾客会向8～10个人进行抱怨，从而会影响25个人的购买意愿；如果事后补救得当，70%的不满意顾客仍然会继续购买企业的产品或服务；一位满意的顾客会引发8笔生意，其中至少有1笔成交。

消费者购买商品后的行为如图3—4所示，通过自己的使用，会对购买的商品产生某种程度的满意或不满意。消费者是否满意取决于消费期望和消费后对产品的感知。如果感知产品的效果超出了自己的期望，就会满意；如果低于自己的期望，就会不满意。因此，营销人员不要做夸张的虚假宣传，更不能轻易做出无法兑现的承诺，这都会提高消费期望。

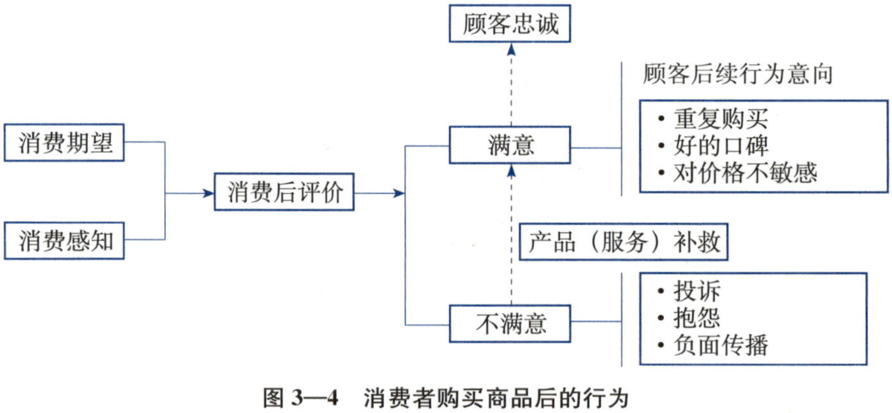

图3—4　消费者购买商品后的行为

同步训练

采访三位老年消费者，看他们是如何对最近一次不满意的购物经历做出回应的，并应用所学理论进行解释。

知识链接

消费者在购买商品时，会因商品价格、购买频率的不同而投入购买的程度不同。西方学者根据购买者在购买过程中参与者的介入程度和品牌间的差异程度，将消费者的购买行为分为四种类型（见表3—1）。

表3—1　购买者行为类型

介入程度 / 品牌差异	高度介入	低度介入
品牌差异大	复杂的购买行为	广泛选择的购买行为
品牌差异小	减少不协调感的购买行为	习惯性的购买行为

（一）复杂的购买行为

当消费者初次选购价格昂贵、购买次数较少的、冒风险的和高度自我表现的商品（如汽车）时，则属于高度介入购买。由于对这些产品的性能缺乏了解，为慎重起见，他们往往需要广泛地收集有关信息，并经过认真地学习，产生对这一产品的信念，形成对品牌的态度，并慎重地做出购买决策。

针对复杂的购买行为，营销人员应该首先突出品牌重要属性方面的声望；其次，利用印刷媒体和较长的广告描述产品优点；最后，谋求商店销售人员和购买者熟人的支持。

（二）减少不协调感的购买行为

当消费者高度介入某项产品的购买，但又看不出各品牌有何差异时，对所购产品往往产生失调感。因为消费者购买一些品牌差异不大的商品时，虽然他们对购买行为持谨慎的态度，但他们的注意力更多地集中在品牌价格是否优惠、购买时间和地点是否便利，而不是花很多精力去收集不同品牌间的信息并进行比较，而且从产生购买动机到决定购买之间的时间较短。因而这种购买行为容易产生购后的不协调感，即消费者购买某一产品后，或因对产品的某些方面不称心，或得到了其他产品更好的信息，从而产生不该购买这一产品的后悔心理或心理不平衡。为了改变这样的心理，追求心理的平衡，消费者广泛地收集各种对已购产品的有利信息，以证明自己购买决定的正确性。

对减少不协调感的购买行为，营销者应通过售后的信息沟通、个性化服务等方式来增强消费者的信念，使之消除不协调感，从而巩固销售成果。

（三）广泛选择的购买行为

广泛选择的购买行为又称寻求多样化购买行为，如果一个消费者购买的商品品牌间差异虽大，但可供选择的品牌很多，他们并不用花太多的时间选择品牌，而且也不专注于某一产品，而是经常变换品种。比如购买饼干，他们上次买的是巧克力夹心，而这次想购买奶油夹心。这种品种的更换并非由于对上次购买饼干的不满意，而只是想换换口味。

对于市场领导者而言，摆满货架、避免脱销以及做提醒式广告是针对该行为的正确策略；而对于市场挑战者而言，降低价格、提供优惠、赠券、免费样品以及宣传试用新产品的广告，会有很好效果。

（四）习惯性的购买行为

消费者有时购买某一商品，并不是因为特别偏爱某一品牌，而是出于习惯，比如购买食盐、糖、醋等。这些价格低廉、品牌间差异不大的商品，消费者购买时，并未深入地寻找与该品牌有关的信息，并不经过信念—态度—行为的正常顺序，大多不会关心品牌，而是靠习惯去选定某一品牌。

对习惯性的购买行为，营销人员利用价格与促销作为某品牌产品试用的诱因，是一种非常有效的方法；就广告来讲，运用低介入度的电视广告比印刷品广告更为有效；通过增加产品特色，把低介入度产品转化为高介入度产品，是一个不错的思路。

项目小结

传统理论对老年消费者的消费行为特征的表述可以概括为消费态度和行为比较稳定，对商品的要求是物美价廉，注重实际、追求方便实用，补偿性消费特征。现代老年消费者消费行为的变化主要表现为消费观念年轻化、消费心理成熟化、家庭角色弱化、补偿心理强化。随着人们逐渐变老，价值观和选择权也在发生变化。按照马斯洛的需要层次理论，老年人的需要同样可以分为生理需要、安全需要、社会需要、尊重需要和自我实现需要。

自我概念是个体对自身一切的看法、认识和感受的总和。每个人都会逐步形成关于自身的看法，包括形象、个性、爱好、角色、地位、活动、价值等。感知年龄就是老年人的一种自我概念，它和实际年龄常常存在一定的差距。随着年龄的增长，老年人的听觉、视觉、味觉、嗅觉和触觉都在老化，整体知觉能力也在下降。消费者的购买过程一般分为五个阶段，即认识需要、收集信息、评价方案、购买决策、购后评价。

教学做一体化训练

一、选择题（每题至少有一个正确答案）

1. 在老年保健品销售中，商家常常打着专家推荐的旗号，专家属于(　　)。

A. 成员群体　　B. 意见领袖

C. 崇拜群体　　D. 厌恶群体

2. 针对老年人都具有勤俭节约的美德，商家应该(　　)。

A. 强调产品品牌　　B. 强调产品品质

C. 强调产品便宜　　D. 强调产品时尚

3. 企业老总退休以后，到大学应聘教授，该种需要为(　　)。

A. 生理需要　　B. 安全需要　　C. 社交需要

D. 尊重需要　　E. 自我实现需要

4. “老来俏”反映的消费心理是(　　)。

A. 消费补偿心理　　B. 消费炫耀心理

C. 赶时髦心理　　D. 留住青春心理

5. 消费者是否满意，取决于(　　)。

A. 产品表现　　B. 消费者期望

C. 产品表现和消费者期望的比较　　D. 以上选项都不对

二、判断题（请在正确的论述后面打“√”，错误的论述后面打“×”）

1. 老年消费者的思想都是保守的。（　　）
2. 子女独自对一些家庭用品的购买做出决策是不尊重老人的表现。（　　）
3. 只有当老年人低层次的需要满足后才有高层次的需要。（　　）
4. 老年人的感知年龄一般都比实际年龄小，而且对消费行为影响较大。（　　）
5. 只要产品好，老年消费者就一定满意。（　　）

三、简答题

1. 简述现代老年消费者消费行为的四大变化。
2. 马斯洛把人的需要分为哪五个层次？
3. 简述现代老年人的四个主要价值观。
4. 简述购买决策的五个步骤。

四、案例分析

老人玩具市场咋没人“玩”？

王大伯退休以后，一直萎靡不振。在他70岁大寿那天，大女儿特地为他买了几套500块的智力拼图玩具。从此，王大伯迷上了拼图，每拼完一幅，犹如攻下了一座堡垒，乐不可支，家人又听到了他久违的欢笑声。

记者发现，现在很多老人都希望在读书看报之余，能有个“东西”玩。在中山公园，每天午后，常常可看到一群老人捣鼓“九连环”“孔明锁”等玩具。老人们说：“俗话说‘老小孩’，我们‘老小孩’也想玩玩具啊，可我们老年人的玩具太少了。”

家住黄鹂新村的刘老师退休后就待在家里，也很喜欢玩玩具，他到过很多商店，可是都没有买到。“退休后时间多，闷得慌。实在无聊时，就拿孙子以前玩的玩具解解闷。”刘老师对没有地方买老年玩具很不理解。在宁波市的几家大商场的玩具专柜里，记者看到，儿童玩具上百种，但适合老年人玩的玩具极少，并且只有“九连环”“孔明锁”两三种传统的玩具。

调查表明，近几年来，老年人的玩具市场急待升温。医学专家早就做出过科学的分析：7岁的儿童与70岁的老人在渴望呵护、渴望关怀、渴望抚慰、渴望集体游戏等诸多方面的分值惊人的相似。而且，一些老人生活孤单，如果培养起喜欢玩玩具的兴趣，会给生活增加许多欢乐；对患有轻度老年痴呆症的老人，益智型玩具是比较好的伙伴。专家认为，保护老人的智力，延缓大脑衰老，除适当营养和充足睡眠外，还应鼓励其动手、动脑、积极地去锻炼身体，玩玩具可预防老年痴呆。为此，老人玩具是一件很好的馈赠礼物。可为何老年人的玩具就这么少呢？记者专门做了一番调查。

银泰百货的一位玩具专柜的销售员说：“不是不想进老人玩具，其实我们也知道老年人的玩具实在太少，可是想进货都不知道去哪里进。”据了解，现在很多制造商大都把老年人的消费定位在扭腰器、跑步机等健身器材上，而娱乐型、益智型的玩具太少。“一些玩具厂商对开发老人玩具没有兴趣，主要原因在于老人玩具开发难，无现成模式可循，而且市场不易把握，不如驾轻就熟生产儿童玩具。”天一广场一家玩具店的老板介绍说：“在国外，都有专门的老人玩具厂家，北京、上海等一些大城市也开始出现了老人玩具制造厂。”

在中国市场，很少有老人玩具的生产者和经营者，尤其在浙江省，更是没有一家，而中国的老年人现有1.2亿人之多，这是一个庞大的消费群体，正因为如此，有眼光的企业如果能抢先一步投资老人玩具市场，肯定能赚大钱。

资料来源：虞南：《老人玩具市场咋没人“玩”》，载《鄞州日报》，2004-05-28。

问题：

1. 老年人玩玩具有什么好处？
2. 你是否认同中国老人玩具市场潜力巨大的说法？为什么？

五、营销辩论

一部分营销者认为，消费者购买决策主要受情感的支配；另一部分营销者则认为，消费者多数是理性的，他们在做出购买决策的时候会根据自身情况，冷静分析产品的性价比。

辩论双方

正方：消费者做出购买决策时是感性的。

反方：消费者做出购买决策时是理性的。

项目四

细分老年市场并设立定位

学习目标

知识目标

1. 理解市场细分的概念和变量；
2. 掌握市场细分模型；
3. 理解市场细分有效性的判断标准；
4. 掌握目标市场选择策略；
5. 掌握定位的概念和方法。

素质目标

1. 培养细分市场的意识；
2. 培养做事专一的品质；
3. 在生活中培养定位观念。

能力目标

1. 能应用市场细分知识对特定市场进行细分；
2. 能根据企业自身实力选择合适的目标市场；
3. 能灵活应用定位的理论和方法。

任务一

细分老年消费市场

情境导入

1.“伪老年家电”充斥市场

随着“银发经济”概念的兴起，家电厂商陆续推出了适合老年人使用习惯的分年龄段产品。不过《北京商报》记者调查发现，目前的“伪老年家电”充斥市场。

“这款电视具有独家定制的老人操作系统，自动色彩设置也免去了烦琐的设置，特设的语音操作功能可实现轻松换台。”《北京商报》记者声称要为父母选购老年电视，销售人员就向《北京商报》记者介绍了这款年中上市的老年特制电视。此外，销售人员还介绍了针对易患关节炎的老年人设计的洗衣机。

目前，三星、创维、长虹等企业已经针对老年人推出专门性产品，不过《北京商报》记者发现，一些号称老年人专属的家电，不少其他功能对于老年人来说还是不实用。比如老年电视实际上只是放大了字体，其他功能的操作仍然很烦琐。

随着年龄增长，老年人的身体机能逐渐衰退，他们需要功能、操作简单的产品。中国家用电器协会信息咨询部主任胡晓红表示对目前市场心存忧虑，因为老年家电缺乏相关标准，企业在生产设计中也并不能简单地“做减法”。天津市家用电器行业协会秘书长武淦认为，真正符合老年人需求的家电，除了操作简易之外，还要研究当今老年人的生理、心理特点。

2. 厂商未真正进行研发

市面上之所以并未真正出现人性化的老年家电，是因为尽管各厂家已经涉足此板块，但事实上，真正大规模开发这样特殊家电的厂商并不多。一家厂商告诉《北京商报》记者，国内家电市场基本还是依靠规模产生效益，对于这些小众产品，厂家还都抱着谨慎态度。目前，正处于市场调研和考察阶段，投放的产品只是对市场的一种试探，所以老年人的选择空间还不大。

除了产品研发处于摸索阶段，渠道方案也在探索，而老年电视一般还是会投放在传统渠道中。奥维咨询品牌总监苏亮认为，不同年龄的消费品除了在产品设计上有区别，在渠道投放上也肯定要有针对性。

3. 老年家电市场呈蓝海

家电企业开发老年家电和市场增量空间缩小有关系。苏亮指出，家电市场日趋成熟，也就意味着这个市场将会细分出更多领域的小市场。加上最近两年国内房地产行业普遍不景气，企业只好寻找新的利润增长点。

奥维咨询发布的《中国老年人家电需求调研报告》显示，2011—2015年，全国60岁以上老年人将由1.78亿人增加到2.21亿人。仅在城镇“空巢”老人家庭，每年产生的老年家电需求规模就超过 600 亿元。

资料来源：http：//info. cb. com. cn/jiadian/2013 _ 1128/1025117. html，2013 - 11 - 28。

任务描述

根据上述材料，你认为家电市场中细分出老年家电市场的好处是什么？是否有必要对老年家电市场再做进一步细分？如果有必要，你认为可以按照哪些变量进行细分？判断市场细分有效性的标准有哪些？

相关知识

（一）老年市场细分的概念与作用

市场细分的概念是由美国市场学家温德尔·史密斯（Wendell Smith）于 20 世纪 50 年代中期提出来的。所谓市场细分（market segmentation），就是企业根据消费者需求的不同，把整个市场划分成不同的消费者群的过程。每个细分的消费者群都由具有相似需求倾向的消费者构成。市场细分的客观基础是消费者需求的多元异质性。

在各个年龄层中，老年消费者之间的差异最为明显。因此，企业不能以同样的方式对待所有的老年人，对老年市场进行细分就显得非常必要。

相对于无市场细分的“大众化营销”和完全市场细分的“个别化营销（或定制营销）”，市场细分营销有以下三个重要作用：

（1）易于发现市场机会。按照一定标准把市场细分后，市场机会和威胁会变得更加清楚。

（2）有效规避市场竞争。市场细分后，很容易发现市场空白，进入这样的市场更容易成功。

（3）便于制定营销策略。根据细分市场特点，结合企业优势，可以制定出具有针对性的营销策略。

（二）老年市场细分变量

菲利普·科特勒曾经列出的一般消费者市场的细分变量（见表 4—1），对老年市场也有一定的借鉴意义。但对“人文统计因素”一栏中的“年龄”来说，感知年龄比实际年龄更有参考价值。对于老年市场来讲，我国的应斌教授认为，可以根据人口特征、社会经济特征、地理位置、健康状况、行为方式、媒体偏好等变量进行细分。这些变量可以单独使用，也可以结合使用。

表 4—1　消费者市场细分变量

变量	地理变量	人文统计因素	心理因素	行为因素
具体变量	国家、地区、城市大小、乡村、人口密度、气候、地形地貌等	年龄、家庭类型、家庭生命周期、性别、收入、职业、教育、宗教、种族、社会阶层等	生活方式、个性、心态等	使用时机、追求利益、使用者状况、使用率、品牌忠诚、准备程度、对产品态度

西方学者在总结了 33 种细分方法后，归纳出五个最重要的细分变量：可自由支配的收入、健康、活动水平、可自由支配的时间、对他人的反应。该观点得到了众多老年行为学家的认可。但也有专家认为，再加上一个“怀旧”变量可能更加完善。

笔者认为，关注细分变量科学性的同时，更要关注企业具体操作的可行性。记忆操作变量固然重要，但培养市场细分的意识，随时能够从竞争对手和目标顾客那里受到启发，从而快速找到细分的途径更为重要。

延伸阅读

基于产品导向的市场细分

我国老年产品营销研究专家应斌认为，可以将我国老年市场细分为以下八种（见表4—2）。

表4—2　　我国老年市场细分

老年日用品市场	食品、服装、家庭用品、药品、保健品、常用辅助医疗设备等
老年服务市场	家政服务、卫生保健服务、医疗护理服务等
老年房地产市场	老年公寓、托老所、护理医院等
老年文娱市场	老年玩具、文化用品、旅游等
老年金融保险市场	理财服务（储蓄、投资）、人身保险、健康保险、养老保险
老年劳务市场	协助老年人再就业
老年教育市场	老年大学、老年兴趣培养学校、老年职业培训等
其他特殊市场	心理咨询、婚姻介绍、陪伴服务等

资料来源：应斌：《银色市场营销》，28页，北京，清华大学出版社，2005。

（三）老年市场细分模型

1. 老年图示模型

老年图示模型是美国著名老年消费行为学家乔治·P·莫奇兹（George P. Moschis）开发的一套用于分析老年市场的工具，我国的应斌教授把它译作“工商老年学模型”。该模型假设老年人对营销的反应与其需要和生活方式直接相关，而其需要和生活方式又受不断变化着的生活环境的影响。老年人的有些生活变化是生理方面的，如动作迟缓、闭经；有些是社会或心理方面的，如失去老伴。当人们经历了大的生活变动后，往往会改变对生活的看法。老年消费者对产品和服务的需求以及他们对广告和促销的理解和反应也必定会发生变化。企业必须充分了解上述问题后才能制定出有效的营销策略。老年图示模型根据老年人所经历的老化类型将老年人为分为四种类型，如图4—1所示。

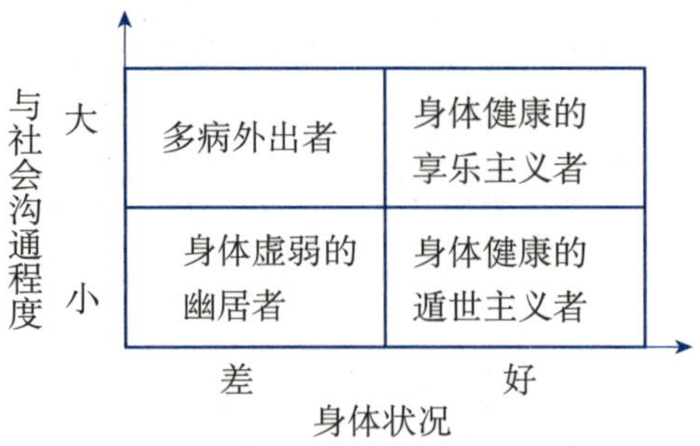

图4—1　老年人的类型

（1）身体健康的享乐主义者（healthy indulgers）。

身体健康的享乐主义者占55岁以上人口的18%。由于他们的经历，一些心理和社会老化事件如丧偶、退休、慢性病等在他们身上发生得最少，他们的行为也就最有可能接近年轻消费者。在美国，身体健康的享乐主义者与“婴儿潮”时期出生的中年人之间的最大区别是，前者在经济上更富有、事业上更成功，所以他们以追求人生的享受为生活的乐趣。

（2）身体健康的遁世主义者（healthy hermits）。

身体健康的遁世主义者约占55岁以上人口的36%。这类人可能经历过影响自我观念和自我价值的事件，如配偶的不幸去世等。这些事件使他们无论是在心理上还是在社会行为上都变得极为退缩，故虽然自身健康，却过着似乎与世隔绝的隐居生活。

（3）多病外出者（ailing outgoers）。

多病外出者约占55岁以上人口的29%。这些人尽管遇到许多健康方面的问题，疾病缠身，但仍持积极态度。他们接受“人已老”这一事实，承认自己的不足，但仍对生活抱有很大希望。

（4）身体虚弱的幽居者（frail recluses）。

身体虚弱的幽居者约占55岁以上人口的17 %。与多病外出者一样，他们也接受“人已老”这种事实，并调整自己的生活方式以适应身体和社会角色的变化。这些人精神上很坚强，为的是应对晚年的不幸事件。

人们在晚年可以从一个阶段转向另一个阶段（如图4—2所示，箭头表示由于生理、心理和社会老化，人们在一生中可以从一个阶段移向另一个阶段。左向箭头①、③表示心理和社会老化，右向箭头②、④表示生理、身体老化）。身体虚弱的幽居者可能曾是身体健康的享乐主义者，也可能曾是身体健康的遁世主义者甚或是多病外出者。当老年人从一个阶段步入另一个阶段时，他的世界观和行为也随之发生改变。

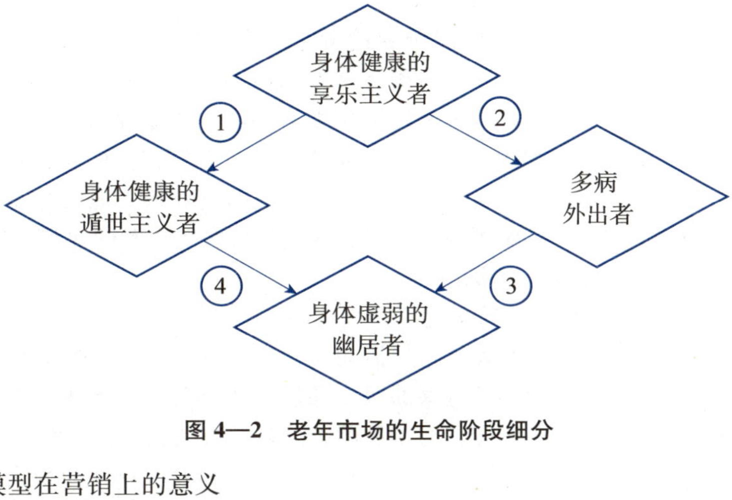

图4—2　老年市场的生命阶段细分

2. 老年图示模型在营销上的意义

（1）针对身体健康的享乐主义者的营销特点。

在住房方面，身体健康的享乐主义者是最有可能晚年搬家的一类老人，他们希望能有一个独立的寓所，尽管这个寓所比过去养育子女时的寓所要小一些。他们可能卖掉大房子，购买靠近购物中心的公寓或远郊的住房。这类老人还有可能花较多的钱用于家庭装饰和购置其他财产，因而他们可能是家庭安全系统、家庭服务行业的潜在消费者，同时是最有可能购买高科技家庭装饰的一类老人。对于金融服务，身体健康的享乐主义者既重视其方便性，又看重其质量。这类人是中低风险投资和支票透支保护的好市场，可利用免费银行的服务换取他们的大额存单。在旅游方面，身体健康的享乐主义者能够支付昂贵的航空和游船费去旅游，同时愿意接受特别的团体票价和老年折扣去旅游。他们希望便利的“一揽子”旅游服务，并希望通过电话或邮件签约。旅行社向他们兜售旅游服务时，可以考虑从年长游客中寻求支持。

(2) 针对多病外出者的营销特点。

在饮食方面，餐饮企业应对多病外出者予以特别关照，更加注重食物的营养保健。多病外出者喜欢在外就餐，这样可以提高自立感，但他们同时希望就餐方式要简便，价格要便宜。因此，合理的饮食结构、便利的就餐位置、特殊的服务、优惠的价格等是吸引这部分消费者的有效方法。在穿着方面，多病外出者喜欢交际，所以他们希望自己的穿着能被社会接纳。但他们大多数患有关节炎或其他疾病，手脚不利索，行动迟缓，因而希望服饰方面能满足这方面特殊的身体需要，如易穿易脱。尽管受身体的局限，但多病外出者仍然可能被能提高其自立价值的养老住房所吸引，可以向其推荐具有完备医疗设施的养老社区和老年公寓。多病外出者对健身俱乐部尤其是能提供老年优惠的健身俱乐部特别感兴趣。同时，多病外出者比较看重社会交往，因此医疗服务机构要吸引他们，应该多注意与他们直接接触。多病外出者大多能够以乐观的态度对待自己的健康问题，这种人生态度使他们成为长期医疗保险的理想市场。

(3) 针对身体健康的遁世主义者的营销特点。

在穿着方面，身体健康的遁世主义者不喜欢社交，在穿着方面不愿太突出，但这些人对名牌很钟情，并不介意为此多花一些钱。因此，向他们推销服装时，推销员最好既强调服装品牌，又强调服装的大众性。在住房方面，身体健康的遁世主义者喜欢待在自己曾经养儿育女的单门独院的家中，这就为重建行业提供了巨大的潜在市场。他们往往希望能自己动手修葺房屋，五金店和其他零售店只要向他们出售修理工具和建筑材料就可以大赚一笔。

(4) 针对身体虚弱的幽居者的营销特点。

身体虚弱的幽居者在住房方面同身体健康的遁世主义者一样，习惯住在自己养育子女的老屋里，他们喜欢自己做些修修补补的事，同时希望有人帮助他们修理房屋和院子。对这类人，应提供他们能够支付得起酬金的家庭服务，如家务清理、垃圾清倒等。在保健和医疗服务方面，身体虚弱的幽居者更喜欢家庭健身器材以及利用家用自我诊断仪来测量血压、血糖和胆固醇，他们也需要紧急救助的反应系统。由于不能全面照顾自己，必要时需要去医院就诊，但因身体原因，对医院的便利与否就特别重视。为此，向他们推销医疗服务时，还应强调医院位置的便利性。

3. 老年图示模型对我国细分老年市场的启示

老年图示模型以老年消费者的身体健康状况和是否喜欢参加户外活动及社交活动两个纬度为标准，按照身体健康状况好或不好、喜欢参加户外活动及社交活动或不喜欢参加户外活动及社交活动将老年消费者细分为四种类型。该模型所选择的两个纬度对于细分老年市场非常重要，较简单但有效地将复杂的老年消费者群体进行了细分，对于我国细分老年市场有着积极的借鉴作用。

首先，我国企业在细分老年市场时同样可以运用身体健康和参加户外活动这两个变量，特别是对于食品、服装和旅游等市场来说，这两个变量具有较强的针对性。现在，我国的老年消费者对于食品和服装这些基本生活用品的要求越来越高，开始更多地考虑适用性、美观性和个性化的需要，并且这些消费品在很大程度上与老年人的身体健康状况和外出状况相关。那些对健康关注程度较高的老年人对于食品的要求往往高于普通人群，而那些经常外出的老年人则对服装的舒适性和美观性提出了更高的要求。身体健康并且爱好户外活动的老年人已成为我国旅游市场的一个新的亮点，他们既有充裕的时间又有一定的资金积累，外出旅游成为其新的选择。

其次，我国老年市场的消费有一个不同于美国市场的特殊情况，即我国老年人的消费支出中有相当一部分是由其子女或亲友支付的。尊老爱幼是我国的一个优良传统，因此很多中青年人花费在老人和小孩身上的钱很多。特别是在以老年人作为消费主体的保健品的支出上，我国有相当一部分比例是由非老年人开支的。如“脑白金”的成功就在于将其定位为礼品的决策。与此同时，我国老年人的收入中，有相当一部分的支出是用在了后代（特别是第三代人）的身上。与美国不同，美国子女在18岁成人以后通常就独立生活，独立支付自己的开销。而由于传统文化的影响，我国老年人花费在后代上的支出与美国相比是惊人的高。因此，在应用老年图示模型分析我国的老年市场时，还必须考虑这些特殊的因素。

最后，老年住房市场和老年金融服务市场在我国的发展还处于起步阶段，其市场需求虽然很大，但企业不够重视或者不愿涉足该市场，使得这两个市场的发展十分缓慢。企业应在合理细分的基础上，加大对这两个市场的开发力度，而细分的变量可能要更多地考虑收入等因素。

延伸阅读

中国“传统”一代与“文革”一代的营销启示

1. “传统”一代

这是当代中国消费者中生活阅历最为丰富的一代。他们生于1945年以前（第二次世界大战前），经历了抗日战争、解放战争、“大跃进”和人民公社运动、“文化大革命”以及改革开放。他们中许多人在青少年时期就接受了马克思主义思想的熏陶，参加了中国革命，有比较坚定的共产主义信念。目前，这代人一般七十岁以上，绝大多数已退休在家。

这代人年事已高，大多在家安享晚年，对于标新立异的事物比较反感，他们希望过一种安宁、和睦的生活。太过新奇的产品会打破他们原有的平静的生活方式，使他们内心感到不安。所以，为“传统”一代开发的新产品与老产品的反差不宜太大，营销传播上也应采取平实、可靠的宣传手法，凡是富有挑逗性、攻击性或深奥复杂的广告都被认为是对他们的一种骚扰和不尊重。在购物渠道上，他们更偏爱传统的小商铺，长期以来和小商铺建立的买卖关系使他们具有极高的顾客忠诚度。他们对商家和产品的忠诚度一旦建立起来就很难改变，他们尤其信任传统的中华老字号产品。因此，顾客关系管理是面向这一代消费者开展营销工作的重点。

2. “文革”一代

这代人生于1945—1960年，他们在幼年成长期经历了“大跃进”带来的物质生活的匮乏，青年期由于知青上山下乡和“文化大革命”而丧失了上学机会，从20世纪90年代至今又面临着国有企业不景气而带来的下岗问题。目前，他们的年龄是五六十岁。诸多的不幸使这代人中有相当一部分人对社会有一种失落感。

不幸的人生际遇使“文革”一代懂得珍惜生活，他们需用有限的经济收入维持家庭诸多的开支，所以购物讲求效用、务实，对品牌的功能性价值非常关注，象征性价值和体验性价值对他们则显得不太重要。所以，对于“文革”一代，对产品（服务）的宣传重点应是产品（服务）本身的效用，科学、符合逻辑的广告说明往往能得到他们的认同。物美价廉是他们购物的主要标准，他们把廉价超市作为购物的主要场所。因此，对于面向“文革”一代的产品，可以把超市作为其主要的销售渠道。

资料来源：刘世雄，周志民：《当代中国消费者的文化价值观与营销启示》，载《商业经济文荟》，2002（6）。

（四）市场细分的有效性

有效的市场细分必须符合以下五个标准。

1. 可衡量

可衡量是指细分的市场是可以识别和衡量的，亦即细分出来的市场不仅范围明确，而且对其容量大小也能大致做出判断。有些细分变量，如具有依赖心理的青年人，在实际中就很难测量，以此为依据细分市场就未必有意义。

2. 可进入

可进入或叫可接近，是指细分出来的市场应是企业营销活动能够抵达的，亦即企业通过努力能够使产品进入并对顾客施加影响的市场。一方面，有关产品的信息能够通过一定媒体顺利传递给该市场的大多数消费者；另一方面，企业在一定时期内有可能将产品通过一定的分销渠道运送到该市场。否则，该细分市场的价值就不大。

3. 足够大

足够大又叫可盈利性，即细分出来的市场，其容量或规模要大到足以使企业获利。进行市场细分时，企业必须考虑细分市场上顾客的数量，以及他们的购买能力和购买产品的频率。如果细分市场的规模过小，市场容量太小，细分工作烦琐，成本耗费大，就不值得去细分。

4. 能区分

能区分是指细分市场在概念上能被区别，并且对不同的营销组合因素和方案有不同的反应。如50～55岁与56～60岁消费者的消费行为有差别吗？这种差别是否已经大到需要采用不同的市场营销计划？

5. 可操作

可操作，即为吸引和服务细分市场而系统地提出有效计划的可行程度。或者说，就企业自身来讲，是否有实力服务好这个市场。如一家小型航空公司找到七个细分市场，但由于员工太少，不可能针对每个细分市场制订专门的营销计划。

同步训练

“80后”的小张要结婚了，当自己和女朋友在研究如何举办一个满意的婚礼时，被他妈妈发现了。于是，小张的妈妈竟然在小两口毫无心理准备的情况下准备好了婚嫁用品，包括时尚的金银饰品、家纺、家电等，甚至小两口的新房也已经被她筹划得时尚新颖，就连装修公司都已经找好。那么，这位50多岁的退休大妈做的事情能否得到“80后”儿子儿媳的认可呢？事实证明，这位经历了中国改革开放30年的新时代中国大妈毫无落后观念，而且新意十足，乐得小两口连称老妈时尚。原来，金银饰品是小张妈妈去香港购买的，因为香港要比内地的同品牌的金银饰品便宜很多，家纺是她在一次北京国展的家纺展会上看到的新产品，后来在“黄金周”促销时购买，家电则是在苏宁电器购买，因为这里线上线下同价，比其他家电卖场要便宜。这就是当前中国大妈的缩影，她们爱操心、爱包办、能执行。中国大妈的特点是会理财、有点钱、有点闲、能买黄金、会炒房、经常旅游、爱跳广场舞，是中国最幸福的一群人。中国大妈不仅是近年的网络流行语，“Dama”还被收入了《牛津英语词典》，可见“大妈”不仅在国内被叫响，还冲出国门、红遍世界。

根据老年图示模型，你认为可将中国大妈归为哪一类消费者？应该怎样对她们开展针对性营销？

任务二

确定老年目标市场策略

情境导入

小王是家里的独生子，父母在县城开服装店，家里有六百多万元的存款。大学毕业后，小王想在一个地级城市开一家老年产品商店。经了解，老年产品种类很多，有老年食品、服装鞋帽、家庭用品、老年保健品、老年玩具、老年文化用品、常用辅助医疗设备等。到底该经营什么产品？采用什么样的市场覆盖策略？小王很纠结。

任务描述

根据上面提供的信息，结合相关知识，你认为小王该选择经营什么产品？应该采用什么样的市场覆盖策略？请说出自己的理由。

相关知识

在评估和选择细分市场时，企业必须考虑两个因素：细分市场总体的吸引力；公司的目标和资源。一个潜在的细分市场是否总体上具有吸引力？其规模、成长性、获利性、风险性怎么样？一个有吸引力的细分市场可能不符合企业的长远目标，也可能企业缺乏必要的资源服务好该细分市场。一般来说，选择目标市场有五种覆盖模式。

（一）市场集中化

企业选择一个细分市场，集中力量为之服务。较小的企业一般采用该模式专门填补市场的某一部分。集中营销使企业深刻了解该细分市场的需求特点，采用具有针对性的产品、价格、渠道和促销策略，从而获得强有力的市场地位和良好的声誉，但同时也隐含较大的经营风险。

（二）产品专门化

企业集中生产一种产品，并向所有顾客销售这种产品。例如服装厂商向青年、中年和老年消费者销售高档服装，企业为不同的顾客提供不同种类的高档服装产品和服务，而不生产消费者需要的其他档次的服装。这样，企业在高档服装产品方面树立很高的声誉，但一旦出现其他品牌的替代品或消费者的偏好发生转移，企业将面临巨大的威胁。

（三）市场专门化

企业专门服务于某一特定顾客群，尽力满足他们的各种需求。如企业专门为老年消费者提供各种档次的服装。企业专门为这类顾客群服务，能建立良好的声誉。但一旦这类顾客群的需求潜量和特点发生突然变化，企业就要承担较大风险。

（四）有选择的专门化

企业选择几个细分市场，每个细分市场对企业的目标和资源利用都有一定的吸引力。但各细分市场彼此之间很少或根本没有联系。这种策略能分散企业的经营风险，即使其中某个细分市场失去了吸引力，企业还能在其他细分市场盈利。

（五）完全市场覆盖

企业力图用各种产品满足各种顾客群的需求，即以所有的细分市场作为目标市场，如服装厂商为不同年龄层次的顾客提供各种档次的服装。一般只有实力强大的企业才能采用这种模式。企业可以有两种方法覆盖整个市场：无差异市场营销策略和差异性市场营销策略。

1. 无差异市场营销策略

无差异市场营销策略是指企业将产品的整个市场视为一个目标市场，用单一的营销策略开拓市场，即用一种产品和一套营销方案吸引尽可能多的购买者。无差异市场营销策略只考虑消费者或用户在需求上的共同点，而不关心他们在需求上的差异性。可口可乐公司在60年代以前曾以单一口味的品种、统一的价格和包装、同一广告主题将产品面向所有顾客，就是采取的这种策略。

无差异市场营销策略的理论基础是成本的经济性。生产单一产品，可以减少生产与储运成本；无差异的广告宣传和其他促销活动可以节省促销费用；不搞市场细分，可以减少企业在市场调研、产品开发、制订各种营销组合方案等方面的营销投入。这种策略对于需求广泛、市场同质性高且能大量生产、大量销售的产品比较合适。

2. 差异性市场营销策略

差异性市场营销策略是将整体市场划分为若干个细分市场，针对每个细分市场制定一套不同的营销方案。差异性市场营销策略的优点是：小批量、多品种，生产机动灵活、针对性强，使消费者需求更好地得到满足，由此促进产品销售。另外，由于企业是在多个细分市场上经营，这在一定程度上可以减少经营风险；一旦企业在几个细分市场上获得成功，将有助于提高企业的形象及提高市场占有率。

差异性市场营销策略的不足之处主要体现在两个方面：一是增加营销成本。由于产品品种多，故管理和存货成本将增加；由于企业必须针对不同的细分市场发展独立的营销计划，故会增加企业在市场调研、促销和渠道管理等方面的营销成本。二是可能使企业的资源配置不能有效集中，顾此失彼，甚至在企业内部出现彼此争夺资源的现象，使“拳头产品”难以形成优势。

最后需要说明的是，营销人品选择目标市场时必须非常小心以避免消费者不满。一些消费者很排斥被贴上标签。例如：单身人士可能拒绝单份食品包装，因为他们不想被提醒自己是一个人；没有感觉自己年龄增长的老年人可能不喜欢那些将自己标记为“老”的产品。

引例：强生公司洗发香波的失利

20世纪70年代，美国最大的生活日用品制造商强生公司针对老年人的发质特点，推出了一种新型洗发香波。公司的本意是有针对性地开拓老年市场，但在进行广告促销时，使用了诸如“干脆”、“营养不足”等词语来描述50岁以上老年人头发的特点，并特别指出“此香波极适用于年龄在50岁以上的老年人”。市场细分到此等地步，按理说销售应该不成问题。然而没过多长时间，公司发现销售情况极为不佳，在有些地区甚至一瓶也没卖出去。为了弄清事情真相，公司做了一次市场调查，结果发现许多老年人和即将进入老年的中年人都在试图掩藏他们的真实年龄。他们不愿面对不断增长的年龄，不愿接受自己正在衰老这一事实，不愿购买一种把自己局限在一个苦恼圈子里的产品。

强生公司进行广告促销时犯了大忌。虽然目标市场十分明确，产品质量也十分优良，但由于没有充分考虑细分市场的细微之处和具体特点，触及了许多老年人和准老年人的痛楚，使他们对产品敬而远之，不去购买。

资料来源：应斌：《银色市场营销》，104页，北京，清华大学出版社，2005。

同步训练

分析下面案例采用的是什么市场覆盖模式：

雅诗兰黛化妆品公司用不同的品牌吸引不同品位的消费者：旗舰品牌，最老牌的雅诗兰黛吸引年长的消费者；倩碧（Clinique）则迎合中年女性；魅可（M. A. C）吸引年轻的潮人；艾凡达（Aveda）针对喜欢芳香疗法的人；而悦木之源（Origins）则针对那些希望化妆品由天然元素组成的注重自然的消费者。

任务三

设定老年产品定位

情境导入

A企业是深圳一家生产手机的中小企业，为了给所生产的AA牌手机定位，请管理咨询公司对产业环境做了简单分析。

1. 国产手机产业发展现状

（1）智能手机全面爆发，进入全面替代功能手机的新时代。

（2）功能手机的地位进一步被边缘化，已经被排挤到超低端市场领域，退守到价格在100元以内、微利的空间，但还有一定的存在时间。

（3）智能手机市场内部也呈现多极分化发展。以3.5寸为代表的小屏幕智能手机，价格急剧下跌，进入薄利多销的价格战。4.6寸以上的大屏幕智能手机，产销量在快速提升。

（4）整个产业进入新一轮残酷淘汰战。对资金门槛、规模成本门槛大幅度提高；对软硬件一体化的用户体验要求越来越高；风行的集成化模式，将很快被产业链一体化模式、差异化细分模式所取代。

2. 差异化战略的发展

（1）选择差异化战略，就不是以规模和成本为主导，不是以产业链一体化为出发点。

（2）差异化战略一直都存在，并在不同时代取得过巨大成功。

（3）差异化战略经历了外观差异化、功能差异化，进入了差异化的同质化境地。

（4）差异化战略必须突破产品差异化，导入人群细分，即进入人群差异化时代。

（5）人群差异化，是指先定位目标人群，针对人群需求再来实施产品差异化战略。产品的差异化将更加强调对目标人群的定制化、使用体验化效果。它是以人为本的战略，是一种典型的聚焦战略。

（6）人群差异化战略，必须进行创新。创新的方式更多是组合式的创新、微创新，以针对性地细化和深化对目标人群的产品价值，而不是开创一个时代的破坏式创新。

3. 移动互联网的发展

（1）移动互联网成为继宽带互联网之后的争夺焦点。有的互联网资源正在以手机为核心进行打包整合进入，这也是资本关注和投入的热门领域。

（2）移动互联网改变了电子产品的软件和应用的封闭性，将其推入到了巨大的网络空间中。应用服务的独立运作，或者与终端手机捆绑，成为两种不同的战略选择路径。苹果手机、小米手机、360 手机、阿里云手机等均选择后者。

（3）站在手机制造商的角度来看，面对移动互联网大潮，可以选择的战略有：一心只做终端产品；进入应用服务开发领域；搭建应用平台生态环境。

（4）在移动互联网时代，硬件终端的价值被弱化，应用服务的价值被强化，因此，用户价值是第一位的，这和人群差异化战略是可以保持高度一致的。

4. 市场扫描

（1）苹果手机的“泛人群”模式，通吃各类人群，极简主义。

（2）三星手机以领先科技、时尚造型，通吃各类人群。

（3）OPPO、步步高手机主攻年轻时尚人群。

（4）小米手机主攻 IT 技术发烧人群。

（5）朵唯女性手机，定位城市时尚潮流白领知性女性。

（6）三盟老人机，以操作简单化主打老年人市场。

任务描述

如果你是 A 企业的营销经理，你认为 AA 牌手机该如何做差异化？

1. 做产品，还是做人群？

（1）做产品，以产品为中心，在外观、功能、软件、界面、体验、价格等多方面追求用户的更高满意度。对用户并不做锁定，所有开发并不具有特别针对性。

（2）做人群，首先以目标人群锁定为前提，进行针对性的开发。这是一个市场细分、定位的过程。

2. 做产品，还是做服务？

（1）做产品，手机行业的传统电子实体产业的本质。

（2）做服务，互联网的数字经济的特点是苹果手机的成功突破点。增值应用服务正逐渐成为电子产业的新的主要利润来源。

如果将 AA 牌手机做成老年手机，该如何定位？

相关知识

所有的营销战略都建立在 STP——市场细分（segmentation）、目标市场选择（targeting）和定位（positioning）的基础上。一家公司在市场发现不同的需要和群体，将自己能够提供最佳服务的细分市场确定为目标市场，然后定位它的供应物，使得目标市场认知到该公司的独特产品和形象。

（一）定位的内涵

定位是指企业设计出自己的产品和形象，从而在目标顾客心中确定与众不同的、有价值的地位的行动。定位战略的最后结果是成功地创造出一个市场导向的价值建议。实质上是向顾客提出一个他们应该购买该产品的强烈的理由。

定位（positioning）这个概念是 1969 年由广告经理艾尔·里斯（Al Ries）和杰克·特劳特（Jack Trout）提出后开始流行起来的。他们认为，定位始于产品。一件产品、一项服务、一家公司、一个机构，甚至一个人都有定位问题。然而，定位并非是对产品本身有什么行动，定位是指要针对潜在顾客的心理采取行动，即要将产品在潜在的顾客心目中找一个适当的位置。

（二）差异化

有效且明显的差异化是定位的基础，但不是每个差异点都对定位有帮助。如某豪华房车的差异化是“0～100km/h 加速时间只要 6 秒”和“最舒适的驾驶座”，从表面上看，这两个差异点很诱人，但豪华房车注重的是舒适和安全，一般都由司机驾驶，顾客更关注后座乘坐的感觉，因此以上两点差异对目标市场就是无效的。

独特有效的差异才能成为竞争优势，而找到有效差异的方法是差异过滤，过滤的方法是运用有效差异的准则进行定位要因分析（见图 4—3）。

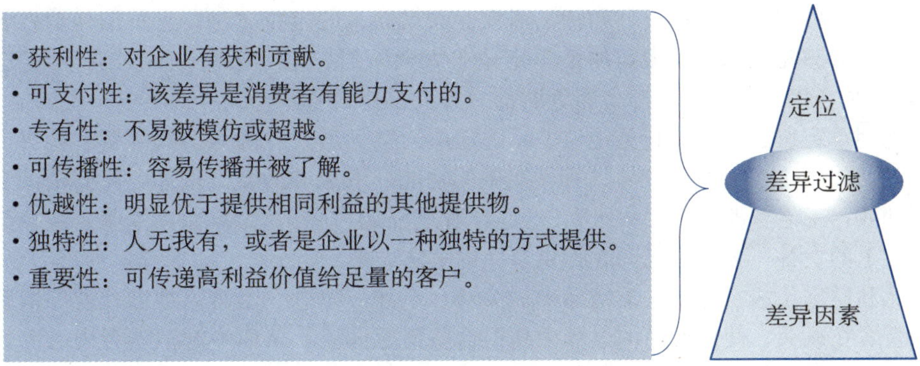

图 4—3 定位要因分析

科特勒认为，一般可以从以下五个方面制造产品差异化（见表 4—3）。

表 4—3　　制造差异化的变量

产品（product）	服务（service）	人员（personnel）	渠道（channel）	形象（image）
特色	订货方便	职称	覆盖面	标志
性能	交货及时	谦恭	专业化	文字
价值	安装服务	诚实	绩效	视听媒体
质量	客户培训	可靠	……	气氛
可维修性	维修服务	负责		事件
风格	多种服务	沟通		广告内容
设计	抱怨处理	销售积极性		内部摆设
……	……	……		……

（三）定位的方法

从目标顾客、竞争者和企业自身三个角度进行分析，可以得到三类十种定位的具体方法（见图 4—4）。

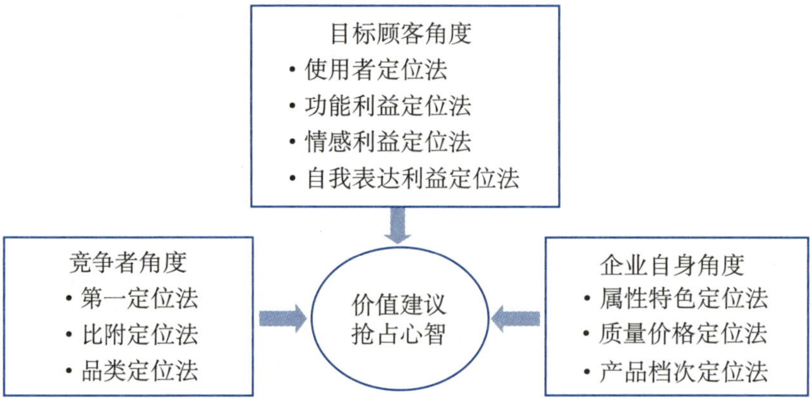

图 4—4　定位方法

1. 目标顾客角度

（1）使用者定位法。这是把产品和特定用户群联系起来的定位方法。它试图让消费者对产品产生一种量身定制的感觉。如“太太口服液”定位于太太阶层，老年公寓是针对老年人开发的公寓，“夕阳红”是面对老年人的节目，椰岛鹿龟酒是“父亲的补酒”。

（2）功能利益定位法。功能利益定位是品牌定位的常见形式。因为多数消费者购买产品主要是为了获得产品的使用价值，希望产品具有所期望的功能、效果和效益。例如，高露洁牙膏突出“没有蛀牙”的功效，王老吉凉茶能“去火”，舒肤佳香皂强调“除菌”。再如，兰蔻金纯卓颜系列专门针对四十岁以上的女性，为抗衰老问题提供全面的解决方案。

（3）情感利益定位法。即将人类情感中的关怀、牵挂、思念、温暖、怀旧、爱等情感内涵融入品牌，使消费者在购买、使用产品的过程中获得这些情感体验，从而唤起消费者内心深处的认同和共鸣，最终获得对品牌的喜爱和忠诚。例如，哈尔滨啤酒“岁月流转，情怀依旧”的品牌定位让人勾起无限的岁月怀念。

（4）自我表达利益定位法。即通过表现品牌的某种独特形象和内涵，让品牌成为消费者表达个人价值观、审美情趣、自我个性、生活品位、心里期待的一种载体和媒介，使消费者获得一种自我满足和自我陶醉的快乐感觉。例如，“七匹狼”男装宣传“追逐人生，男人不只一面”的品牌内涵，与男人在心灵层面实现共鸣，很好地外化了男人的价值观。

2. 竞争者角度

（1）第一定位法。又称抢先定位或领导者定位，即强调该品牌在同行业或同类产品中的领导性。例如，百威啤酒宣称是“全世界最大、最有名的美国啤酒”。美国定位专家特劳特对1923年以来和美国社会息息相关的25个行业进行分析，发现这25行业的领导者只有4个失去了领导地位。

（2）比附定位法。即攀附名牌的定位策略。企业通过各种方法和同行中的知名品牌建立一种内在联系，使自己的品牌迅速让消费者熟知，占领一个牢固的位置。

1）甘居第二，即承认同类中另有最负盛名的品牌，自己只不过是第二而已。这种策略的好处是：使人们对公司产生一种谦虚诚恳的印象；迎合了人们同情弱者的心理。例如，Avis在宣称“我们是老二，我们要进一步努力”之后，品牌知名度迅速上升，从而赢得了更多的客户。

2）攀龙附凤，即承认同行业中卓有成就的品牌，但在某些方面公司的产品与该品牌有相同之处，甚至平分秋色。例如，内蒙古的宁城老窖宣称是“塞外茅台”。

3）高级俱乐部，即借助群体的声望和模糊数学的手法，打出入会限制严格的俱乐部式的高级团体品牌，强调自己是这一高级群体的一员，从而提高自己的地位形象。例如，克莱斯勒汽车公司强调自己是美国三大汽车工业公司之一，使消费者感到克莱斯勒是知名轿车。

（3）品类定位法。即与某些知名的产品作出明显的区别，或将自己的产品定位为与之不同的另类。例如，美国的七喜汽水宣称自己是“非可乐”型饮料；五谷道场方便面宣称“非油炸，更健康”；云南白药牙膏定位“非传统牙膏”。

3. 企业自身角度

（1）属性特色定位法。定位于自己独有的特色属性。例如，“国窖1573”宣传它独有的悠久历史，雷达表宣传它“永不磨损”的品质特色。

（2）质量价格定位法。质量和价格的不同组合，构成不同的定位。如海尔家电产品定位于高价格、高品质；华宝空调定位于“高贵不贵”；雕牌洗衣粉的广告词是“只买对的，不买贵的”；喜悦香水的定位是“世界上最贵的香水”，将高价格作为高质量的暗示。

（3）产品档次定位法。和质量价格定价法存在一定联系，但旨在顾客心目中留下不同的档次形象。例如，在汽车中，劳斯莱斯是高档车的代表，道奇则经济适用；丰田公司推出凌志、佳美、皇冠、卡罗拉、小明星等不同档次的汽车，以迎合不同的消费者。

（四）定位的传播

1. 围绕定位整合传播

确定了产品定位后，一切营销手段都要支持这一定位，向消费者传递一致的信息。假如一个汽车公司的定位是“质量最佳”，则可以把车底板内层也刷上油漆，并非因为必要，而是这样可以显示其对质量的关心；可以把汽车安装上防猛烈撞击的门，因为很多买主都在陈列室里使劲关上车门，以此来检验汽车质量的好坏；定价上必须要高一点，因为高质高价是消费者的一贯看法；如果有些配件需要包装，也要用高档的包装材料；广告设计也要精美，并要舍得投资。

2. 简单就是营销力

营销是认知的战场，而非产品的战场。在营销传播的世界里没有客观现实，也没有最好的产品，只有消费者的认知。实现消费者认知的最有效策略是定位和定位的有效传播。在一个传播过度的社会里，人脑是一个不合适的容器，已经被各种信息塞得像滴水的海绵。哈佛大学心理学家乔治·米勒说："普通人的大脑无法同时处理七条以上的信息。"所以，定位传播越简洁越好，必须把信息"削尖"了，好让它"钻"进人们的大脑。

马来西亚营销专家萨尼在其著作《简单就是营销力》一书中认为："巧妙诙谐的广告只能愉悦受众，而产品的独特之处却被人们遗忘。广告的真正目的是要使产品定位深入人心，以便销售，所以广告开门见山即可。"广告大师比尔·本哈克也告诫广告人："我们的工作就是简化，把无关的内容去掉，把干扰产品信息的杂质清除干净。"

3. 重复、重复、再重复

从传播学角度讲，无论是多么有创意的广告主张、广告语，在没有重复、重复、再重复之前，品牌仍然像是一个躺在摇篮的婴儿。关于品牌定位的表达，营销专家路长全的话语掷地有声："我们做任何一个品牌，一定要找到一个鲜明的差异，或者给它一个差异，将这个差异放大、放大、再放大，重复、重复、再重复，重复到令人痛苦为止，这个时候人们就记住了。"

同步训练

收集一个老年房地产市场的定位案例，并分析采用的是什么定位方法。

知识链接

跨式定位（straddle positioning）也称骑墙式定位，即企业用一组差异点和共同点横跨两个竞争参考框架进行定位。某一品类的差异点变成了另一品类的共同点，反之亦然。赛百味快餐店被定位为提供健康、好口味的三明治。这一定位使该品牌与麦当劳、汉堡王这样的快餐店在口味上建立共同点，在健康上建立差异点；同时与健康食品店在健康上建立共同点，在口味上建立差异点。戈尔特斯面料定位为透气防水，通过科技创新克服了看起来相互冲突的两个功能。利郎商务休闲男装这一定位使它和商务正式男装相比是休闲的，和休闲类男装相比是商务的。跨式定位可以使得品牌扩大它们的市场覆盖率和潜在顾客基础。

在20世纪80年代早期，宝马首次在美国市场刮起一股强劲的竞争之风，它是唯一一个同时定位于豪华和高性能的汽车品牌。当时，消费者看到美国豪华车缺乏高性能，而高性能的车却不豪华。依赖于德国传承的汽车设计，加上其他精心构思的营销方案，宝马同时做到了：对于高性能车来说，具有豪华这个差异点，以及高性能这个共同点；对于豪华车来说，具有高性能这个差异点，以及豪华这个共同点。

引例：汇仁肾宝系列——药品中的保健品

当被问起"汇仁肾宝系列是保健食品还是药品"时，很多人的第一反应是"保健食品"。但实际上，它的真实身份是OTC药品。

肾宝合剂是汇仁集团在1997年前后推出的一款OTC药品。虽然其在广告中不断强调"22味中药"，但在那个人们对药品和保健食品还区分不清的年代，肾宝合剂采取的高密度和高频次的营销策略，使它成功步入与早期保健食品神话——三株口服液相同的行列，并一同被纳入新中国成立60年我国十大保健食品营销经典案例，同样在列的还有红桃K与太阳神等。

2008年11月，肾宝片获得药品批准文号。但在2010年11月，药品身份的它却连同肾宝合剂等出现在第三届中国绿色食品博览会上，其他同时参展的则是煌上煌、狗不理等食品企业。一方面，汇仁集团在提醒消费者，其生产的肾宝合剂和肾宝片所含的是中药成分；另一方面，它也在直接或间接地告诉消费者，该产品不仅可以治疗，还能够保健。销售人员的解释是可以分两个阶段服用，“治疗期当做药来吃，过了治疗期，平时也可以当做保健食品。”

资料来源：陈一昀：《汇仁肾宝营销是非》，载《新金融观察报》，2014-01-26。

作为一种调和潜在的冲突性顾客目标的做法，以及创建“双料最佳”的解决方案，跨式定位是有吸引力的，但是也存在一些风险。如果共同点和差异点对于两个品类都是不可信的，那么该品牌在任何一个品类都不会被承认。尚玛可是中国家纺第一品牌罗莱旗下的子品牌，其战略定位曾面临“骑墙”的尴尬。最初尚玛可被定位为时尚家纺的领导者，其目标消费群分为两个部分，其一为年龄在18～29岁、崇尚自由、追求时尚自我的生活方式的年轻人群；其二为年龄在30～45岁、心态积极、追求生活质量、注重产品品质的中年人群。为了满足两大消费族群的需求，尚玛可推出了3种各具特色的产品风格，尽管这丰富了产品线，但也造成尚玛可在品牌上缺乏统一的协调性，从而影响了品牌价值的提升。

项目小结

市场细分就是企业根据消费者需求的不同，把整个市场划分成不同的消费者群的过程。每个细分的消费群体都由具有相似需求倾向的消费者构成。细分变量有很多，科特勒认为主要可以分为地理变量、人文统计因素、心理因素和行为因素四类。我国的应斌教授认为，可以根据人口特征、社会经济特征、地理位置、健康状况、行为方式、媒体偏好等变量进行细分。老年图示模型根据老年人所经历的老化类型将老年人分为身体健康的享乐主义者、身体健康的遁世主义者、多病外出者和身体虚弱的幽居者四种类型，这是目前比较有针对性的老年市场细分方法。

在评估和选择细分市场时，企业必须考虑两个因素：细分市场总体的吸引力；公司的目标和资源。一般来说，选择目标市场有五种模式，即市场集中化、产品专门化、市场专门化、有选择的专门化和完全市场覆盖。大型企业可以用两种方法覆盖整个市场：无差异市场营销策略和差异性市场营销策略。

定位是指企业设计出自己的产品和形象，从而在目标顾客心中确定与众不同的有价值的地位的行动。定位战略的最后结果是成功地创造出一个市场导向的价值建议。有效且明显的差异化是定位的基础，一般可以从产品、服务、人员、渠道和形象五个方面制造和竞争对手的差异。定位的方法分为三类：目标顾客角度（使用者定位法、功能利益定位法、情感利益定位法和自我表达利益定位法）、竞争者角度（第一定位法、比附定位法和品类定位法）、企业自身角度（属性特色定位法、质量价格定位法和产品档次定位法）。传播定位要以定位为中心整合各种营销手段，采用简单的方式不断重复。

教学做一体化训练

一、选择题（每题至少有一个正确答案）

1. 尽管遇到许多健康方面的问题，疾病缠身，但仍对自我持积极态度的是（　　）。

A. 身体健康的享乐主义者　　B. 身体健康的遁世主义者

C. 多病外出者　　D. 身体虚弱的幽居者

2. 最有可能成为老年旅游市场潜在客户的是（　　）。

A. 身体健康的享乐主义者　　B. 身体健康的遁世主义者

C. 多病外出者　　D. 身体虚弱的幽居者

3. 专门为老年消费者提供各种款式的手机，这种策略是（　　）。

A. 市场集中　　B. 产品专门化

C. 市场专门化　　D. 全面市场覆盖

4. 下列选项可以进行定位的是（　　）。

A. 产品　　B. 服务　　C. 企业　　D. 个人

5. “治肾虚，请用汇仁肾宝”，用的定位方法是（　　）。

A. 使用者定位　　B. 自我表达利益定位

C. 功能利益定位　　D. 情感利益定位

二、判断题（请在正确的论述后面打“√”，错误的论述后面打“×”）

1. 定位要求产品本身有差异。（　　）

2. 市场细分越细越好。（　　）

3. 差异性策略能满足不同细分市场需要，但可能营销成本较高。（　　）

4. 年龄是最有效的细分标准。（　　）

5. 所有的差异点都可以作为产品的定位。（　　）

三、简答题

1. 简述市场细分有效性的判断标准。

2. 简述目标市场选择的五种模式。

3. 简述可以从哪些方面制造和竞争对手的差异。

4. 简述定位的方法。

四、案例分析

定位巧避竞争

小李是S公司驻M省的招商经理，公司主打产品S胶囊是治疗心脑血管疾病的药物，属于独家医保产品，有较大的竞争优势，但在当地一家“三甲”医院的销量一直不理想。经过调研，小李发现该类产品在这家医院每月应该有2万盒的处方量，S胶囊的销售在正常情况下应该占到5 000盒左右。

S胶囊的同类产品主要有3个，其中2个是独家产品，1个是普药产品。普药产品成分单一，主要靠挂金销售，缺少学术推广，不是对手；另外2个独家产品也是医保产品，且比S胶囊早10年上市，在价格、学术推广和产品知名度上都优于S胶囊。

小李通过代理商与该医院的一些医生进行接触，通过交谈发现医生对这两个竞争产品的疗效评价甚高，特别是治疗重症心脑血管疾病，如脑血栓、中风、心梗等，其疗效较好。这个发现让小李非常兴奋，因为S胶囊主要针对高粘血症和高脂血症患者，即中轻度心脑血管疾病患者，侧重于预防脑卒中、脑血栓、中风、心梗的发生，这样S胶囊就与竞争产品区别开来，找到了新定位。

于是，小李立即把这一情况反馈给市场部，希望市场部在当地开一个关于产品新定位的科室推广会。同时，小李与代理商积极沟通相关情况，要求代理商召开科室推广会，并和代理商一起制订了新的推广方案。接下来，小李对代理商业务员进行培训，着重强调S胶囊的新定位，并就即将开展的科室推广会的后续跟进步骤进行了细致商讨。

经过一轮科室推广会和业务员的积极跟进，S胶囊的销量逐渐上升。

资料来源：董继业：《定位巧避竞品锋芒》，载《医药经济报》，2009-06-24。

问题：

1. 小李如何找到了S胶囊和竞争对手的差异化？
2. S胶囊采用了什么定位方法？
3. 通过本案例，你获得了哪些启发？

五、营销辩论

随着营销者越来越多地采用精细化营销方案，一些人声称大众营销已经死亡，但另一些人则反击，认为总会有大品牌针对大众市场采用大众化营销方案。

辩论双方

正方：大众营销已经消亡。

反方：大众营销仍然是建立盈利品牌的有效方法。

项目五

创建与管理老年品牌

学习目标

知识目标

1. 理解品牌和品牌资产的概念；
2. 掌握大卫·艾克的品牌资产五星模型和凯勒的品牌资产金字塔模型；
3. 掌握创建品牌资产的步骤和内容；
4. 理解品牌构架和品牌—产品矩阵；
5. 掌握品牌延伸和多品牌策略；
6. 掌握品牌激活策略。

素质目标

1. 养成品牌意识；
2. 形成品牌就是资产的认识；
3. 养成个人品牌观念。

能力目标

1. 能应用品牌理论分析并解释现实中的品牌崇拜现象；
2. 能应用品牌创建知识，结合企业实际提出品牌资产创建方案；
3. 能应用品牌管理理论，结合企业实际提出品牌激活方案。

任务一

理解品牌与品牌资产

情境导入

博思数据汇总多方统计资料及网友反馈收集得出 2014 年中老年服装品牌的排行榜，如表 5—1 所示。

表 5—1　　2014 年中老年服装品牌排行榜

胖太太	中国驰名商标，国内特体时尚女装开创者，中老年女装行业领先品牌，大型服饰企业，河北胖太太服饰有限公司
全泰	始于 1936 年，全国首创中老年服装专柜，中华老字号，上海市著名商标，行业领先品牌，上海全泰服饰鞋业有限公司
恒源祥	始于 1927 年，中华老字号，中国驰名商标，国家级企业技术中心，全球最大的绒线制造商之一，恒源祥（集团）有限公司
波司登	1975 年成立，中国驰名商标，领军品牌，中国规模最大/技术最先进的服装生产企业之一，波司登国际控股有限公司
金科	集设计、生产、销售于一体的中老年女装专业企业，极具知名度和美誉度的中老年女装品牌，东阳市金科服饰有限公司
陶玉梅	江苏省著名商标，江苏省名牌产品，江苏省服饰商会副会长单位，中老年女装十大品牌，南京陶玉梅服饰设计实业有限公司
依布	专注于中老年女士服装设计、生产、销售为一体的专业企业，较具知名的中式中老年女装品牌，无锡依布制衣有限公司
雅百威	中老年女装行业领先品牌，融生产、销售、服务于一体的大型现代化服饰生产企业，浙江省东阳市雅百威服饰有限公司
福太太	国内中高档中老年女装行业领先品牌，高贵、典雅、时尚的服饰风格深受市场欢迎，上海浦东嘉事达制衣有限公司
秋之歌	国内中老年女装行业知名品牌，享有极高知名度和市场美誉度的中老年女装品牌，东阳市秋之歌服饰有限公司

任务描述

根据“情境导入”中所提供的信息，任意挑选三个你熟悉的品牌，深入进行案例研究，总结出：它们成为知名品牌的原因是什么；排名靠前的品牌对企业的好处是什么；对消费者的好处是什么。

相关知识

（一）品牌

品牌（brand）是一种名称、术语、标记、符号或设计，或是它们的组合运用，其目的是借以辨识某个销售者或销售集团的产品或服务，并使之同竞争对手的产品和服务区别开来。

把品牌或者品牌的一部分到工商局登记注册后就形成了商标。我国《商标法》规定：商标使用的文字、图形或者其组合，应当有显著特征，以便识别。同时规定商标注册人享有商标专用权，受法律保护。

课堂思考

按你的理解，产品和品牌有何区别？品牌和商标有何区别？

（二）品牌的作用

品牌为什么重要？通过品牌对消费者和对公司的作用可以看出来（见图5—1）。

品牌对消费者的作用	品牌对公司的作用
识别产品的来源	简化处理或追踪的识别工具
追溯制造商责任的依据	合法保护产品独特性的工具
减少风险	满足顾客质量要求的标志
降低搜寻成本	赋予产品独特联想的途径
产品质量的承诺、契约	竞争优势的源泉
象征意义	经济回报的来源
质量信号	

图5—1　品牌的作用

（三）品牌资产

在西方国家，品牌资产（brand equity）一词在20世纪80年代被广泛使用。简单地说，品牌资产是产品或服务的附加值。品牌资产研究大师大卫·艾克（David Aaker）认为，品牌资产是与品牌、名称、标识、符号等相关联的一系列资产或负债，它可能增加或减少相应产品或服务对公司和顾客的价值。品牌资产不是一个空泛的概念，而是由诸多因素所决定和反映的。大卫·艾克认为，支持品牌资产的因素有：品牌忠诚度、品牌知名度、品质认知度、品牌联想度和其他资产（如专利、商标和渠道关系）五个方面（见图5—2），其

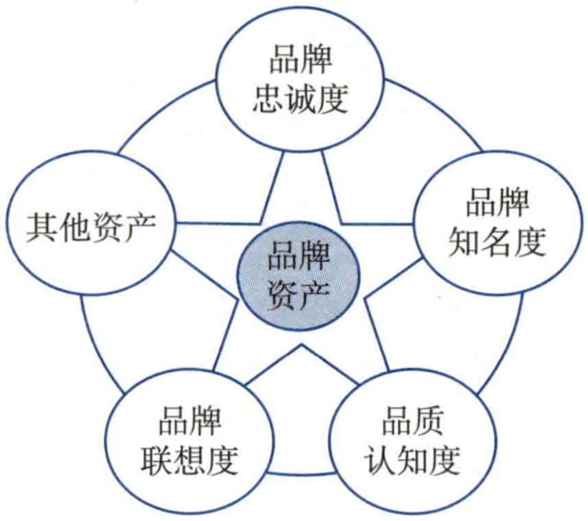

图5—2　支持品牌资产的因素

中，品牌忠诚度是核心要素。

凯文·莱恩·凯勒认为，品牌存在于顾客的心智中。他从顾客的角度将品牌资产定义为：由顾客品牌知识所导致的对营销活动的差异化反应。该定义有三个重要组成部分：首先，品牌资产源于顾客的差异化效应。若没有差异产生，该品牌就会被认为是普通商品或同类商品，竞争往往表现为价格战。其次，差异化反应来源于顾客的品牌知识，也就是顾客在长期经验中的所知、所感、所见、所闻。因此，尽管品牌资产受企业营销活动的影响，但最终还是取决于顾客对品牌的认知程度。最后，顾客差异化反应表现在对品牌营销活动的态度和行动中，如喜爱品牌、接受高价、重复购买等。

我国营销专家认为品牌资产是“附着于品牌之上，并且能为企业在未来带来额外收益的顾客关系”。这种观点认为，品牌资产给企业带来的附加利益，归根结底来源于品牌对消费者的吸引力和感召力。所以，品牌资产实质上反映的是品牌与顾客（包括潜在顾客）之间的某种关系，或者说是一种承诺。

引例：2013 年全球最具价值品牌排名

《福布斯》杂志发布了 2013 年全球最有价值的品牌排行榜。苹果的品牌价值为 1043 亿美元，排名第一位，几乎是排名第二位的微软品牌价值的一倍，微软的品牌价值为 567 亿美元。排在苹果后面的是微软、可口可乐、IBM 和谷歌。

《福布斯》称，苹果的品牌同以前一样强大。苹果连续第三年被评为全球最有价值的品牌，其品牌价值比 2012 年提高了 20%。

由于微软正在艰难地从 PC 市场向移动市场过渡，故其品牌价值与过去三年持平。微软的增长速度减缓，但是，微软最近财年的经营利润率是 34%，是全球最盈利的品牌之一。

可口可乐排在第三位，品牌价值为 549 亿美元。IBM 排在第四位，品牌价值为 507 亿美元。谷歌排在第五位，品牌价值为 473 亿美元。英特尔排在第八位，品牌价值为 309 亿美元。三星排在第九位，品牌价值为 295 亿美元。

在 100 个最有价值的品牌排行榜中，美国品牌占一半，德国有 9 个品牌，法国有 8 个品牌，日本有 7 个品牌。科技公司品牌有 19 个，其中包括 6 个排在前十位的品牌（见图 5—3）。

排名	品牌	品牌价值（亿美元）	一年价值变动（%）	品牌营收（亿美元）	公司广告支出（亿美元）	所属行业
1	苹果/Apple	1043	20	1565	11	技术
2	微软/Microsoft	567	4	778	26	技术
3	可口可乐/Coca-Cola	549	9	235	33.42	饮料
4	IBM	507	5	1045	13.39	技术
5	谷歌/Google	473	26	435	7.72	技术
6	麦当劳/McDonald's	394	5	883	7.88	餐饮
7	通用电气/General Electric	342	2	1321	-	多元化经营
8	英特尔/Intel	309	-4	533	20	技术
9	三星/Samsung	295	53	1810	43.98	技术
10	路易威登/Louis Vuitton	284	16	94	42.11	奢侈品

图 5—3　2013 年全球最具价值品牌前十名

资料来源：根据《福布斯》中文版于 2014 年 1 月 6 日公布的资料整理。

同步训练

据中国品牌资产评价中心评定，2008年以前，河北三鹿的品牌资产曾达149.07亿元，位居乳品行业前列。而在“三聚氰胺毒奶粉事件”之后，三元股份以不足7亿元的价格与三鹿达成了收购协议，这一价格暗示出，曾经近150亿元的三鹿品牌价值已经因“三聚氰胺毒奶粉事件”而丧失殆尽。根据这个案例，谈谈你是如何理解“品牌资产”这个概念的，品牌资产的大小与哪些因素有关。

任务二

创建品牌资产

情境导入

A公司是一家为世界知名运动品牌阿迪达斯做代加工的中国公司，具有先进的生产设备和管理水平。然而，随着中国产业结构升级和人力成本升高，阿迪达斯与A公司解除了贴牌生产合同，把生产基地向东南亚等成本更低的地区转移。A公司尽管能生产出来世界一流的产品，却没有一流的品牌，长期做幕后英雄的结果是面临倒闭的命运。公司领导层痛定思痛，决定自创品牌。但是，自创品牌谈何容易。职业装、休闲装、商务休闲装、运动装已是一片“红海”，价格一降再降，利润越来越薄。经过几轮头脑风暴之后，主要领导一致决定尝试开发老年服装品牌。那么，是创建老年男装品牌还是老年女装品牌？是开发低档品牌还是高档品牌？怎样才能制定出科学的品牌创建规划？为了解决好这些问题，公司市场部对老年服装市场做了一个详细的调查，以下是主要的调查结果。

1. 主要存在的不满

76%的老年人反映服装的不适主要表现在胸、腰、腹、臀和上臂这几个部位，其他不满意的地方依次是“色彩单调”(35.6%)、“价格高”(25.7%)、“质量差”(14.9%)。布料低档化是老年服装的一个重要问题，老年服装的面料和颜色实在不敢恭维。目前，市场上老年服装采用的面料多为价格低廉的化纤或粗纺棉布，这些面料制成的服装松软贴身，将老年人“富态”的体形暴露无遗，更显出老人松垮的老态。老年服装还处在低档阶段，缺乏品牌化，无论是雅戈尔、衫衫还是鳄鱼等，尽管从西服拓展到休闲服，都没有一家愿将目光投向老年服装市场，老年服装业日渐萧条。

2. 从市场角度来看

中老年服装不是品种少，就是款式旧，跟不上潮流。而一些经营服装店的人士也表示，老年服饰的消费市场毕竟没有年轻人那么宽广，老年消费群体有两个极端：一方面是生活十分富裕的老年人，他们追求品位，所以比较偏向选择中高档服饰；另一方面是经济一般的老年人，他们大多比较节俭，有的长年不添置衣服，或者只买很便宜的衣服，总体的消费市场还不是很活跃。销售老年服装很容易压货，很多服装厂在设计上也就采取了保守的做法，从而造成老年服装款式难有新的突破。

3. 从服装商场方面来看

在服装销售较好的商场里，既没有老年服装专柜，也没有老年人专有的服装品牌，在城市街头想要找到老年服装专卖店更是奢望。老年服装多与地摊货、减价货为伍，式样多是肥大，土气十足。老年人专有的服装品牌很少，最常见的款式多是西装，一些老年人反映，其实它对于老年人并不实用。对此，商家解释，商场也不是不愿卖老年服装，关键是老年服装品牌太少，要不就是档次太低，与商场定位不符。此外，大部分老年人穿衣不赶时髦，讲求实惠。因老年服装利润不高，很难引起大企业的兴趣，做老年服装的多是小厂。现在大型商场主要针对的是中高档的消费人群，以青年、中年人为主。经营老年用品利润太薄，而且喜欢逛商场的老年人不多，所以一般不会在老年消费上动心思，更不用说开设老年人专柜。

资料来源：http：//wenku. baidu. com/view/facaec48c850ad02de80416b. html，有改动。

任务描述

仔细阅读“情境导入”中的案例，并查阅相关资料，分析A公司是否应该自创品牌进入老年服装市场，原因是什么。如果A公司决定自己创建品牌，请为A公司制订一份自创老年服装品牌的简要计划。

相关知识

美国品牌专家凯文·莱恩·凯勒在其著名的基于顾客的品牌资产（customer-based brand equity，CBBE）金字塔模型中提出了创建品牌的“四个步骤、六个阶段和两条路径”（见图5—4）。金字塔左侧倾向于建立品牌的“理性路径”，右侧则代表创建品牌的“感性路径”。绝大多数强势品牌的创建需要“双管齐下”。下面就以品牌金字塔模型为框架思路，介绍如何创建品牌资产。

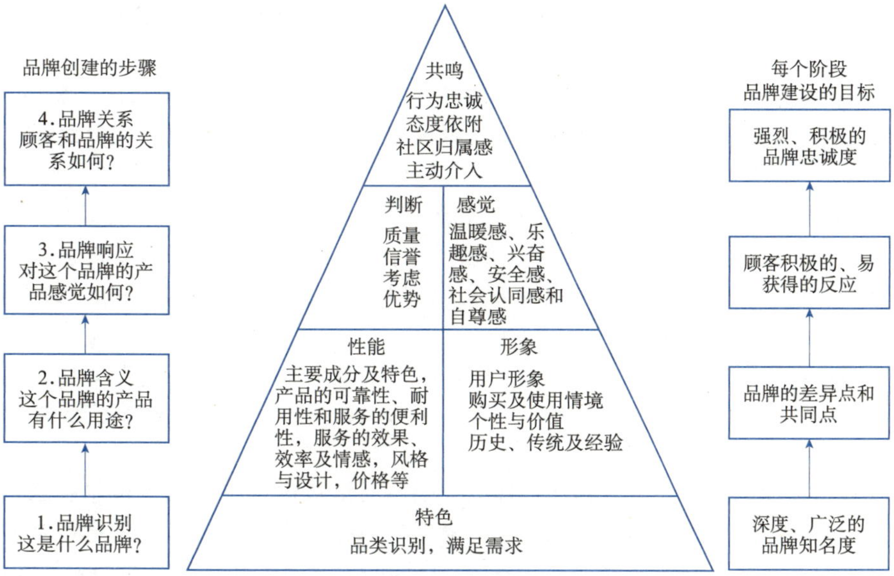

图5—4 基于顾客的品牌资产金字塔

（一）建立显著品牌识别

本步骤要解决“这是什么品牌”的问题，提高品牌显著度，目标是建立深厚、广泛的品牌认知。品牌认知赋予产品具体的品牌识别，将品牌元素与产品类别、品牌联想、消费和使用情境联系起来。品牌元素（brand elements）的设计和选择在增加品牌认知的深度和广度方面起着基础性作用。

品牌元素是那些可以识别并区分品牌的特征化设计，包括品牌名称、标识（符号）、形象代表、品牌口号、广告曲、包装等。大多数强势品牌都使用多重品牌元素。如耐克拥有动感十足的商标、鼓舞人心的口号（Just do it）、源于希腊神话中胜利女神的名称“Nike”。

1. 选择品牌元素的标准

总体而言，选择品牌元素有六条标准，如图5—5所示。左列三条标准是营销者创建品牌资产时的攻击性策略，右列三条标准是在提升和保持品牌资产面临不同机遇和限制时的防御性策略。

“品牌创建”时的选择标准	“品牌防御”时的选择标准
1.可记忆性：容易识别，容易回想 2.有意义性：涵盖品牌含义，说服力强 3.可爱性：富有乐趣和美学享受	1.可转换性：便于在品类、地域和文化间转换 2.可适应性：灵活、可更新 3.可保护性：从法律和竞争角度有助于保护品牌

图5—5 选择品牌元素的标准

2. 选择具体品牌元素

（1）品牌名称。

品牌名称是一个最基本、最重要的元素，好的名称能实现产品的自我销售。一般来说，品牌名称应该符合以下要求：

1）与众不同，能和竞争对手区别开来。这样一方面不至于导致消费者选择上的困惑，另一方面可以避免法律上的纠纷。如老年保健品脑白金、老年女装品牌爱妈美、著名养老服务机构太阳城和慈爱嘉等。

2）反映产品的特征和利益。如果品牌名称好，会对消费者形成一种暗示，激发消费者想象，无须描述一种具体利益。如老年产品品牌名称：爱晚亭、老来乐、夕阳红、康复之家、迈动等，都富有丰富的含义。

3）易读、易认、易记。简单就是营销力，如老年商店品牌禄祥源、天天笑等。

4）突出吉利，回避老年禁忌。受传统文化的影响，老年人往往会有很多禁忌。一个名称看来是否吉利会直接影响销售，所以名称的设计要突出吉利、喜庆和长寿元素，如“红双喜”、“红太阳”之类的名称就不会受到排斥。

值得说明的是，规则总有例外，不符合上述要求的品牌名称并非一定不能成功。起名理论中还有一种“空容器”理论，即一个名称没有任何意义，营销者通过营销活动赋予它想要的含义。

（2）标识。

正确有效的品牌标识，能够使品牌在各种场合很容易地被辨认出来或者被想起来，即具有显著性。一个还没有认多少汉字的儿童，却能很容易根据标识分辨出是麦当劳还是肯德基，是奔驰还是宝马。建立有效的品牌标识也就是要导入实效VI（visual identity，即视觉识别）。VI通过标志、标准字、标准色为核心展开的完整的、系统的视觉表达，将企业理念、企业文化、服务内容、企业规范等抽象概念转换为具体符号，最具传播力和感染力，容易被公众接受。

（3）品牌形象代表。

品牌形象代表是品牌符号的一个特殊类型，往往取材于人类本身或现实生活。一种是动画人物，比如，皮尔斯贝里的面团宝宝、海尔电器的海尔儿童、米其林公司的米其林轮胎人、奥运会的吉祥物等。另一种是活生生的人物，比如，哥伦比亚咖啡的 Juan Valdez、美泰公司的修理工、麦当劳大叔等。美国新近出现较为著名的形象代表有美国在线飞人、百威啤酒的青蛙和 AFLAC 的鸭子等。

形象代表的人性元素让品牌更加有趣和可爱，更容易和消费者建立品牌关系。同时，形象代表不直接代表产品，从而更容易跨越品类。

（4）品牌口号。

品牌口号是用来传递有关品牌的描述性或说服性信息的短语，通常出现在广告中，在包装和营销方案的其他方面也有重要作用。品牌口号是品牌宣传的有力方式，因为它与品牌名称一样，能迅速有效地建立起品牌资产。品牌口号可以起到“抓手”的作用，能帮助消费者抓住品牌的含义，了解品牌是什么，有什么特别之处。如海尔的口号：真诚到永远；康复之家服务顾客的口号：康复之家，服务到家。

（5）广告曲。

广告曲是用音乐的形式描述品牌，传递抽象的品牌内涵，更多地与感情、个性及其他无形的东西相关联。广告曲通常由职业作曲家创作，其上口的旋律与和声往往会长久地萦绕在听者的脑海中——有时甚至不管你是否情愿。广告曲往往能巧妙地重复品牌名称，增加消费者接触品牌的频率。一首知名的广告曲可以作为广告的基础，成为非常有价值的创建品牌联想的方式。孔府家酒把《北京人在纽约》的主题曲《千万次的问》作为广告曲，收到了不错的效果。

（6）包装。

从公司和消费者两个角度看，包装必须达到的目标有识别品牌、传递描述性和说服性信息、方便产品的运输和保护、便于储存、有助于产品消费。人们的味觉和触觉非常容易受到影响，包装物会引导人们思考想要的味道。在购买产品许久之后，产品的包装仍然会使他们相信，该产品的购买是物有所值的。

针对 48 个不同类型的食品和个人护理产品的调查显示，当包装盒尺寸翻倍时，消费者会增加 18%～32%的产品消费量，原因在于更大的包装尺寸微妙地暗示了更高的消费标准。

增加成熟期阶段产品使用量的策略之一是，鼓励人们增加该产品品牌的使用场合，比如在早餐时喝汤；或者增加新用途，比如将烘焙的苏打作为冰箱的除臭剂使用。一项对 402 位消费者、26 个产品的分析表明：从包装上学习新用途的人数，是通过电视广告学习新用途人数的两倍。

（二）赋予丰富品牌内涵

赋予品牌内涵，关键是通过营销活动创建较高的品牌功效和良好的品牌形象。

1. 品牌功效

品牌功效（brand performance）是产品或服务用以满足消费者功能性需求的外在表现，包括品牌内在的产品或者服务特征，以及与产品和服务相关的各项要素。具体而言，品牌功效包括产品的基础特征和附加特征，如可靠性、耐用性、可维修性、服务的效率和效果、服务人员的态度等。

除了产品功能和附加服务，顾客还可能对产品美学方面的因素（如尺寸、材料、颜色、造型等）产生联想。因此，品牌功效还与产品的感官因素相关，如产品给顾客的视听感觉，甚至包括产品给消费者的嗅觉和味觉感受。

2. 品牌形象

品牌形象（brand image）与产品或服务的外在属性相联系，包括该品牌满足消费者心理需求或者社会需求的方式。品牌形象是指人们如何从抽象的角度，而不是从现实的角度去理解一个品牌。因此，品牌形象更多的是指品牌的无形元素。顾客可以从自身的经历中直接形成品牌形象联想，也可以通过广告等其他信息渠道间接形成品牌形象联想。

品牌形象一般通过以下几个方面体现出来：

（1）用户形象。即什么样的人使用该品牌，如万宝路，男人的香烟；百事可乐，年轻人的选择。

（2）购买和使用情境。即在什么地方才能买到该品牌，在什么场合使用该品牌，如狼爪（Jack Wolfskin），会让人联想到专卖店、户外运动、旅游等。

（3）个性与价值。品牌如人，通过广告等营销活动，品牌可以传递出人的个性特质和价值观。如果品牌是一个有生命的人，他会是一个什么样的人？品牌专家认为，品牌个性可以用五个维度来描述：真诚（如朴实、诚实、健康、愉悦）、刺激（如大胆、生机勃勃、想象力丰富、时尚）、能力（如可靠、聪慧、成功）、精致（如高档、迷人）、粗犷（适于户外活动、坚强）。

（4）历史、传统和经验。这类品牌联想包含个人的经历和往事、家人和朋友过去的行为等。如可口可乐就让许多美国人想到美国的历史和传统，这直接导致新口味可乐推出计划受阻。此外，对于对品牌历史、传统和体验的联想，会产生更加具体的品牌用户形象。

极端的例子是，品牌成为多类联想集合的符号，并融入顾客永恒的希望与梦想。如想到万宝路的时候，会联想到男人、美国西部、牛仔文化，想到万马奔腾的局面，于是万马奔腾的西部生活就成为一些人的梦想。

引例：爱妈美——让妈妈更美

爱妈美——中老年时尚女装设计者和生产者，致力于为每个时尚美丽的中老年女士塑造知性、优雅而富有气质的形象，在潜移默化中，爱妈美为中老年时尚女装行业树立了标杆，吸引了越来越多中老年女士挑剔的目光。

爱妈美品牌源自品牌创始人万雨红女士第一次领薪水想给妈妈买一份礼物的时候。在网购的过程中，万女士发现，当时网上几乎没有中老年女装品牌。好不容易找到一款适合中老年女士年龄的，但设计上未能满足自己挑剔的眼光，这让她感慨万千。

秉承中华传统礼孝文化，也为了将最好、最美的时尚女装带给所有关注个性形象和生活品质的现代中老年女性，万女士决定创建一个以自信、美丽、舒适、时尚为主的中老年女装品牌，不以赚钱为目的，只为所有像自己妈妈一样的中老年人能买到喜欢的衣服，能穿得更美。通过不懈努力，一个承载着孝心和感恩文化的品牌横空出世，万女士将其命名为“爱妈美”。为了成就最好的服饰品牌，“爱妈美”团队投注大量的时间和精力，倾心打造“爱妈美”品牌。

为了满足消费者日益增长的品牌消费需要，“爱妈美”建立了一套严谨完整的品质保证体系和操作系统，从产品设计、面料选择到采购、生产，每一步都灌注了爱妈美品牌无尽的用心和期许。爱妈美不顾成本的生产优势还体现在做工环节上，所有爱妈美产品在出厂前都必须经过专人最严格的检验。

如今，爱妈美品牌终于破茧成蝶，一遂凌云之志，不仅成为天猫中老年女装第一家金冠店，更荣获了100%的好评，成为大家交口称赞的中老年女性时装品牌。

资料来源：根据爱妈美网店首页品牌介绍整理。

（三）引导积极品牌响应

品牌内涵有助于提高品牌响应（brand responses）。品牌响应需要在品牌判断和品牌感受两个方面进行努力。

1. 品牌判断

品牌判断（brand judgements）是消费者关于品牌的看法，消费者对于品牌的评判主要包括品牌质量、品牌信誉、考虑购买和品牌优势四个方面。其中，品牌质量是衡量品牌资产的重要指标；品牌信誉是顾客根据专业性、可靠性和吸引力判断品牌可以信任的程度；满足需求比品牌质量和品牌信誉更有经济意义；品牌优势是顾客认为一个品牌比其他品牌更为独特的程度，对建立亲密、积极的顾客关系来说举足轻重。

2. 品牌感受

品牌感受（brand feelings）是指消费者对于品牌的感性行为，主要包括温暖感、乐趣感、兴奋感、安全感、社会认同感和自尊感等要素。企业通过宣传和体验营销，促进消费者正面评判和品牌感受。

有效的感官刺激能使人们对产品或服务印象深刻，让“体验”成为凝聚在品牌上的最好特性，当有了美好感受的时候，消费者愿意为品牌支付额外的价格。例如，迪斯尼和环球嘉年华的成功就是体验营销的成功案例。

（四）形成品牌共鸣关系

好的消费者—品牌关系，即消费者和品牌产生共鸣。品牌共鸣（brand resonance）可分解为四个层次：行为忠诚度高，即重复购买的频率高、数量多；形成品牌偏好或态度依附，消费者认为该品牌非常特殊、具有唯一性，热衷于该品牌而不会转向其他同类品牌的产品；产生归属感，消费者之间通过该品牌产生联系，形成一定的文化群体；主动介入，消费者除了购买该品牌以外，还积极主动地关心与该品牌相关的信息，访问该品牌的网站并积极参与相关活动。

引例：建立品牌社区

苹果计算机：苹果公司鼓励其用户在当地创建苹果计算机用户群。早在2005年，苹果公司在全世界范围内已经有超过700个用户群，其规模从25个到1 000个成员。用户群向苹果计算机用户提供各种机会，如学习更多的计算机知识、分享观点、享受折扣，以及资助特殊的活动和社区服务等。访问苹果公司的网站能帮助消费者就近找到苹果计算机用户群。

哈雷-戴维森：由世界著名的摩托车公司资助创办了哈雷车主俱乐部。截至2005年，俱乐部在全球拥有90万会员，他们共享一个非常简单的使命：驾驶和享受乐趣。第一次购买哈雷-戴维森摩托车的顾客作为会员可免第一年年费。俱乐部可以提供以下服务：一本名为 *Hog Tales* 的杂志、一本旅游信息手册、紧急道路服务、一项设计特别的保险业务、盗窃赔偿服务、酒店折扣，以及能让会员在度假期间租用哈雷摩托车的项目。该公司同样拥有自己的网站，提供包括地区俱乐部、各种活动，以及针对会员的服务信息。

资料来源：[美] 凯文·莱恩·凯勒：《战略品牌管理》，70页，北京，中国人民大学出版社，2009。

（五）借力“次级品牌知识”

关于次级品牌杠杆，美国品牌专家凯文·莱恩·凯勒在《战略品牌管理》一书中有较详细的论述，其基本思想是：消费者大脑中具有其他事物（entities）的知识结构，这种其他事物的品牌知识被定义为次级品牌知识（secondary brand knowledge），品牌本身可以和这些事物联系起来。由于有这种联系，消费者就可以假设或推断：这些事物所拥有的一些联想或特征也就是某品牌所具有的。靠着从其他事物“借来”的一些品牌知识或者品牌资产，撬动自身品牌资产的快速增加，这就是次级品牌的杠杆作用，也称为次级品牌知识的杠杆化（leveraging secondary brand knowledge），其程度取决于次级品牌联想和反应的特性。

利用次级品牌知识的途径如图 5—6 所示，主要通过将品牌和以下事物发生关联实现。

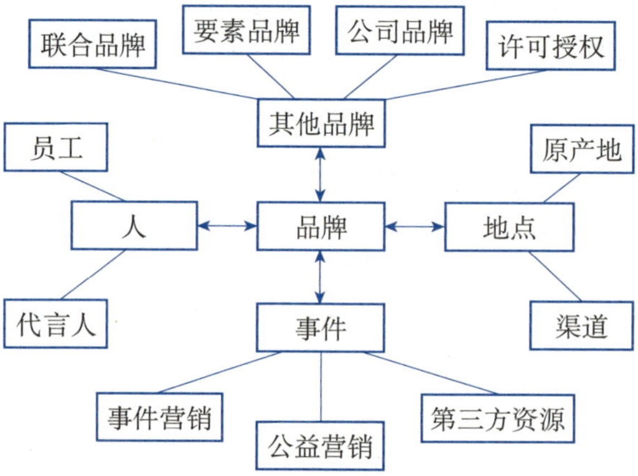

图 5—6　利用次级品牌知识的途径

（1）公司品牌。尤其是作为公司推出的一个新的子品牌，要学会充分利用公司品牌的影响力。如惠普公司 2004 年推出的“＋HP”广告活动，充分利用“HP”的品牌知识，推动公司 IT 设施、个人计算机和打印机的销售。惠普公司甚至帮助客户做广告，如针对亚马逊的广告结束语是“亚马逊＋惠普＝一切皆有可能”。

（2）联合品牌和要素品牌。两个或两个以上现有品牌合并为一个联合产品销售称为联合品牌，要素品牌是联合品牌的一个特例。例如：“星空联盟”就联合了美国航空、汉莎航空、新加坡航空等 16 家航空公司；联想计算机都标有英特尔公司和微软公司的标志。

（3）国家或其他地区的原产地效应。如新西兰羊毛、法国香水、苏格兰威士忌、瑞士手表等，会让人感觉特别正宗。

（4）分销渠道。商店的品牌可以提升产品的品牌，一个摆在燕莎商场的 LV 品牌包，顾客会认为是真品，而秀水街的 LV 品牌包，人们则会对其真假持怀疑态度。

（5）许可授权。是指公司之间使用他人品牌的名称、图案、特性或其他品牌元素，来促进本公司品牌的销售，并支付固定费用的协议。这是一个公司“租借”他人品牌以帮助自己的产品创建品牌资产的重要方法。

（6）代言人。一个著名的人物能将众人的注意力吸引到所宣传的品牌上，并通过消费者对名人的了解，形成对品牌的感知。需要注意的是，所选择的广告代言人必须足够出名，并能产生丰富的、有价值的联想、判断和感受。

（7）事件营销或公益营销。对事件本身具有一系列联想，在一定的条件下能和赞助的品牌发生关联。事件营销或公益营销通过与品牌发生关联，可提高品牌认知，增加新的品牌联想，或者改变既有品牌联想的强度、偏好性和独特性。如“海尔砸冰箱事件”让人想到海尔对质量的追求，捐助、赞助活动让人联想到责任和实力。

（8）第三方资源。第三方资源往往被认为是值得信赖的资源，所以常常被应用到广告和促销活动中。如绿色环保组织的标志、行业的排名、ISO 系列质量认证等，对提高品牌形象都有重要作用。

同步训练

近年来，我国出现了一批老年用品商店品牌，如鹤逸慈、禄祥源、好孝心、银发美、夕乐购、爱爸妈、百岁福等。你认为创建中间商品牌和制造商品牌有哪些相似的地方？一个成功的中间商品牌对产品销售有什么重要意义？

任务三

管理品牌资产

情境导入

1. 三株公司概述

1994 年 8 月，吴炳新和其儿子共同创立三株实业有限公司，三株口服液同时研制成功，第一年的销售额就达到 1.25 亿元。1995 年以本公司创立的四级体系挺进农村市场，取得巨大成功，一年后销售额达到了 80 亿元。在其鼎盛时期，三株在全国各地注册了 600 多个子公司，销售人员达到 15 万多人。紧接着，公司开始面向医疗、精细化工、生物工程、材料工程等行业，兼并 20 多家制药厂。1996 年 3 月，湖南常德一老汉因服用三株口服液而死亡，和三株公司打起了官司，全国媒体以《八瓶三株口服液喝死一条老汉》为标题进行密集报道，至此三株危机全面爆发，销售额急剧下降，账目出现亏损，工厂停产，社会上传言三株已向有关方面申请破产。到 1999 年，常德官司尽管胜诉，但赢了官司，却输了市场，三株在全国所有的办事处和工作站全部关闭，疲态尽显，2000 年的市场上三株产品几乎绝迹了。

2. 关于“常德事件”

1996 年 6 月 3 日，湖南常德汉寿县的退休老船工陈伯顺听信了三株“有病治病、无病保健”的广告承诺，花 428 元买回了 10 瓶三株口服液。据陈家人介绍，患老年性尿频症的陈老汉服用了两瓶口服液后夜尿减少，饭量增多，但一停用又旧病复发；当服用到第三至四瓶时，老汉出现了遍体红肿、全身瘙痒的症状，第八瓶服完，陈伯顺全身溃烂，流脓流水。6 月 23 日，陈伯顺被送到汉寿县医院就诊，医院确诊为“三株药物高蛋白过敏症”。其后，陈伯顺病情不断反复，于 9 月 3 日死亡。陈伯顺死后，其妻子、儿女一纸诉状把三株告到了常德市中级人民法院。

1998 年 3 月 31 日，常德市中级人民法院作出三株公司败诉的一审判决，要求三株向死者家属赔偿 29.8 万元。到此时，常德一案已引起了国内媒体的普遍关注。一审判决后，当即有 20 多家媒体进行了密集报道，其标题均为《八瓶三株口服液喝死一条老汉》。

1999 年 4 月，“常德事件”二审三株胜诉，终审判决书上说，现有证据不能认定陈伯顺死亡与服用三株口服液的因果关系，原审判决认定事实、适用法律错误，应予以改判，撤销常德市中级人民法院民事判决，驳回三位原审原告的诉讼请求……据中日友好医院、中国康复研究中心等专业单位提供的鉴定报告和学术研究结果，三株口服液是安全无毒、功效确切、质量可靠的高科技产品。

任务描述

“情境导入”中所介绍的三株口服液衰退了，但山东三株药业集团并没有倒下。企业主打产品——三株口服液和正克扶正散结合剂在全国各地还有着广泛的市场基础，产品效果受到不少消费者好评。除此以外，三株药业集团还经营着心脑康、乙肝灵等多种国药准字号药品。根据上述资料，你认为三株能否重拾往日的辉煌？三株复兴是应该像史玉柱的巨人集团一样换一个品牌，还是应该依旧沿用“三株”品牌？你觉得应该怎样做才能把“三株”品牌重新激活？

相关知识

任何品牌如果没有很好的长期管理策略，都有可能衰退，甚至灭亡。世界著名品牌战略专家凯文·莱恩·凯勒曾经指出，品牌衰退问题非常值得关注，其实质就是品牌资产的流失或贬值，品牌衰退是品牌长期管理中需要解决的重要问题。没有永恒的产品，但长期良好的品牌管理可以使一个品牌长盛不衰。

（一）品牌衰退分析

1. 品牌衰退的评价维度

评价一个品牌是否处于衰退期，可以根据扬·罗比凯（Young&Rubicam）广告公司 BAV（brand asset valuation ）模型的四个关键维度进行（见图 5—7）。

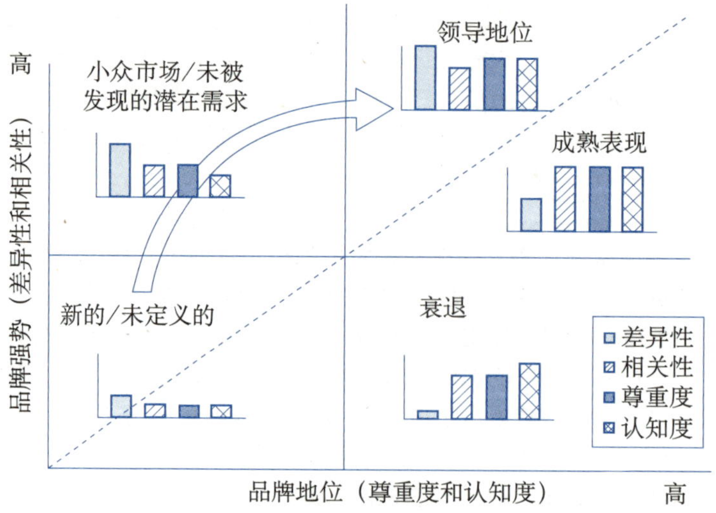

图 5—7　BAV 模型

（1）四个维度的含义和关系。

1）差异性（differentiation）和相关性（relevance）。差异性是和竞争对手相比，你的品牌特色是什么，这是强势品牌形成的必要条件。品牌本性和潜在市场都是被差异性驱动的，并且使该品牌区别于其他品牌。相关性是指产品适应、满足顾客需求的程度。没有相关性的差异不足以吸引和维护顾客，差异性和相关性是判定品牌是否强势的最佳指示器。有巨大发展潜力、处于上升期的品牌一定是能够在人们头脑中创立差异性的品牌，而且这一品牌差异性又与顾客紧密相关。当一个品牌的相关性大于差异性的时候，品牌可能成为普遍产品，价格会成为顾客购买的主要因素。

2）尊重度（esteem）和认知度（knowledge）。尊重度是指人们喜欢某品牌的程度，往往与产品质量和形象紧密相关。认知度是指人们对品牌深度和广度的知晓和理解程度。尊重度和认知度决定品牌地位，尊重度和认知度越高，品牌地位越高。尊重度比认知度更重要，有尊重度的认知度才有意义。也就是说，如果没有很好的尊重度，认知度越高，品牌越可能没有发展潜力。

（2）品牌衰退期的维度特征。

图5—7的右下方表明品牌进入衰退期。从图中看出，和品牌处于领导地位和成熟期相比，衰退期的品牌差异性、相关性、尊重度和认知度都在降低，但降低的程度有较大差异。差异性降幅最大，而且差异性低于相关性，说明品牌特色优势消失，同质化竞争加剧，价格也许会成为竞争的主要武器。尊重度低于认知度，说明大家都知道这个品牌，但神秘感消失，美誉度下降，消费者知道但可能不去购买。处于衰退期的品牌如果不加以拯救，就会一蹶不振，甚至最终会退出市场。

2. 品牌衰退的原因分析

成功的品牌都有大致相同的经历，而品牌的衰退却各有各的原因。总结起来，品牌衰退的原因有以下几方面：

（1）目标市场方面。

目标市场方面引起品牌衰退的可能原因有：

1）细分市场没有足量性，消费者人数太少，没有扎实的顾客基础，广告促销成本效益太低；

2）顾客平均年龄太低或者太高；

3）单一的品牌不为青年人所知；

4）品牌和目标市场相关性低；

（2）形象定位方面。

形象定位方面引起品牌衰退的原因可能有：

1）代言人形象“老化”或适应性差，如罗纳尔多代言金嗓子喉宝就和产品定位不够匹配；

2）品牌名称、标志缺乏时代感，或与公司定位不一致，如联想“Legend”标识就曾经阻碍了联想国际化的步伐；

3）频繁改变定位，引起定位混乱，如雪佛兰轿车不断改变定位，已经影响到车的销量；

4）定位错误、定位过低或者定位令人怀疑。

（3）企业产品方面。

产品方面引起品牌衰退的可能原因有：

1）产品质量下降，品牌不再是质量的保证，如“三聚氰胺事件”中某些品牌的衰退或灭亡就是这个原因；

2）产品和竞争对手相比缺乏差异性，没有差异性，就没有品牌；

3）产品单一，又不能持续创新或进行合理的品牌延伸；

4）过时的包装、不能兑现的消费者承诺，或服务丧失竞争力。

（4）促销沟通方面。

促销沟通方面引起品牌衰退的可能原因有：

1）广告未能拓展品牌认知的广度；

2）广告用语未能和品牌形象用语紧密结合，而且不够简单；

3）促销未能围绕品牌定位整合传播；

4）随着时间推移，促销预算减少。

（二）品牌激活策略

品牌激活（brand revitalization），即运用各种可利用的手段来扭转品牌的衰退趋势并帮助其重振雄风。寻求激活策略之前必须明确一个观点：并非所有品牌都值得采取激活策略，应该选择激活那些可以激活并值得激活的品牌。一般来说，历史悠久、价位较高、特色明显、潜在顾客关联度大、市场覆盖广的品牌值得激活。不符合上述条件的品牌，放弃也许是最好的选择。联合利华曾这样解释放弃75%的品牌和生产线的理由："这就如同美丽的花园长满杂草，你必须清理它，这样鲜花才能吸收到阳光和空气，才能长得更好。"

1. 进入新的目标市场

进入新的目标市场是激活品牌的必由之路。笑容可掬的"麦当劳大叔"表明麦当劳以前把儿童作为主要目标顾客，"我就喜欢"的广告显然表明其在拓展"我行我素"的年轻人市场。当日本黑白电视机开始进入衰退期的时候，厂商通过制定针对性的营销策略，曾向中国大量出口黑白电视，拓展了空间市场，延长了一些黑白电视机品牌的寿命。抓住顾客怀旧心理，进行"广告回放"，挽回已经流失的年长顾客也可作为激活品牌的一种手段。哈佛大学教授南希·克恩说："旧品牌之所以能保持一定价值，是因为消费者从幼年时就始终记得这些品牌，至少存在一种潜意识的关联。"

2. 改善品牌传播形象

改善品牌传播形象，一方面要改变不合适的定位，另一方面更新品牌元素。例如：万宝路改变原来的女性定位，重新定位为"男人的香烟"，迎合了男人们的英雄情结；静心口服液在"保健品"定位的基础上，增加"礼品"定位，一句"静心送给妈，需要理由吗"，使产品销量再上台阶。更换代言人，改变品牌名称、标志等元素可以为品牌注入新的活力。例如：联想"Lenovo"取代"Legend"后，一个继承创新的形象得以树立，而且为其国际化扫清了障碍，品牌拥有了更大的发展空间；加勒比海上的豪格岛旅游一直发展不好，后改名为"天堂岛"而名扬天下；吉利汽车斥资360万元征集新标志，更加有质感的"朱雀"新车标更有利于吉利汽车走向世界。

3. 提升品质并不断创新

品牌资产的鼻祖大卫·艾克的品牌资产模型中，感知质量是支持品牌资产的五大因素之一，感知质量的提升直接影响品牌升级。第二次世界大战之前，日本品牌是"地摊货、低品质"的代名词，第二次世界大战之后，在松下幸之助、丰田昭夫、本田宗一郎等一代企业家的带领下，日本产品精益求精，"Made in Japan"今天已成为质量的保证。品牌不但要有质量作基础，还要比差异。可口可乐前首席执行官罗伯托·古苏埃塔说："在商界中，所追求的是与众不同，始终是与众不同，永远是与众不同。"要做到与众不同，唯有不断创新。没有永恒的产品，只有永恒的顾客需要，要随着时代发展不断进行产品创新。例如，英特尔公司的处理器从286、386、486到奔腾Ⅰ、Ⅱ、Ⅲ、Ⅳ、酷睿双核、四核等，一直占据处理器市场的领先地位。

4. 拓展品牌的认知度

通过运用促销手段（尤其是广告）拓展品牌认知的广度和深度是品牌激活强有力的手段。品牌认知度的增加可以使消费者在更多的场合唤起品牌记忆，增加使用的潜在机会。例如，高露洁牙膏宣传“防蛀、美白、清新口气”三重功效，并强调每天应该刷牙两次来增加销量。为了激活一个有价值的品牌，适当增加促销费用是值得的。另外，必须围绕品牌定位，协调运用广告、公共关系、人员推销和营业推广等手段持续不断地进行整合促销沟通，强化品牌认知和联想，只有这样，品牌资产才能逐渐积累起来。

引例：戴比尔斯的拓展策略

戴比尔斯（De Beers）创建于1888年，销售占全球大约60%的钻石产品。戴比尔斯围绕“爱情”定位，1948年把广告语定为“钻石恒久远，一颗永流传”，一时成为广告界久负盛名的口号，促进了整个钻石行业的发展。但是，公司现在面临的挑战是，如何在曾经劝导消费者“一生一次”购买的基础上创造更多的顾客需求。

2001年，戴比尔斯公司启用新的广告语“为你的过去、现在和将来”，以增加三粒宝石钻戒的销售量。其目的在于将已购买了结婚戒指的顾客转变为重复购买的消费者，引导顾客在3周年或5周年纪念日也可以买钻戒作为礼物赠送。虽然，三粒宝石的钻戒销售起色不大，但美国市场2002年钻戒的总销售量因此增加了74%。

2003年，戴比尔斯公司为了进一步开拓新的市场，又推出针对右手的戒指广告：“左手代表我们，右手代表我。”所有广告的结束语是：“全世界的女人们，请伸出你的右手。”戴比尔斯伦敦公司为此设计了16种不同风格的右手戒指。

资料来源：[美] 凯文·莱恩·凯勒：《战略品牌管理》，12页，北京，中国人民大学出版社，2009。

延伸阅读

如何激活中华老字号？

如何激活中华老字号？这是中国品牌建设中的一道难题。凯文·莱恩·凯勒指出，品牌老化是品牌长期管理中需要解决的问题，主要方法是激活品牌。激活老字号的品牌资产，关键在于改变老字号的消费者品牌认知。大卫·艾克提出过激活品牌的七条路径，包括增加新用途、寻找新用户、进入新市场、重新定位、增加服务、废弃原有产品和品牌延伸。结合中华老字号实际，中国学者认为，中华老字号品牌激活有以下七条路径：

（1）健全和完善品牌元素。中华老字号在品牌元素上存在先天不足或品牌基因缺陷。

（2）注入新元素，引进新品类。改变消费者对老字号品牌中形成的负面认知和联想，形成全新的品牌知识，从而改善老字号的品牌形象，争取到新的市场机会。

（3）创新老字号精髓，塑造经典。利用消费者怀旧和挖掘老字号精髓塑造出老字号的经典，包括虚构历史品牌战略和怀旧品牌战略。

（4）创立产品或类别品牌，全面强化品牌关系。中华老字号只有公司品牌，很少有响亮的产品品牌，即品牌家族不健全，创立产品品牌将会增加顾客关系的空间。

（5）以品牌联盟为杠杆，减少品牌投资，克服市场障碍，降低品牌风险，并提供互动的创新平台。

（6）强化品牌整合传播。传播是老字号长期的劣势所在，如利用现代媒体和大众传播不足，表意命名和口碑传播之间不协调等。应借鉴包括顾客体验在内的整合传播创新方式。

(7) 全方位营销拉动品牌成长。实施全方位营销是激活中华老字号的基础路径，包括创新通路模式，拉动老字号业绩增长，最终实现老字号品牌资产的激活和提升。

资料来源：[美] 菲利普·科特勒，凯文·莱恩·凯勒：《营销管理》(第 13 版·中国版)，235 页，北京，中国人民大学出版社，2009。

同步训练

红旗，这是一个曾经让全世界关注和敬仰的中国汽车品牌。在中国还处在闭塞的年代，坐红旗车、见毛主席成为当时中外人士的一大向往，这充分体现出其特殊的领袖风范和尊贵形象，具有独一无二、不可替代的品牌地位。红旗轿车作为民族汽车工业的品牌，曾经让无数国人为之骄傲和自豪。但令人遗憾的是，在一汽走向合资以后，红旗这个巨大的民族瑰宝却黯然失色、日渐陨落，成为民族工业和民族品牌之痛。

应用你所学到的品牌激活理论，策划一个激活红旗轿车品牌的简单方案。

知识链接

品牌战略 (branding strategy) 或品牌体系 (brand architecture) 对于公司来说是至关重要的，因为它是公司帮助消费者了解和熟悉其产品和服务的途径。合适的品牌战略可以提高消费者的理解力，传播产品的相似点和差异点，最大限度地提升品牌形象。

(一) 品牌层级

品牌层级 (brand hierarchy) 是展示公司品牌数量、种类及相互关系的图形工具。品牌层级在生动描绘公司品牌战略方面具有较大意义。图 5—8 是一个简化的丰田公司的品牌层级。

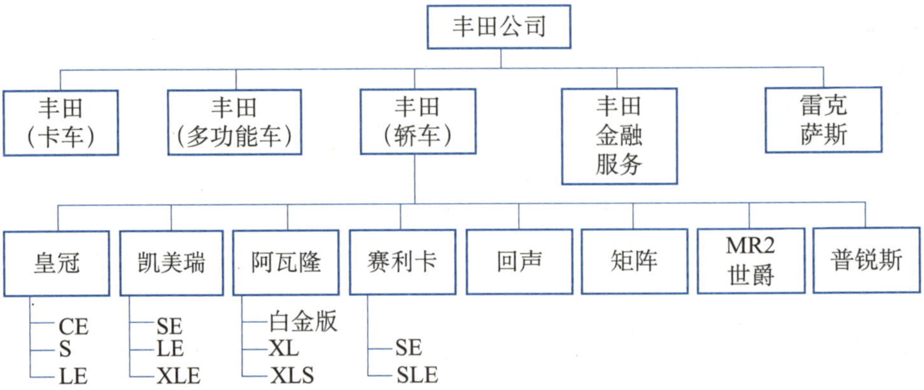

图 5—8 丰田汽车公司品牌层级

一般企业的品牌层级从顶端到底部有四个，如图 5—9 所示。

(1) 公司或企业品牌 (corporate or company brand)。品牌层级的最高层次是公司或企业品牌。鉴于法律原因，在产品或其包装上总会印上公司或企业品牌。对一些实行单一品牌策略的企业来讲，公司或企业品牌就是产品上使用的唯一品牌。但有些企业的产品上除了公司或企业品牌，还会

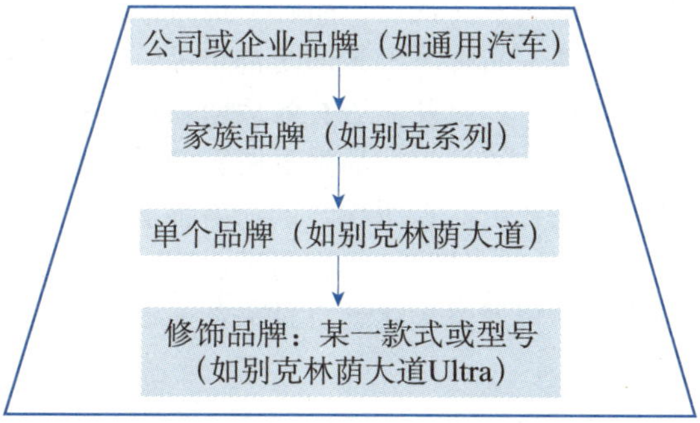

图 5—9　品牌层级的四个层次

有家族品牌或单个品牌。当前，消费者对公司整体社会角色的感知已成为购买决策中越来越重要的因素。公司或企业品牌更容易启动消费者的联想，包括产品属性及利益、公司价值观、公司信誉等，所以，提升公司形象就变得具有战略意义。

（2）家族品牌（family brand）。也称为伞形品牌，它不是公司的名称，而是一种用于多个品类的品牌。如娃哈哈下面有“碳酸饮料非常系列”（含非常可乐、非常苹果、非常柠檬、非常蜜桃、非常甜橙等）、“乳饮料系列”（含 AD 钙奶、益生元 AD 钙奶、第二代 AD 钙奶、爽歪歪等）、“果汁系列”等。多数公司仅仅支持少数几个家族品牌。如果公司或企业品牌被应用于多个品类，那它也承担了家族品牌的作用，二者在品牌构架中合二为一。

（3）单个品牌（individual brand）。或称个别品牌，仅限于在一个品类中使用，在同一品类中，可用于几种不同的产品类型。单个为每种产品寻求不同的市场定位，有利于增加销售额和对抗竞争对手，还可以分散风险，使企业的整个声誉不会因某种产品表现不佳而受到影响。如宝洁公司的洗发水有飘柔、潘婷、海飞丝、沙宣、伊卡璐等单个品牌。

（4）修饰品牌（modifier brand）。标示某一具体产品款式、型号、特殊版本或产品配置的方法，在传播同一品类内不同产品如何共同分享相同品牌方面发挥着重要作用。不管是否已经使用了公司或企业、家族或单个品牌，增加一个修饰成分，可以达到表现品牌某方面完善或区别的目的。如箭牌口香糖有薄荷味、苹果味、双重果味等修饰品牌。

（二）品牌—产品矩阵

1. 品牌—产品矩阵

品牌—产品矩阵（brand-product matrix）是以图表的形式表现公司的品牌和产品。其中，矩阵的行表示公司的品牌，列表示相应的产品（见图 5—10）。该矩阵是制定公司品牌战略时很有参考价值的工具。

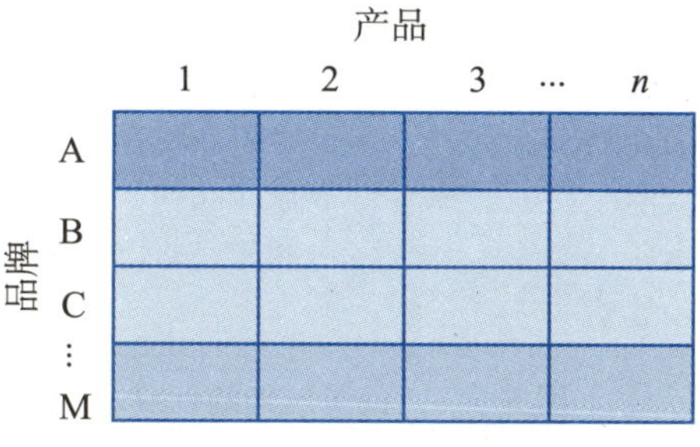

图 5—10　品牌—产品矩阵

在该矩阵中，行代表品牌—产品关系，通过该品牌下出售产品的数量和性质，反映出品牌延伸战略。每一行代表一条品牌线，即某一品牌下出售的全部产品。一个潜在的品牌延伸是否可行，要看新产品能否有效地提升现有品牌资产，以及能否有效地增加母品牌的资产。

该矩阵的列代表产品—品牌关系，通过每一品类下所营销的品牌数量和性质，反映出品牌组合战略。品牌组合是指公司出售的每一特定品类所包含的所有品牌和品牌线的组合，因此，矩阵中的一列就是一个品牌组合。公司设计不同的品牌，是为了吸引不同细分市场的顾客。

品牌组合的价值由其对整体品牌价值最大化的贡献来衡量。品牌组合中的任何品牌不会危害或降低品牌组合中的其他品牌资产。

2. 不同品牌在组合中的角色

(1) 侧翼品牌。侧翼或者“斗士”品牌是相对于竞争者品牌定位的，这样，更重要的（和更多盈利的）旗舰品牌就能维持它们想要的定位。宝洁公司乐芙适（Luvs）尿布就是保护高溢价的帮宝适尿布的侧翼品牌。营销人员在设计“斗士”品牌的时候要小心谨慎，不能太吸引人，免得抢走高溢价品牌的销售额。

(2)“现金牛”品牌。一些品牌尽管销售额逐渐变少但仍然要保留，因为它们实际上在没有营销支持的情况下能够保住足够多的顾客并维持盈利。公司可以通过现有的品牌资产获利，有效地对这些“现金牛”进行“挤奶”。例如，尽管科技的进步使得吉列的大部分市场转向了新的剃须刀品牌锋速 3，但是吉列仍旧出售老的 TracⅡ、Atra 和 Sensor 品牌，这些品牌就是“现金牛”品牌。

(3) 低端入门级品牌。在组合中相对低价格的品牌，常常可以吸引消费者到品牌特许经营点，零售商喜欢称之为“制造客流”，因为它们很可能让顾客升级购买高价位品牌。

(4) 高端声望品牌。相对高价格的品牌会增加整个品牌投资组合的声望和可信度。例如，一个分析师认为，雪佛兰高性能的克尔维特运动型轿车的真正价值是：有能力吸引好奇的顾客进入展厅，同时改善雪佛兰其他汽车的形象。它并不能给通用汽车带来多少盈利，但是毫无疑问，它是制造客流的手段。克尔维特的科技形象和声望为整个雪佛兰产品线投射了一道光环。

(三) 品牌延伸和多品牌策略

1. 品牌延伸

如果企业利用一个现有品牌推出新产品，或将新品牌与现有品牌结合使用，这种做法就叫品牌延伸（brand extension），现有品牌叫作母品牌。对于多数公司来说，问题不在于是否该进行品牌延伸，而是该何时、在何地以及如何延伸品牌。精心策划、良好实施的品牌延伸有许多优点，大致可分为两类：能增加新产品的可接受性；能为母品牌或公司整体提供反馈利益（见图 5—11）。

增加了产品的可接受性	为母品牌和公司提供反馈利益
提升了新产品形象，减少消费者风险感知	扩展了品牌的内涵，防止“营销近视症”
满足了消费者多样化的需求	增加品牌联想，提升母品牌形象
增加了分销和试销的可能性	吸引新顾客，扩大市场覆盖面
降低了产品导入和营销成本	激活品牌
避免了创建新品牌的成本	积累经验，引发后续延伸
提高了包装和标签的使用效率	

图 5—11　品牌延伸的优点

虽然品牌延伸有许多优点，但也存在不少缺点或风险（见图 5—12）。

增加了顾客选择的困惑	可能成功但挤占了母品牌的销售
可能遭到零售商的抵制（货架空间限制）	可能成功但削弱了品类的认同
可能带来品牌稀释或特色淡化	可能成功但伤害母品牌的形象
可能失败，伤害母品牌的形象（株连效应）	可能错过开发新品牌的机会

图 5—12　品牌延伸的缺点

引例："王老吉"的品牌延伸

2010 年 11 月，经第三方评估，"王老吉"商标的品牌价值为 1 080.15 亿元。与此同时，广药集团宣布将充分利用"王老吉"强大的品牌资产，向"大健康产业"进军。接着，获得广药集团"王老吉"商标授权的广粮实业，于 2011 年 3 月，高调推出了两款冠以"王老吉"品牌名的新产品："固元粥"和"莲子绿豆爽"养生粥，迈出了广药集团"大健康产业"战略的第一步。

广药集团可能认为，借助"王老吉"的品牌资产进行多领域授权经营可以做大品牌价值。然而，国内营销专家邓德隆认为，事实上恰好相反，作为凉茶代名词的王老吉商标授权经营非凉茶产品，实施品牌延伸，短期可能带来销售火爆，但长期来看将导致顾客心智认知混淆，模糊品牌认知，最终将破坏王老吉十多年苦心培育的心智资源，从而使品牌贬值。

资料来源：邓德隆：《品牌盲目延伸将会扼杀品牌》，载《中国经营报》，2011－04－30。

为了提高品牌延伸的成功率，应注意图 5—13 中所列举的原则。

1. 技术相关性原则：如海尔在家电产品上的延伸，卡特彼勒在重型机械方面的延伸。
2. 用户相似性原则：如金利来从皮带、皮鞋到箱包，主要顾客是白领、绅士阶层。
3. 服务系统相同原则：如雅戈尔从衬衣到西服，营销服务系统是相同的。
4. 质量档次相当原则：高档向低档延伸可能损害母品牌，低档向高档延伸则难度较大。
5. 适应顾客认知原则：顾客的认知很难改变，代表一个品类的品牌很难延伸到其他品类。
6. 功能互补型原则：如老年布鞋品牌可以延伸到老年保健鞋垫上。
7. 强势抽象品牌优选原则：抽象的利益联想比具体的属性联想更容易延伸成功。

图 5—13　品牌延伸的主要原则

2. 多品牌策略

在相同的产品类别（产品线）中同时采用多个品牌。如宝洁公司在洗衣粉类别有汰渍、奇尔、格尼、达诗、波德、卓夫特、象牙雪、奥克多、时代九个品牌。

采用多品牌策略的动机和可能带来的优势有：

(1) 为不同细分市场提供不同属性利益的产品或服务，分散经营风险；

(2) 能使公司占领更多的分销商货架，并通过建立侧翼品牌来保护主要品牌；

(3) 公司通过收购竞争公司的品牌，从而继承不同的品牌名称。

采用多品牌策略的陷阱有：

(1) 每个品牌可能仅仅只占领了很小的市场份额，也可能毫无利润或利润下降；

(2) 资源分散，不能集中于高绩效的品牌；

(3) 可能是自相残杀而不是抵御竞争者。

实施多品牌策略要求企业有充分的资金和管理能力，并要充分考虑行业的特点。

项目小结

品牌是一种名称、术语、标记、符号或设计，或是它们的组合运用，其目的是借以辨识某个销售者或销售集团的产品或服务，并使之同竞争对手的产品和服务区别开来。品牌资产是赋予产品或服务上的附加值。大卫·艾克认为，支持品牌资产的因素有：品牌忠诚度、品牌知名度、品质认知度、品牌联想度和其他资产（如专利、商标和渠道关系）五个方面。

美国品牌专家凯文·莱恩·凯勒在其著名的基于顾客的品牌资产金字塔模型中提出了创建品牌的“四个步骤、六个阶段和两条路径”，即品牌识别、品牌含义、品牌响应、品牌关系四步，特色、性能、形象、判断、感觉、共鸣六个阶段，以及理性路径和感性路径两条路径。同时，创建品牌时还要学会“借来”一些品牌知识或者品牌资产，撬动自身品牌资产的快速增加，这就是次级品牌的杠杆作用。

任何品牌如果没有很好的长期管理策略，都有可能衰退，甚至灭亡。评价一个品牌是否处于衰退期，可以根据扬·罗比凯广告公司的BAV模型进行。对于处于衰退期的品牌，可以采用进入新的目标市场、改善品牌定位形象、提升品质并不断创新，以及拓展品牌的认知度的方法进行激活。

一般企业的品牌层级从顶端到底部有四个层次：公司或企业品牌、家族品牌、单个品牌和修饰品牌。如果企业利用一个现有品牌推出新产品，或将新品牌与现有品牌结合使用，这种做法就叫做品牌延伸。在相同的产品类别（产品线）中同时采用多个品牌叫做多品牌策略。

教学做一体化训练

一、选择题（每题至少有一个正确答案）

1. 按照大卫·艾克的观点，品牌资产的核心要素是(　　)。

A. 品牌忠诚度　　B. 品牌知名度

C. 品牌认知度　　D. 品牌联想度

2. 品牌资产实质上反映的是(　　)。

A. 差异化　　B. 物质资产

C. 品牌与顾客的某种关系　　D. 管理水平

3. 创建成功品牌的最后一步是(　　)。

A. 建立品牌识别　　B. 丰富品牌含义

C. 形成品牌响应　　D. 形成共鸣关系

4. 品牌形象可以通过(　　)体现。

A. 用户形象　　B. 个性与价值

C. 使用情境　　D. 历史传统和经验

5. 判断品牌强势的指示器是(　　)。

A. 差异性　　B. 相关性

C. 尊重度　　D. 认知度

二、判断题（请在正确的论述后面打“√”，错误的论述后面打“×”）

1. 品牌和商标是一回事儿。（　　）
2. 一个被广泛尊重和认知的品牌是具有巨大发展潜力的。（　　）
3. 所有品牌激活都是有价值的。（　　）
4. 品牌衰退的实质是品牌资产的流失或贬值。（　　）
5. 品牌延伸策略要优于多品牌策略。（　　）

三、简答题

1. 简述品牌资产金字塔模型中品牌建设每个阶段的目标。
2. 简述为品牌命名的原则。
3. 简述多品牌策略的优势和缺陷。
4. 简述品牌激活的策略。

四、案例分析

如何破解老年服装品牌难题

（一）消费者：难买

王女士夫妇都是退休的知识分子，注重仪表的他们经常一起逛商场，希望能买到适合自己穿着的新装。可是他们总是空手而回，原因是走遍了各大商场都找不到合适的衣服，不是因为身体发福而找不到合适的尺码，就是被花里胡哨的新潮款式吓回来，经常抱怨不迭。

像王女士夫妇这样的人已不在少数，以致有些中老年人认为进商场添置新衣是年轻人的事，而他们往往选择找个熟悉的裁缝量身定做。

（二）商家：难卖

南京新街口某大型商场女装销售主管介绍，现在的百货商场在销售服装上分为好几类，有些是以销售淑女装作为自己经营特色的，有主要销售运动、休闲类服装的，因为各有侧重，所以表现出来的服装陈列就各有特点，而商场的陈列已经淡化了老年服装的概念。

相对于年轻人来说，老年人的特殊体型、陈旧的消费观念和老年服装的超长周期，使得老年消费在主流消费中所占的比重很小。一般来说，老年人习惯于购买中、低档服装专柜的服装。换季打折、断码、断色、断款的清仓处理服装是他们的首选，他们选购的标准首先是价格，其次是质量，最后是色彩、款式。相比年轻人，他们的购物行为过于理智。

（三）厂家：难做

上海金箭服饰有限公司总经理邱如珍女士认为：老年服装，这个名称现在几乎不用了，现代服装是按照穿着的场合来分类的，我们在给服装分类时是按穿着用途来划分的，一般分为职业装、休闲装、运动装等。老年人作为社会消费的特殊群体，一般在50岁以上，他们不属于服装消费的主流。企业对生产老年服装很难把握，老年人属于非主流消费人群，往往体型特殊，一个货号的产品需求量有限，不能形成批量生产，生产、设计成本较高，老年服装对厂家没有吸引力，因而曾经以生产老年服装为主的企业往往已经在市场压力下转型生产适合年轻人穿着的各类服装。市场上仅有的老年服装往往也是品牌杂乱、做工粗糙、品质低劣。

资料来源：阙向兵：《创品牌成老年装当务之急》，载《市场报》，2004-05-11。

问题：

1. 就我国目前市场来看，按用途细分的服装市场和按年龄细分的老年市场，哪个更容易做出品牌？为什么？

2. 一方面是“难买”的呼声，另一方面是“难卖”、“难做”的反映，该如何解决这一矛盾？

五、营销辩论

一些批评家公开严厉批评品牌延伸的做法，因为他们认为这太容易导致公司失去焦点，消费者也会变得困惑。但另一些专家则认为，品牌延伸是重要的成长战略，是公司收益的来源。

辩论双方

正方：品牌延伸会危害品牌。

反方：品牌延伸是重要的品牌成长战略。

项目六

制定产品策略

学习目标

知识目标

1. 理解产品的整体概念；
2. 了解老年产品的主要类别；
3. 理解产品组合的有关概念；
4. 掌握产品包装设计的原则和策略；
5. 掌握典型产品生命周期不同阶段的特征和营销策略；
6. 掌握新产品开发的流程。

素质目标

1. 养成关爱老人的品质；
2. 培养一定的创新意识。

能力目标

1. 能从产品层次角度创造产品差异化；
2. 能分析老年产品包装的优劣，制定包装策略；
3. 能判断产品所处的生命周期阶段，并制定相应的策略。

任务一

理解产品层次与组合

情境导入

下面是从夕乐购商城（www. seiloogo. com）“商品分类”中截取的部分资料：

无糖食品：鸡蛋卷、肉松卷、苹果醋、蒸饼、无糖大礼包、萨其马。

通信娱乐：老人手机、老人电话机、收音机、晨练播放音箱、老人护理呼叫器、老人手表。

手杖拐杖：拐杖配件区、木制传统拐杖、金属康复拐杖、登山健走杖、多功能拐杖。

助行产品：轮椅、老人助行购物车、助行器、买菜车。

按摩护具：自发热护具、羊毛护具、康复护具。

太极锻炼：太极服、太极鞋（头层软牛皮、二层硬牛皮、帆布太极鞋，每种鞋有 38、39、40 码三种型号）、太极刀剑、太极拂尘。

高龄护理：坐厕椅、洗澡椅、防褥疮气垫用品、尿壶、便盆。

失禁护理：成人纸尿裤、成人纸尿垫、内裤式拉拉裤、尿不湿褥子。

任务描述

根据“情境导入”中的夕乐购商城的部分材料，回答以下问题：

（1）以老人手表为例，该产品的三个层次分别是什么？

（2）夕乐购商城经营产品线的宽度、长度和深度分别是多少？

（3）你认为夕乐购商城的老年产品分类方法是否科学？为什么？

相关知识

（一）老年产品的整体概念

老年产品是向老年市场提供的、能满足老年人某种需要和欲望的任何东西，主要包括专为老年人设计的产品实体和满足老年人的某些服务。按照科特勒的产品整体概念，产品可以分为五个层次（如图 6—1 所示）：核心产品、形式产品、期望产品、延伸产品、潜在产品。营销者最应该关注的是核心产品、形式产品和延伸产品。

1. 核心产品

第一个层次是核心产品，是指顾客购买产品时所追求的基本服务或利益，是顾客真正要购买的东西。

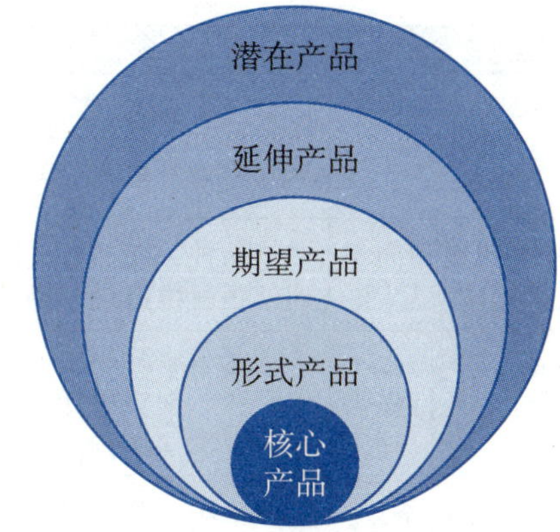

图 6—1　产品的整体概念

核心利益是产品整体概念中最基本和最重要的部分。例如，老年保健品的核心是“健康”，老年礼品的核心是“孝心和关爱”。一个企业只有抓住核心产品，不断更新形式产品，才能避免被市场淘汰。

2. 形式产品

第二个层次是形式产品或基础产品，即实现核心利益所必需的产品基本形式，是核心利益的基本载体。如养老院里应该有床、被褥、日常生活用品等。对于一个实体商品而言，形式产品主要表现在五个方面：品质、特色、式样、包装和品牌。

3. 期望产品

第三个层次是期望产品，即购买者在购买该产品时通常期望或默认的产品应该具有的一组属性和条件。如养老院应该具有干净的床单、新的毛巾、清洁的厕所、相对安静的环境。

4. 延伸产品

第四个层次是延伸产品（或附加产品），即提供超过顾客期望的服务和利益的部分。营销者利用延伸产品来把公司的提供物与竞争者的提供物区别开来。对一个实体产品来说，延伸产品主要包括信贷支持、免费送货、安装、维修、质量保证等。

5. 潜在产品

第五个层次是潜在产品，它包括所有产品在将来可能出现的附加部分和创新部分。潜在产品指出了产品将来的发展方向。老年产品才刚刚起步，未来会有很大的创新空间。

（二）主要老年产品分类与营销

将产品进行分类可以帮助营销者制定更加有效的营销策略（见表 6—1）。

表 6—1　　主要老年产品分类与营销建议

类别	存在问题的简要说明	简单的营销建议
1. 老年服装产品	品种单一、材质档次不高，式样陈旧、与体型不适。	增加品种，满足生理需要，材质要吸汗、保健，方便舒适，庄严稳重，有良好的包装。
2. 老年保健品	品种不多、质量不高、科技含量低、功能雷同，主要靠广告促销驱动。	提高品质和科技含量，开发真正具有保健功能的产品，靠贴心的广告、便利的渠道和温情的服务取胜。
3. 老年住宅产品	刚起步，供不应求，布局不尽合理，设施不是很全，多数周边环境不佳，价位偏高。	周边配套服务要全，环境优美，设计和设施能够满足老年人的特定需求。如地面平坦防滑，洗漱间靠近卧室，不放置易破碎家具等。

续前表

类别	存在问题的简要说明	简单的营销建议
4. 老年交通工具	以公交车、自行车为主，电动车普遍较重，重心偏高，不易操控，承载量小，放东西少。	提高公交车服务质量；改良创新自行车和电动车，使之重心低、容量大，更适合老年人使用。
5. 老年玩具	品种少，主要是一些棋牌、泥塑和简单的电子玩具，科技含量低，不注意营销。	增加品种，加强科技创新，塑造自主品牌，功能上要达到延缓思维退化、提高生活乐趣、锻炼身体的目的。
6. 老年旅游产品	针对老年的旅游产品不多、专业化不强、费用偏高，景区设施对老人特殊需要考虑不足，组团方式单一。	丰富老年旅游产品种类，重视老年特殊需要，提供专业化服务，创新组团方式，选用有爱心和责任心的导游，细心安排活动行程，加强景区营销和宣传。
7. 养老看护服务	供给不足与床位空置并存，定位不准，脱离实际，人才缺乏，服务不专业，口碑较差。	细分市场，明确定位，吸引人才，培养人才，提高服务人员待遇，搞好内部营销，强化内部管理，建立顾客忠诚度。
8. 老年康复、辅具产品	品种少、档次低、质量有待提高，渠道不畅，缺乏适配服务，应用不充分。	进行市场细分，提升产品科技含量，连锁化经营，降低生产成本，提高康复设备的普及率和利用率。
9. 老年教育产品	老年教育产品供不应求，总体设施简陋，模式较单一，内容较贫乏。	增加投入，教学场所设备要更加人性化，创新教学模式和方法，进一步丰富教学内容，切实落实“老有所学”。
10. 老年保险产品	险种缺位，企业风险高，保险费用率高，资金运用渠道窄，消费者信任度低。	积极开发新品种，培养保险精算人才，改变消费者观念，以爱心为主线贯穿营销过程，提升形象，塑造品牌。
11. 老年临终关怀服务	从业人员少，认识不到位，服务面狭窄，服务不专业。	加强人才培养，改变传统观念，扩展服务范围，提高专业化水平，争取社会的认可和支持。

引例：日本的“克隆人”玩具

日本的一家玩具公司推出一款针对老年人的“克隆人”玩具，只要老人们提供孙子孙女的照片、录像带等详细资料后，该公司就可以制作出与客户要求完全相符的“克隆人”玩具。心理专家称，老年人往往好奇心特别重，玩具可以满足他们的精神需要。它具有陪老人聊天、唱歌、祝福等功能，满足了老人思孙心切的需求，因此，这款玩具一面世就风靡市场。

延伸阅读

老年旅游市场潜力无限

业内人士分析，“银发族”出游有几大方便条件：一是不受时间的限制，他们大多已退休在家。二是经费来源不困难，有积蓄、退休金、儿女的赞助等。三是健康观念更新，身体条件好。现在的老年人大多数身体健康，随着生活水平的提高，在温饱已经不成问题的前提下，老年人现在越来越重视生活的质量。生活得是否健康、是否高质量很自然地成为老年人生活的主题。四是随着社会的进步，尊老、敬老风气越来越浓，子女越来越孝顺。社会、子女都愿意给老年人提供各种方便。作为服务机构的旅行社可选择在旅游淡季组织老年旅游团，这时，住宿、交通都比较便宜，景点内游客少，比较适合老年人的心理和身体特点。

企管专家谭小芳建议：旅行社在开发“银发族”旅游市场时，应做到价格上微利、薄利；服务上热心周到，使老人有安全感、放心感；安排上细心、慢节奏，以休闲、舒缓为主，动静结合；饮食上做到饭菜清淡松软，不油不腻；活动内容注重文化内涵，可参观一些具有历史意义和反映人民大众建设成就的景点，并安排一些老年人喜爱的戏曲、书法、绘画、摄影、交谊舞等活动，尽量丰富旅游行程。

资料来源：http：//www.cmmo.cn/article-55588-3.html。

（三）产品组合的有关概念

1. 产品组合

产品组合是指一个企业向市场提供的其生产或经营的全部产品构成，即全部产品的结构。

2. 产品组合的宽度

产品组合的宽度是指企业有多少产品线或产品大类。产品线是指同一产品种类中密切相关的一组产品，又称产品系列或产品类别。产品项目是指在同一产品线或产品系列下不同型号、规格、款式、质地、颜色的产品。

3. 产品组合的长度

产品组合的长度是指产品组合中所包含的产品项目总数。用总长度除以产品线数目，得到的就是产品组合的平均长度。

4. 产品组合的深度

产品组合的深度是指产品线中每种产品有多少花色、品种和规格。例如，如果佳洁士有三种规格和两种配方，佳洁士产品组合的深度就是6。

5. 产品组合的关联度

产品组合的关联度是指各条产品线在最终用途、生产条件、分销渠道或者其他方面相互关联的程度。

引例：宝洁公司部分产品组合举例

宝洁公司的产品组合很能说明产品线、产品项目以及产品线长度、宽度之间的关系。以宝洁公司五种消费品为例（见表6—2，其实宝洁还有许多产品线，如护发品、保健品、饮料）加以说明。

表6—2　　宝洁公司的产品组合举例

	产品组合的宽度				
	洗涤剂	牙膏	香皂	尿布	纸巾
产品线长度	象牙雪1930 洁拂1933 汰渍1946 快乐1950 奥克多1952 达西1954 波尔德1965 盖恩1966 伊拉1972	格里1952 佳洁士1955	象牙1879 柯柯1885 拉瓦1893 佳美1926 爵士1952 舒肤佳1963 海岸1974 玉兰油1993	帮宝适1961 露肤1976	媚人1928 粉扑1960 旗帜1982 绝顶1992

在表6—2中，产品项目总数为25个，即产品线总长度为25，平均长度为5，产品宽度为5。

资料来源：［美］菲利普·科特勒：《营销管理》（第3版），510页，北京，中国人民大学出版社，2005。

课堂思考

产品组合的宽度、深度和关联度存在什么关系?

（四）产品线决策

1. 产品线扩展（或延伸）

（1）向下扩展。

处于市场中档定位的公司打算向低价格的产品项目扩展。可能有如下原因：公司可能注意到低档市场存在强劲的增长机会；公司可能希望通过进入低档市场来直接打击来自低端市场的竞争者；公司可能发现中档市场正在停滞或衰退。

（2）向上扩展。

在市场上定位于低档产品的公司可能基于更快成长，或更高边际利润，或充实产品线而打算进入高档产品市场。

课堂思考

你认为产品线向上或向下扩展分别可能有哪些风险?

（3）双向扩展。

定位于市场中档的公司可能会决定朝向上和向下两个方向扩展其产品线。

2. 产品线填补

在现有产品线的范围内增加更多的产品项目，从而使产品线延长。采取产品线填补决策有这样几个动机：获取增量利润，满足那些经常抱怨由于产品品种缺乏而失去销售额的经销商；试图利用剩余的生产能力；争取成为领先的产品线完整的公司；设法填补市场空隙，防止竞争者侵入。

如果产品线的填补导致新旧产品自相残杀，以及在消费者中造成混乱，那就说明是做过头了。公司必须使消费者能在心目中区分出每个产品项目。因此，每个产品项目必须具备显著差异。

3. 产品线现代化

在科学技术日新月异的今天，必须使产品线现代化。否则，就会被产品线较为新式的竞争者打败。如英特尔和微软总是在不断推出新版本的产品。新产品推出的时机很重要，推出太早会破坏现有产品线的销售，如果太晚，又容易被竞争对手抢占先机。

4. 产品特色化

产品线经理在产品线中有典型地选择一个或少数几个产品项目进行特色化。有时候，经理们可将产品线上低档产品进行特色化，使之充当“开拓销路的廉价品”。有时候，经理们也可对高端产品品目进行特色化，以提高产品线的等级。例如法国人头马推出路易十三，比一般的 XO 贵 10 倍，虽然几乎无人问津，但它起到了“皇冠上的明珠”的作用。

5. 产品线削减

产品线经理必须定期检查产品项目，考虑削减产品线中使利润减少的项目。学会放弃是企业成熟的标志。亚都公司总裁何鲁敏讲“三年前我们追求做大，三年后追求做强；三年前追求成功，三年后追求成熟。”他指出：“在市场上，只做自己能做的事，只挣自己该挣的钱。”

同步训练

阅读以下案例后回答：(1) 贵邦公司产品线的宽度、平均长度是多少？(2) 贵邦公司产品线组合策略和延伸策略是什么？

贵邦公司是一家以生产家庭日用消费品为主的企业。它所生产的产品种类较多，规格比较复杂，但都与居民的日常生活相关，在普通消费者心目中享有很高的声誉。此外，由于公司产品规格较多，产品市场占有率较高，在消费者眼中，贵邦公司的产品“无时不在，无处不在”。但众多的产品项目给公司带来较高的市场占有率的同时，也带来了管理上的麻烦。为了方便管理这些产品项目，贵邦公司推出了以下两项管理措施：

第一，对产品项目进行品牌化管理，为每一产品项目都提供一个不同的品牌，不同品牌之间相互进行竞争。这样，一方面可以方便产品项目管理，另一方面也有利于公司整体竞争力的提高。

2013 年以前，公司主要生产四大类产品：洗涤剂、牙膏、香皂和方便尿布。在洗涤剂类下有 10 大品牌，而牙膏类下有 6 大品牌，香皂类下有 7 大品牌，方便尿布类下有 2 大品牌。

2013 年初，公司对产品组合进行了调整：首先，收购了几家纸巾生产企业，并把这几家纸巾企业生产的纸巾划分为四大品牌，分别为手牵手、紫云、旗帜、乐夫。通过收购公司拓展了其业务范围。然后，公司开发了一种面向白领阶层的名为“贵邦”的牙膏，该牙膏价格昂贵，但具有很多难以模仿的具有针对性的功能。

第二，公司认识到产品线上的每种产品对总销售额和利润做的贡献是不同的，因此不断对其四大类产品所做的贡献进行分析，根据贡献不同制定不同的管理措施。2014 年中期，公司分析到刚收购的纸巾类产品所做的贡献只占到整个公司销售额和利润的 5%，贡献并不是很大，但公司认识到该产品刚刚收购过来，并进行了组合，处于推广阶段，其利润低是必然的。

任务二

制定老年产品包装策略

情境导入

江山白毛乌骨鸡，食用、药用俱佳。用此珍禽作主料并佐以 16 种名贵中药材精制而成的江山白毛乌骨鸡补酒，被誉为浙江名酒。然而，该名酒在市场上却遭冷遇。该酒投产 10 年，总销量才 451 吨。

是酒质量不好吗？不！且看它一连串烫着金边的获奖证书和显示辉煌的奖杯：首届中国食品博览会银奖，1990 年西湖国际博览会金奖，全国“七五”星火计划成果展览会银奖，浙江省的“省优”，“金鹰奖”等。此外，还有高层专家评价颇高的鉴定证书以及许多消费者来信。该酒经北京中国中医研究第一临床研究所鉴定，酒中含有17种对人体健康有益的氨基酸、微量元素，具有提高有机体生理机能，增强耐寒、耐热、耐缺氧、耐疲劳及免疫等功能，治疗各种虚症的总效率达92%……

是酒的价格太高了吗？不！财务核算表明，江山白毛乌骨鸡补酒的价格虽然从1983年的2.5元一瓶提高到1993年的5.1元一瓶，但实际上几乎是10年一贯制的保本经营，甚至是亏本销售。难怪一位台湾地区客商考察了这种酒的生产工艺后连连感叹：太便宜了，太便宜了！

为了不增加生产成本，该酒的包装尽量从简，广告宣传费用也尽量节约。投产10年来，该酒始终只有两种包装，广告宣传费用也只有12万元。就是这点广告费，也很难说用在了刀刃上。这样，江山白毛乌骨鸡补酒虽为名酒，却并未为消费者所知；过于呆板、简陋的包装，也难以使它跻身上档次的商店柜台，只能和一些低档酒一起摆在不显眼的角落。许多外商来江山尝到此酒，连称“好酒、好酒”，然而他们都不敢在购销合同上签字，说“缺乏知名度，包装太差”。连江山本地人拿该酒作为礼品馈赠亲友的也越来越少，因为他们觉得名气小、包装简、价格低，“拿不出手”。江山白毛乌骨鸡补酒的销售机会就这样一次次被错过了。

任务描述

根据“情境导入”中提供的材料，分析江山白毛乌骨鸡补酒滞销的原因。你认为采用什么策略可以改变其滞销的状况？

相关知识

（一）老年产品包装存在的问题

许多营销者把包装称为“4P”之后的第五个“P”，说明包装在营销中是一个很重要的因素，它起到了“5秒钟广告”的作用。世界上最大的化学公司——杜邦公司的营销人员经过周密的市场调查后，发明了著名的杜邦定律，即63%的消费者是根据商品的包装进行购买决策的。然而，我国老年产品的包装总体上差强人意。

课堂思考

包装为什么在当前成为重要的营销手段？包装有哪些作用？

1. 包装不够精美

我国老年产品包装整体发展滞后，设计简单、沉闷。以老年人常穿的某品牌布鞋的包装为例，其包装物仅是一个筒状的单层油皮纸，纸上只印有厂家、型号、生产日期等少许说明性文字，包装既不精美又不便于携带，这无疑会给销量带来不利影响。随着人们物质和文化水平的提高，老年人的需求正日益丰富多彩，产品的包装也应随之发生相应的变化，只有这样，企业才能顺应时代前进，才能得以生存和发展。

2. 设计不利于认知

即使有一部分老年产品包装非常精美，却并不为老年人所认知。因为老年人随着年龄的增长，视力正逐渐减退，老年人要在琳琅满目的货架上找到老年用品并不是一件容易的事。有的产品仅从包装上根本无法识别是否适合于老年人，即使有一些特殊标识，如“老年型”、“滋补品”等文字，也并不太醒目，这样的包装常常不利于老年人对产品的选择。所以，只有掌握了老年人的生理和心理特点之后，才能设计出满足老年人特殊需求的产品包装。

引例：“脑白金”的包装

暂且不说“脑白金”的产品质量如何以及铺天盖地的广告，从民意调查来看，老年人对其包装还是颇为满意的。其外包装主色调采用宝蓝色，沉稳而大方，正中印有醒目的“脑白金”三个字，容易识别。整体包装比较轻便、美观，且显得非常华贵。接受这样的产品不仅使老年人生理上得到了满足——可以延年益寿，而且心理上也得到了满足——获得了尊重和关爱。前几年，脑白金的销售特别好，除了其他推广方面的因素外，与市场上很少有像脑白金这样既包装精美又适合送礼的产品有很大关系，它很明智地抓住了这个市场的空白点，极具竞争力。

资料来源：卢晓琴，杨晓丹：《论老年产品包装》，载《江西教育学院学报》，2004（12）。

（二）设计老年产品包装的原则

要设计一款好的产品包装，首先应从消费者的角度出发，遵守以下原则，充分体现“以老年人为本”。

1. 创造性原则

这是包装设计最重要的前提。即使是老年产品包装，也应体现新时代的特点，体现新材料、新工艺、新技术带来的一系列革新。

2. 适用性原则

设计者所完成的包装设计必须符合老年人的心理和生理特点。老年人这个特殊的消费群体，随着年龄的增长，骨骼和肌肉功能日渐退化。所以老年产品包装一定要轻便，易于携带。老年人还有一个特点是视力明显下降，所以老年产品包装的主体性文字标识应该醒目、正规，以吸引老年人的关注。

3. 简明性原则

产品所荷载的信息要使老年人一目了然，其作用、操作方法等都要简单明了。有这样一个例子：一位70多岁的老人，过节时收到了一瓶名贵的壮骨酒，有一天他想喝时，却怎么也开不了瓶盖，兴致扫了大半。这种包装是非常不适宜老年人使用的。老年人随着年龄的增长，反应和思维能力都在减退，所以老年产品的包装一定要易于操作、易于理解。

4. 美观性原则

爱美之心人皆有之。设计者一定要打破传统观念，树立新的设计理念。随着时代的变迁，老年人的审美情趣也发生了相应的变化。一方面，如今的老年人也在向往更加丰富多彩的生活，美观大方的产品包装会吸引更多老年人的目光。另一方面，购买老年产品的有一部分是年轻人，他们为了表达对长辈的孝敬，时常会购买一些精美的礼品来赠送。当拿出质量相同、包装不同的产品让他们选购时，包装更精美的礼品会更受青睐。作为受礼者的长辈在接受包装精美的礼品时，也会觉得受到了更多的尊重，心理上获得了满足。

5. 安全性原则

这是老年产品包装设计不可忽视的一个方面。它不仅包括包装材料的无毒性、防水性、防尘性等特征，还包括包装物在开启、使用过程中的安全性。老年人本身就是弱势群体，随着年龄的增长，他们的抵抗力、反应力日益下降，如果因为包装本身的安全性能问题给老年人造成意外伤害，从生产厂家来说，肯定是得不偿失的；从道德上来说，也是违背人性的。

（三）老年产品包装策略

1. 类似包装策略

类似包装策略是指企业生产经营的所有老年产品，在包装外形上都采取相同或相近的图案、色彩等共同的特征，使消费者通过类似的包装联想起这些商品是同一企业的产品，具有同样的质量水平。类似包装策略不仅可以节省包装设计成本，树立企业整体形象，扩大企业影响，而且可以充分利用企业已经拥有的良好声誉，有助于消除消费者对新产品的不信任感，进而有利于带动新产品的销售。该策略适用于质量水平相近的产品。

2. 分级、分类包装策略

该策略有两种情况：一是分级包装，是指企业对自己生产经营的不同质量等级的产品分别设计和使用不同的包装。对高档产品采用精致包装，对低档产品采用简单包装，以适应不同需求层次消费者的购买心理，便于消费者识别、选购商品，从而有利于全面扩大销售。二是分类包装，即根据消费者购买目的不同，对同一种产品采用不同的包装。例如，购买商品用作礼品赠送亲友，则精致包装；若购买者自己使用，则简单包装。

3. 配套包装策略

配套包装（或称组合包装）是指企业将几种有关联性的产品组合在同一包装物内的做法。这种策略能够节约交易时间，便于消费者购买、携带与使用，有利于扩大产品销售，还能够在将新旧产品组合在一起时，使新产品顺利进入市场。

4. 再使用包装策略

再使用包装策略也称双重用途包装策略，是指包装物在被包装的产品消费完毕后还能移做他用的做法。由于这种包装策略增加了包装的用途，特别迎合老年人节俭的心理，可以刺激老年人的购买欲望，同时可使带有商品的包装物在再使用过程中起到延伸宣传的作用。

5. 附赠品包装策略

附赠品包装策略是指在包装物内附有赠品以诱发消费者重复购买的做法。有纪念意义的赠品可以起到提醒式广告的作用，如在保健品中附赠象征吉祥如意的小饰品，在化妆品中附赠化妆用具等，都能增加老年消费者的兴趣，刺激他们重复购买的欲望。

6. 更新包装策略

更新包装就是改变原来的包装，该策略特别适用于一种包装策略无效或者原来的产品声誉受损的情况。实施更新包装策略，可以改变商品在消费者心目中的形象，进而收到迅速恢复企业声誉的效果。这种策略的前提是企业提供的老年产品内在质量必须是符合使用要求的，否则会使人产生上当受骗的感觉。

同步训练

请应用包装的相关理论，分析下面的材料：

(1) 一个郑国人从楚国商人那里买到一只有外饰漂亮木盒的珍珠，竟然将盒子留下，而将珍珠还给了楚国商人。原因是那只“为木兰之柜”，再“熏以桂椒”，又“缀以珠宝”的精美包装盒(椟)“掩盖”了盒中珍宝的光泽。

(2) 我国传统的出口产品——18头莲花茶具，因包装问题让外商赚了一大笔钱。18头莲花茶具本身质量很好，但由于采用简易的瓦楞纸盒做包装，既容易破损又不美观；既难以辨别是什么商品，又给人以低档廉价的感觉，所以销路一直不好。后来，一个精明的外商将该产品买走后，仅仅在原包装上加了一个精制的美术包装，系上了一条绸带，使商品显得高雅华贵，一时销路大开，身价陡增，销售价格由一套1.7英镑提高到一套8.99英镑。

任务三

制定产品生命周期不同阶段的策略

情境导入

B牌保健酒采用传统古方酿制而成，主要成分有米酒、鹿茸、鹿骨胶、龟板胶、黄精、党参、何首乌、熟地、当归、枸杞子、肉桂、栀子、川芎、白术、砂仁、甘草、白砂糖。

最初，该品牌主打“鹿龟相辅、阴阳平补、调节免疫”的产品功效，靠着通俗贴心的广告词“不起夜，不怕冷，睡觉香，腿脚好”的广告打入市场，强调“真正的养生补酒”，很快成为南方某省一个著名的保健酒品牌。

为了进一步扩大市场，加速品牌成长和扩张，2001年，B牌保健酒开始大举进入礼品市场。在传播方面不断创新，除利用墙体广告继续强化产品功效外，还加大电视广告力度，制作了从“好礼送给至亲人”到“女儿好、儿子好”，再到“回家”篇的广告，既抓住了情感这条线，又年年有新意，创造了新的购买理由。这些创新为B牌保健酒礼品市场的发展注入了新的活力。经过几年的成长，如今，B牌保健酒成为行业品牌价值排名第一的保健酒，销售规模达到了顶峰，生产成本降到了最低。同时，面对的竞争也非常激烈，劲酒、鹿茸酒、三鞭酒、黄金酒、枸杞酒等品牌形成了群雄逐鹿的局面。

为了延长产品生命周期，坐稳辛苦打下来的江山，该品牌这些年一直在不断努力。一方面，B牌保健酒开始不断丰富产品体系，先后开发出一星到五星不同价位、不同档次的产品，以满足不同区域、不同层次顾客的需求。在江浙市场推出三年陈礼盒装，在上海市场推出特供五年陈产品，不断扩大顾客群，开辟新的销量增长点。为吸引老顾客购买，B牌保健酒还不断更新包装，提升包装品质感，设计更加动感的包装，在一定程度上促进了礼品市场的销售。另一方面，开始进行品牌定位方面的探索。在品牌定位方面大概有两种观点：一种认为应该聚焦目标顾客，和顾客进行有针对性的心灵沟通，深化品牌内涵，如可以定位为“父亲的补酒”。另一种则认为，“父亲的补酒”太狭窄了，妈妈、爷爷也同样需要补酒，定位应该宽泛一些，如可以定位为“孝心”，或继续强化“礼品”或“健康”定位。

任务描述

仔细阅读“情境导入”中的案例，分析B牌保健酒已经经过了产品生命周期的哪些阶段，营销策略是否成功。目前，B牌保健酒处在产品生命周周期的哪个阶段？该阶段应该如何定位？应该采取哪些营销策略？

相关知识

（一）产品生命周期的认识

产品生命周期（product life cycle，PLC）是指某产品从进入市场到被淘汰退出市场的全过程。

对于产品生命周期的理解应该注意以下几点：

（1）这里的PLC指的是产品的市场寿命，而不是使用寿命。企业开展市场营销活动的思维视角不是从产品开始，而是从需求出发的。任何产品都只是作为满足特定需要或解决问题的特定方式而存在。

（2）典型的产品生命周期一般分为四个阶段（见图6—2），即导入期、成长期、成熟期和衰退期。

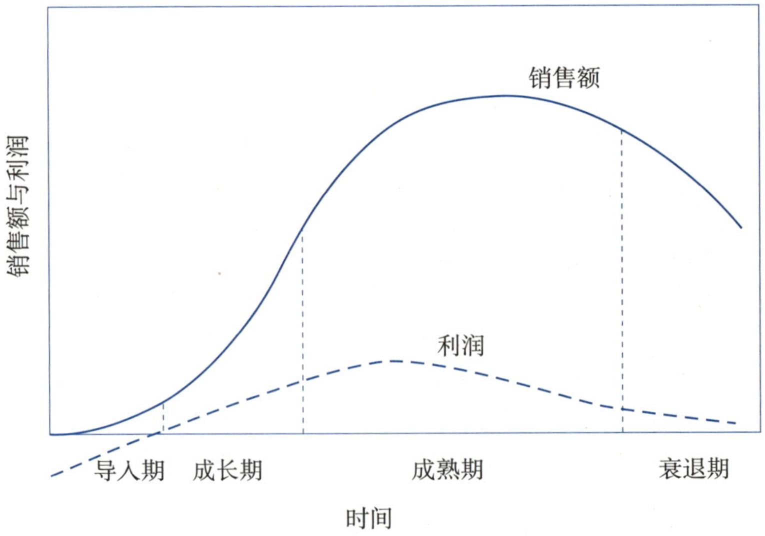

图6—2 典型的产品生命周期

1）导入期。随着产品导入市场，销售额缓慢增长。由于产品导入花费巨大，因此毫无利润可言。

2）成长期。在这个阶段，市场接受度大幅增长，并有持续的利润提升。

3）成熟期。销售额增长速度放缓，因为大部分潜在的购买者都已接受了产品。由于竞争加剧，利润保持平稳或下降。

4）衰退期。销售额呈现下降趋势，利润减少。

（二）产品生命周期各阶段的特征与营销策略

1. 导入期的市场特点与营销策略

导入期的市场营销特点包括：(1) 消费者对该产品不了解，少数创新者采用；(2) 销售量小；(3) 因为固定成本分摊以及各种营销费用的原因，单位产品成本高；(4) 利润较少，甚至出现经营亏损，企业承担的市场风险最大；(5) 竞争者少。在导入期，企业若建立有效的营销系统，即可将新产品快速推进导入阶段，进入市场发展阶段。

导入期时机的把握要准，总体要求一个“快”字，在价格和促销上一般有四种可供选择的策略（见图 6—3）。

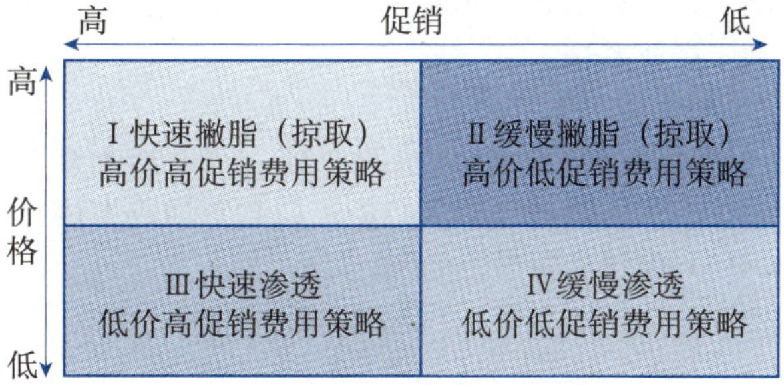

图 6—3　导入期的四种策略

（1）快速撇脂（掠取）策略，即以高价格和和高促销费用推出新产品。实行高价格是为了在每一单位销售额中获取最大的利润，高促销费用是为了引起目标市场的注意，加快市场导入。成功地实施这一策略，可以赚取较多的利润，尽快收回新产品开发所投资的成本。实施该策略的市场条件是：市场上有较大的需求潜力；目标顾客具有求新心理，急于购买新产品，并愿意为此付出高价；企业面临潜在竞争者威胁，需要及早树立名牌。

（2）缓慢撇脂（掠取）策略，即以高价格低促销费用将新产品推入市场。高价格和低促销费用结合可以使企业获得更多利润。实施该策略的市场条件是：市场规模相对较小，竞争威胁不大；市场上大多数用户对该产品没有过多疑虑；适当的高价能为市场所接受。

（3）快速渗透策略，即以低价格和高促销费用推出新产品。目的在于先发制人，以最快的速度打入市场，该策略可以给企业带来最快的市场渗透率和最高的市场占有率。实施这一策略的市场条件是：产品市场容量很大；潜在消费者对产品不了解，且对价格十分敏感；潜在竞争比较激烈；产品的单位制造成本可随生产规模和销售量的扩大迅速下降。

（4）缓慢渗透策略，即企业以低价格和低促销费用推出新产品。低价是为了促使市场迅速地接受新产品，低促销费用则可以实现更多的利润。企业坚信该市场需求价格弹性较高，而促销弹性较小。实施这一策略的市场条件是：市场容量较大；潜在顾客易于或已经了解此项新产品，且对价格十分敏感；有相当多的潜在竞争者准备加入竞争行列。

2. 成长期的特点与营销策略

成长期的市场特点包括：(1) 消费者对新产品逐渐熟悉，更多顾客开始购买；(2) 销售量增长很快；(3) 技术比较成熟，促销费用分摊到更多销量上，单位生产成本迅速下降；(4) 企业利润迅速上升；(5) 大批竞争者加入，市场竞争加剧。

成长期营销策略的核心是把握一个“好”字，具体来说，有以下营销策略：

(1) 根据用户需求和其他市场信息，不断提高产品质量，努力发展产品的新款式、新型号，增加产品的新用途。

(2) 加强促销环节，树立强有力的产品形象。促销策略的重心应从建立产品知名度转移到树立产品形象上，主要目标是建立品牌偏好，争取新的顾客。

(3) 重新评价渠道、选择决策，巩固原有的销售渠道，增加新的销售渠道，开拓新的市场。

(4) 选择适当的时机调整价格，以争取更多顾客。

企业采用上述部分或全部市场扩张策略，会加强产品的竞争能力，但也会相应地加大营销成本。因此，在成长期，面临着“高市场占有率”或“高利润率”的选择。一般来说，实施市场扩张策略会减少眼前利润，但能加强企业的市场地位和竞争力，有利于维持和扩大企业的市场占有率，从长期利润观点看，更有利于企业发展。

3. 成熟期的特点与营销策略

成熟期的阶段划分和市场特点包括：(1) 中间多数人（早期大众和晚期大众）使用该产品；(2) 销量达到顶峰，成稳定状态后可能出现下降趋势；(3) 平均成本达到最低；(4) 利润增长率变低，但利润总量达到最高；(5) 市场竞争最为激烈。

成熟期的营销策略应把握一个“改”字，目标是实现一个“长”字，即通过改良营销策略，尽可能延长产品的成熟期。

(1) 市场改良策略。寻求新的细分市场，把产品引入尚未使用过这种产品的市场，重点是发现产品的新用途，应用于其他的领域；让消费者在每个场合使用更多的产品量（如增大牙膏口、用更大的饮料杯等）；让消费者采用新的使用方式。

(2) 产品改良策略。也称为产品再推出策略，是指以产品自身的改变来满足顾客的不同需要，吸引不同需求的顾客。具体包括品质改良、特性改良、式样改良、附加产品改良等。

(3) 营销组合改良策略。是指通过改变定价、销售渠道及促销方式来延长产品成熟期。

4. 衰退期的特点与营销策略

衰退期的市场特点包括：(1) 落伍者采用，早期消费者的兴趣已完全转移；(2) 销量大幅减少；(3) 成本较低；(4) 价格已下降到最低水平，利润也很低；(5) 竞争者减少，多数企业无利可图，被迫退出市场，留在市场上的企业逐渐减少产品附带服务、削减促销预算等，以维持最低水平的经营。

衰退期的营销策略总体应考虑一个“转”字，但根据具体情况，可以有如下选择：

(1) 集中策略。缩短战线，在最有利的市场赢得尽可能多的利润。

(2) 维持策略。即保持原有的细分市场和营销组合策略，把销量维持在一个低水平。待到适当时机，便停止经营，退出市场。

(3) 榨取策略。大大降低销售费用，如将广告费用削减为零、大幅度精简推销人员等，虽然销售量有可能迅速下降，但是可以增加眼前利润。

如果企业决定停止经营衰退期的产品，应在立即停产还是逐步停产问题上慎重考虑，并应处理好后续事宜，使企业有秩序地转向新产品。

引例：如何延长脑白金的生命周期？

自2000年达到顶峰后，脑白金的销售态势呈下滑态势，但每年仍然有数亿元的销售额。同时，脑白金早已度过了所谓的5年期的短命怪圈，成为保健品行业为数不多的“常青产品”。

2004年，脑白金实现销售收入3.7亿元，即使在保健品行业集体不景气的2005年，脑白金的上半年销售贡献依然达1.6亿元，高于健特生物推出的脑白金替代产品黄金搭档。于是，大家都在发问：脑白金为什么还没有死？

脑白金生命周期的延长，归功于其礼品定位和对消费者角色的成功分离。根据角色分离模式，脑白金的购买者与使用者是分离的，他们之间的信息反馈较为困难，收礼的人不会轻易给送礼的人传递礼品的负面信息。这种“反馈断路”效应的存在，无疑延长了脑白金的生命周期。值得指出的是，总有一天使用者会把产品信息传递给购买者，当这个过程完成的时候，保健礼品的生命周期也就即将结束了。因此，我们可以得出结论，保健礼品只是延长了产品的生命周期，却依然没有走出那个怪圈。

当然，企业在短期内可以通过一些手段，如促销、改进产品、增加产品价值等方式来进一步延长它的生命周期。例如，“脑白金里有金砖”就是一个成功地刺激购买者的手法。如果送礼能送出一块金砖，那无论对购买者还是使用者而言，都是万分惊喜的事情。同时，它会引起广泛的辐射效应，带动周围人群去消费。厂家若能进行类似有效的策略，也能延长产品的生命周期。

资料来源：孙宏杰，陈建：《“角色分离”：延续脑白金生命周期之道》，载《销售与市场》，2006（2）。

同步训练

根据下面提供的材料，分析养生堂龟鳖丸保健品在产品导入期和成长期的特点，并提出成熟期的相应策略。

1993年，海南养生堂药业有限公司（以下简称养生堂）投产保健品时，国内保健品行业已经硝烟弥漫。在保健品市场，充斥着铺天盖地的广告、遍地开花的促销刺激。由于各类产品泛滥、宣传夸大失实，整个行业面临着信誉危机。

面对如此不利的境地，养生堂采取了完全不同的战略，致力于培育市场和树立品牌。养生堂的开堂元勋产品是龟鳖丸，1993年10月，当龟鳖丸刚进入市场时，养生堂将营销的重点放在传播概念、传递知识上。养生堂针对龟鳖制品过多、过滥、声誉不佳的情况，强调其产品的差异性：首先，养生堂龟鳖丸的原料来自海南的野生龟鳖；其次，运用科学的超低温冷冻粉碎工艺制成，充分利用龟鳖的药用价值；最后，全龟全鳖合用，龟鳖同食更补。一方面，利用中国传统的“药食同源”、“医食同药”观念，将龟鳖丸比作即时靓汤、健康美味和随身炖品。另一方面，进一步将传统吃甲鱼与服用龟鳖丸作一区别，强调“早晚一粒龟鳖丸，胜过天天吃甲鱼”。同时，还策划了一系列的公益活动，比如“寻找十大类千名病友”免费试用龟鳖丸的义诊活动，“100%野生龟鳖海南寻真”抽奖大行动等。

很快，龟鳖丸的功用开始为消费者所熟知，该产品开始进入成长期。由于这种产品所适用的对象比较广泛，因而养生堂便快速顺应市场的变化，及时调整品牌定位，适时地扩大细分市场。刚开始采取的健康定位——“养生堂，为生命灿烂”，还未体现出明确的市场指向；接着便逐渐转向亲情定位：龟鳖丸广告的“父女篇”、“父子篇”和“生日篇”，并配合开展“父亲的生日”征文活动，力图以“养育之恩，何以为报”来引起正在求学或已经开始工作的子女们的共鸣。同时，配合一些大事件，及时作出反应：“清晨六粒龟鳖丸，看球工作不耽误”，便是巧借1998年世界杯盛典的应时之作。1998年4月，养生堂又发起的“雄鹰计划”，将其设计成“助学、奖学、勤工俭学”一个系统化的操作程序，针对备受关注的高考学生，具有持续的影响力。

2001年，养生堂龟鳖丸已进入市场八个年头，产品正在逐步进入成熟期。

知识链接

（一）从营销角度认识新产品

对新产品的理解有助于我们开阔产品创新的思路。在营销中，凡是企业向市场提供过去没有生产过或经营过、能满足顾客某种需求的产品，都叫做新产品。新产品大体上可分为五大类。

1. 全新产品

全新产品是指采用新原理、新结构、新技术、新材料制成的具有全新功能的产品，如汽车、飞机、蒸汽机等第一次出现时就属于全新产品。全新产品开发的市场风险最大。

2. 换代产品

换代产品是指在原有产品的基础上，部分采用新技术、新材料、新工艺研制成的，性能有显著提高的产品，如从黑白电视机到彩色电视机。

3. 改进产品

改进产品是指在原有基础上，为改善其性能、用途，提高其质量而派生的新产品，如电熨斗上加上蒸汽喷雾、电风扇配备遥控器。

4. 仿制产品

仿制产品是指对市场已经出现的产品进行引进或模仿、研制生产出的产品。仿制不需要太多资金和尖端技术，风险最小，但要注意对原有产品的某些缺陷和不足加以改造，不要全盘照抄。

5. 重新定位新产品

重新定位新产品是指塑造新的产品定位，以新的市场或细分市场为目标的产品。

课堂思考

企业为什么要进行新产品开发?

（二）新产品的开发过程

企业新产品的开发一般由八个阶段构成，如图6—4所示。

1. 创意产生

新产品开发的第一个阶段是寻找创意。营销人员从一个广泛的范围内收集与公司使命匹配的、能提供新利益的创意。从长远来看，公司应该形成一种创新文化，培养创新意识，抓住一切机会，从顾客、员工、供应商及竞争对手那里获取有价值的创意。

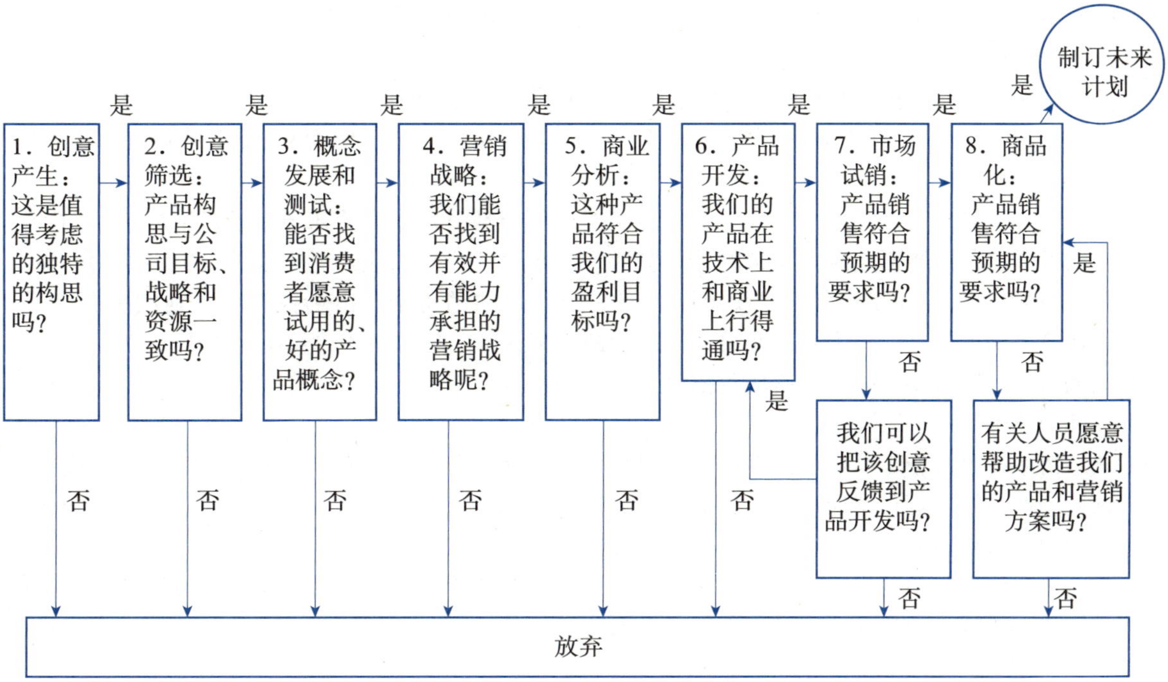

图 6—4 新产品开发的决策过程

引例：宝洁：用别人的脑子创新

全球最大的日用消费品公司——宝洁（P&G）在日用消费品创新领域是公认的行业领军企业。根据市场研究公司 IRI 的数据，2009 年美国 10 款最受欢迎的非食品类新产品中，有 5 款是宝洁制造。但是，随着宝洁继续推进让公司顾客群人数再增加 10 亿人的计划（现有顾客群估计有 25 亿人），首席执行官鲍勃·麦克唐纳（Bob McDonald）表示，要实现更多创新，就要更多地采纳他人的好点子。

“我们需要能够创造更多价值的更重大的创新”，麦克唐纳在 2011 年宝洁招待合作企业与研究机构的年度颁奖宴会上表示，“我们希望你们有了好点子时，能首先和我们联系”。

如今，日用消费品公司与外部伙伴合作进行“开放性创新”已很常见。但宝洁或许是刻意为此付出最大努力的公司，自时任宝洁首席执行官的雷富礼（A. G. Lafley）在 2001 年推出“联系＋发展”（Connect & Develop）项目以来，该公司一直在扩展该项目的规模。“联系＋发展”的核心是在世界范围内与相关组织或个人合作，寻求外部创新源泉。

资料来源：乔纳森·伯查尔：《用别人的脑子创新》，载《金融时报》，2011－01－07。

2. 创意筛选

筛选的主要目的是尽可能早地发现和放弃错误的创意，选出那些符合本公司发展目标和长远利益并与公司资源相协调的产品创意，摒弃那些可行性差或获利较少的产品构思。筛选应遵循如下标准：(1) 市场成功的条件；(2) 公司内部条件；(3) 产品是否符合公司的营销目标，其获利水平及新产品对企业原有销售的影响。这一阶段的任务是剔除那些明显不适当的产品构思。

3. 概念发展和测试

产品概念是可以用消费者术语表达的、详细的构思，即用文字、图像、模型等予以清晰阐述，使之在顾客心目中形成一种具体的产品形象。一个产品构思能够转化为若干个产品概念，每个产品概念都有自己的定位。

产品概念需要用合适的目标消费者进行测试，并要收集消费者的反应。产品概念可以用符号或实体形式表示，有时可以借助计算机程序模拟。概念越接近最后的真实产品，概念测试的可靠性就越高。

4. 营销战略

公司选择了最佳的产品概念之后，必须制订把这种产品引入市场的初步市场营销战略计划，并在未来的发展阶段中不断完善。初拟的计划包括三个部分：(1) 描述目标市场的规模、结构、消费者的购买行为、产品的市场定位以及短期（如 3 个月）的销售量、市场占有率、利润率预期等；(2) 概述产品预期价格、分配渠道及第一年的营销预算；(3) 分别阐述较长期（如 3～5 年）的销售额和利润目标，以及不同时期的市场营销组合等。

5. 商业分析

从经济效益分析新产品概念是否符合公司目标，包括两个具体步骤：预测销售额和推算成本利润。预测新产品销售额可参照市场上类似产品的销售发展历史，并考虑各种竞争因素，分析新产品的市场地位、市场占有率等。

公司可以使用简单的损益平衡分析法来评估产品概念的价值。管理层需要估计应该销售多少单位产品才能在假定的价格和成本结构上得以平衡。

6. 产品开发

产品开发主要是将通过商业分析后的新产品概念交送研究开发部门或技术工艺部门试制成实体产品。这是新产品开发的一个重要步骤，只有通过产品试制，投入资金、设备和劳力，才能使产品概念实体化，发现不足与问题，改进设计，才能证明这种产品概念在技术和商业上是否可行。

应当强调，新产品样品研制出来后必须经过一系列严格的功能测试和消费者测试，确保具有产品概念所规定的所有特征。

7. 市场试销

新产品开发出来以后，就开始给产品准备品牌名称、包装设计和制订营销方案，在一个更可信的消费环境中进行市场试销。

试销的方法有以下四种：

(1) 销售波动研究。公司开始免费提供产品给消费者使用，然后再以低价提供该产品和竞争者的产品。这样重复提供 3～5 次，观察消费者的满意度和评价。

(2) 模拟市场测试。找 30～40 名熟悉品牌和有偏好的购买者，邀请他们先看一些简短的广告片，新产品的广告片也混在其中。然后，公司发给每人少量钱邀请他们到一家商店去，他们可以不买任何产品。最后，公司观察消费者的购买情况，并把他们召集在一起，请他们回答买与不买的理由。

(3) 控制营销测试。公司安排一个受其控制的商店，给予一定的费用支持销售新产品，进行货物摆放指导，然后观察试销期间的情况。

(4) 测试市场。公司选择少数几个有代表性的市场，实施既定的营销方案，观察销售情况。

新产品试销应对以下问题作出决策：(1) 试销的地区范围；(2) 试销时间；(3) 试销中所要取得的资料；(4) 试销所需要的费用开支；(5) 试销的营销策略及试销成功后应进一步采取的战略行动。

8. 商品化

新产品试销成功，就可以正式批量生产，全面推向市场。这时要对几个问题作出决策：(1) 何时上市；(2) 在何地上市；(3) 给谁（目标市场）；(4) 用什么方法导入市场。

(三) 产品创新为什么会失败

公司不开发新产品是在“等死”，但开发产品不成功等于“找死”，因为新产品开发的失败率一直很高。最近有研究表明，新产品开发的失败率超过50%。所以，新产品的开发往往蕴含着极大的风险。

新产品开发失败的原因可能有很多，主要包括：忽视或误解市场调查研究、过高地估计市场规模、产品的开发成本较高、产品设计差、产品在市场上定位错误、没有开展有效的广告活动或对产品的定价过高、没有足够的渠道支持、竞争对手反击激烈等。此外，其他一些因素也会对新产品的开发产生阻碍作用。

(1) 在有些领域里本来就很难产生创意。例如，能改进某种基础产品（如钢铁、清洁剂等）的方法寥寥无几。

(2) 过小的市场。公司有时必须面向较小的细分市场来销售自己的产品，但这可能会意味着较低的销售额和较低的利润水平。

(3) 社会和政府的限制。新产品必须保障消费者的安全和生态环境的平衡。

(4) 开发过程成本较高。通常，公司必须从众多的创意中挑选出一个值得进一步开发的项目。而且，公司常常面临着不断上升的研究与开发费用、制造费用和营销费用。

(5) 资金短缺。许多公司不能提供或筹备创新研究和产品推广所需要的资金。

(6) 新产品开发完成的时限缩短。公司必须学习怎样压缩产品开发时间，具体包括应用新的设计技术、与战略合伙人共同开发、早期进行产品概念测试以及执行先进的营销计划。

(7) 产品生命周期缩短。当一种新产品获得成功之后，竞争者会非常快地进行模仿。例如，索尼公司在竞争者大量仿制其产品之前，曾经有三年的领先时间。现在，松下公司和其他竞争者仿制其产品，往往只需要六个月的时间。因此，留给索尼公司回收创新投资的时间减少了。

但是，失败可能因地域的不同而存在差异。实际上，真正的创新型公司往往会把失败作为获得成功的必要组成部分。

项目小结

按照产品的整体概念，一般产品可以分为核心产品、形式产品、期望产品、延伸产品和潜在产品。老年产品的类别主要有老年服装产品、老年保健品、老年住宅产品、老年交通工具、老年玩具、老年旅游产品、养老看护服务、老年康复和辅具产品、老年教育产品、老年保险产品、老年临终关怀服务等。产品组合是指一个企业向市场提供的其生产或经营的全部产品构成，由若干产品线组成。每条产品线又包含了若干个产品项目。

我国老年产品包装一直发展滞后。设计老年产品包装的原则有创造性、适用性、简明性、美观性和安全性。主要的包装策略包括类似包装策略、分级和分类包装策略、配套包装策略、再使用包装策略、附赠品包装策略和更新包装策略。产品生命周期是指某产品从进入市场到被淘汰退出市场的全过程，典型的产品生命周期一般包括导入期、成长期、成熟期和衰退期四个阶段，每个阶段有各自的特征，应采取不同的营销策略。在营销中，全新产品、换代产品、改进产品、仿制产品和重新定位新产品都叫新产品。开发新产品一般要经过创意产生、创意筛选、概念发展和测试、营销战略、商业分析、产品开发、市场试销和商品化八个阶段。

教学做一体化训练

一、选择题（每题至少有一个正确答案）

1. “健康”是老年保健品的（　　）。

A. 形式层次　　B. 核心层次

C. 期望层次　　D. 潜在层次

2. 产品线的数目是指产品的（　　）。

A. 宽度　　B. 长度

C. 深度　　D. 关联性

3. 老年产品的许多包装袋都可以作为手提袋长期使用，这是（　　）。

A. 相似包装　　B. 分级、分类包装

C. 再使用包装　　D. 配套包装

4. 在产品生命周期中，（　　）的竞争最激烈。

A. 导入期　　B. 成长期

C. 成熟期　　D. 衰退期

5. 营销中的新产品概念包括（　　）。

A. 全新产品　　B. 换代产品

C. 改进产品　　D. 模仿产品

二、判断题（请在正确的论述后面打“√”，错误的论述后面打“×”）

1. 某品牌手机不能正常使用了，标志着该品牌手机生命周期的结束。（　　）

2. 任何产品都必须经过导入期、成长期、成熟期和衰退期四个阶段。（　　）

3. 企业产品组合的宽度越宽，深度越深，其关联度越小。（　　）

4. 产品一旦进入衰退期，就必须立即退出市场。（　　）

5. 生产低档产品的企业打算生产高档产品，这属于产品线向上扩展决策。（　　）

三、简答题

1. 简述产品的五个层次。

2. 简述包装设计的原则和策略。

3. 简述企业典型产品生命周期四个阶段的特征。

4. 简述新产品开发的步骤。

四、案例分析

老年代步车越禁越疯狂

2014年“3·15”国际消费者权益日，被曝光存在严重安全隐患的无牌代步车在相关部门发出禁令后，依旧招摇过市。连日来记者调查发现，路面上的各类代步车没有任何收敛迹象，一些老年代步车销售商甚至表示曝光后销量不降反升。无牌代步车真可谓“越禁越疯狂”。

央视虽然曝光了无牌代步车，但上个周末记者登录淘宝，发现还是可以找到近万件相关商品。只有在“老年代步车四轮”的细类检索中，选择“全封闭”一项时，页面才显示“根据相关法律法规和政策，无法显示‘封闭四轮电动车’的相关宝贝”的信息。

“2014年宝马新款”、“无限千米数”、“油电混合”、迷你型、超大型……网店的宣传五花八门，价格从六七千到3万多元不等，还纷纷打出“包邮”、“厂家直销”等旗号。由于被曝光的车辆生产厂家在山东，“实在山东人”居然被商家拿来作卖点。

在“老年代步四轮轿车”中，销量最好的一家网店在30天内有82笔交易。这款售价1.05万元至1.55万元的“宝马款五门车”销售商在北京，是大兴区西红门一家名为“兴丰万达”的公司。卖家还在“特别说明”里明确告知“电动四轮老年代步车和燃油四轮代步车不能上牌照”。虽然销量好，但不少买家反映车子有门关不严、刹车失灵等问题。

记者走访了位于三环新城内的一家电动车淘宝店，店内外摆放着多辆封闭式三轮电动车。记者询问是否有四轮电动车时，店员表示四轮电动车有但在仓库里。交谈中店员表示：“那种车被央视曝光过。”当记者询问这种车到底能不能上路时，对方表示“说不好”、“不知道以后会怎样”。

在联想桥北的几家电动车专卖店里，记者询问是否有老年代步车时，销售人员热情地上前推销，仔细询问用途、驾驶人并帮记者分析如何选择。这位销售人员说，四轮电动车速度较快，能到40至60千米每小时，但售价要比三轮电动车贵1万元左右。销售人员表示，被曝光后，代步车的销量不降反升，至于原因，他们认为是“央视给做了广告宣传”。

资料来源：金可，孙宏阳：《老年代步车销量不降反升　越禁越疯狂》，载《北京日报》，2014-03-24。

问题：

1. 你认为老年代步车的销量不降反升，是否是因为“央视给做了广告宣传”?

2. 在我国，你认为老年代步车处在产品生命周期的哪个阶段？该采用什么样的营销策略？

五、营销辩论

一些营销人员认为，产品的性能是产品最重要的方面。另一些营销人员则认为，外观、感觉以及其他设计因素才是真正产品产生差异的地方。

辩论双方

正方：产品的功能是品牌成功的关键。

反方：产品的设计是品牌成功的关键。

项目七

设计与管理老年服务

学习目标

知识目标

1. 理解服务的概念、特点和营销应对；
2. 掌握服务营销的“3P”策略；
3. 理解服务质量的维度；
4. 掌握服务差距产生的原因及应对策略；
5. 掌握处理顾客投诉的方法和顾客转介绍体系。

素质目标

1. 通过学习认识到内部管理和外部营销同样重要；
2. 养成一定的服务质量意识。

能力目标

1. 能针对服务产品的特点，制定相应的营销策略；
2. 能应用服务营销“3P”策略提高服务企业的服务质量；
3. 能正确分析评价企业服务质量，发现问题并解决。

任务一

制定老年服务策略

情境导入

陈奶奶有五个子女，其中三个在外地居住，一个虽然在本地，但平日里忙于生计，还有一个在服刑，均无法在老人身边时刻照料。多年来，陈奶奶一直都是独自生活。从去年开始，陈奶奶可能是年岁大了，生活上越来越难以自理，越来越健忘，加上多疑、焦躁，子女们为她请了几次保姆，都因为无法与老人相处，最后辞职离去。

陈奶奶也意识到了自己的状况，提出要去养老院，就在子女们为其落实好 A 养老院后，老人又反悔了，理由有三点：一是担心物质条件比不上家里；二是怕养老院的员工服务不好，进了养老院后，无人搭理，失去精神寄托；三是觉得养老院是孤寡老人才去的地方，怕给子女脸上“抹黑”。

任务描述

（1）根据陈奶奶的情况，如果你是 A 养老院的业务员，你认为采取哪些措施或营销技巧才能打消老人的顾虑，使老人愿意住进养老院？

（2）如果你是 A 养老院的营销经理，你认为若要提高员工的服务积极性和服务水平，应该采取哪些措施？

相关知识

服务（service）是一方向另一方提供的、本质上是无形的任何活动或作业，结果不会导致任何所有权的发生。而且，服务可能与某种有形产品联系在一起，也可能毫无关联。

（一）服务的基本特征

为了将服务同有形商品区分开来，自 20 世纪 70 年代以来，西方市场营销学者从产品特征的角度来探讨服务的本质特征。对于大多数服务而言，都具有无形性、可变性、不可分离性和易逝性四个基本特征，如图 7—1 所示。

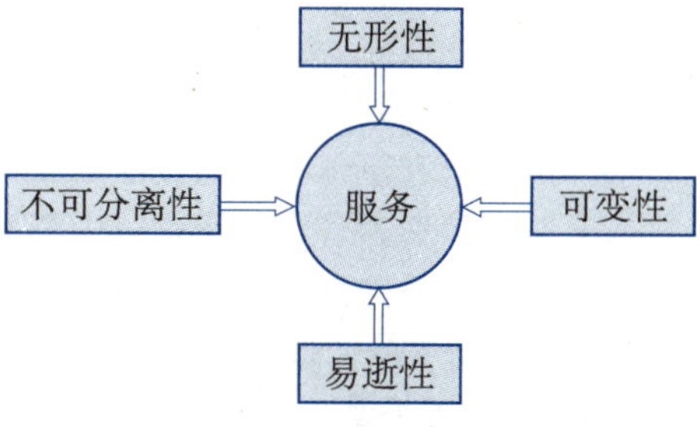

图 7—1 服务的基本特征

1. 服务的无形性

服务与有形产品不同，在购买之前往往是看不见的、尝不到的、摸不着的、听不到的、闻不出的。养老院的老人在接受护理之前是不知道服务质量的；老年康复中心的病人也无法预知治疗的结果。在区别商品与服务的四个特征中，无形性是造成其他三种特性的根本原因。

2. 服务的可变性

服务的主体和对象均是人，人是服务的中心，而人又具有个性，人涉及服务方和接受服务的顾客两个方面。服务品质的可变性既由服务人员素质的差异所决定，也受顾客本身的个性特征所影响。不同素质的服务人员会产生不同的服务质量效果；同样，同一服务人员在不同时间、不同地点、为不同素质的顾客服务，也会产生不同的服务质量效果。

3. 服务的不可分离性

不可分离性是指服务的生产过程与消费过程同时进行，服务人员提供服务给顾客时，也正是顾客消费、享用服务的时刻，二者在时间上不可分离。由于服务是一个过程或一系列的活动，因此在此过程中消费者与生产者必须直接发生联系，消费者不参与服务生产过程。由于在服务的生产过程中顾客也在场，所以服务提供者和顾客之间的互动就成为服务营销的一个典型特征。

4. 服务的易逝性

服务的易逝性又叫不可贮存性，是指服务产品既不能在时间上贮存下来，以备未来使用，也不能在空间上将服务转移回家安放下来。如不能及时消费，就会造成服务的损失，如车、船、电影院、剧院的空位现象，其损失表现为机会的丧失和折旧的发生。

（二）服务的营销挑战与应对策略

1. 服务的无形性带来的挑战与应对策略

（1）面临的挑战。

1）展示或传达服务存在困难，因为当消费者看不到服务时，很难引起他们的注意；

2）促使购买决定存在困难，因为当消费者看不到服务时，会有很强的防范心理；

3）给服务定价存在困难，因为生产服务的主要成本是劳动力，很难对劳动力衡量价值。

（2）应对策略。

1）通过服务场所、设施、标识、员工着装、宣传材料等实体证据，化无形为有形；

2）把无形的服务转化为具体的利益和完美体验（如感官体验、情感体验、行为体验和智力体验）；

3）投入大量的精力、时间和费用来塑造组织品牌形象，采用消费者认知定价法。

2. 服务的不可分离性带来的挑战与应对策略

（1）面临的挑战。

1）服务提供者和顾客同时在场，顾客构成服务的一部分，增加了服务的不确定性；

2）顾客往往需要亲自上门或等待，而时间越来越成为稀缺资源，顾客讨厌距离和等待。

（2）应对策略。

1）挑选具有卓越的沟通技能的服务人员，重视对一线接待人员的选择和培训；

2）加强消费者管理，尽量减少消费者对服务过程的干扰；

3）增加服务网点，加快服务的速度。

3. 服务的可变性带来的挑战与应对策略

（1）面临的挑战。服务的标准化和质量控制特别难于实现。

（2）应对策略。

1）利用每个服务过程中存在的、固有的变异性，提供定制化的服务；

2）勾画出服务流程、顾客接触点，通过强化服务流程的培训，实现服务的标准化；

3）充分利用新型服务设备和技术，用机器代替人工，如老年自动洗澡机的应用。

4. 服务的易逝性带来的挑战与应对策略

（1）面临的挑战。由于服务无法储存，如何保证服务需求与供应相匹配是一个严峻的挑战。

（2）应对策略。

1）管理需求：采用差别定价，使需求从高峰转向非高峰；培养非高峰需求，如麦当劳提供早餐；在高峰期提供补充服务，如给等候的顾客提供休息、娱乐服务；提供预订服务。

2）管理供给：高峰时期雇佣兼职人员；高峰时期启动更高效的程序；鼓励顾客参与部分工作；通过合作或外包解决。

（三）服务营销“3P”策略

传统的“4P”营销组合主要适用于实体商品的经营，但对服务来说，还要增加一些要素。专家认为，服务营销应该再加上 3 个 P，即人员（people）、过程（process）和实体证明（physical evidence）。

1. 人员

在服务营销中，人是第一位的因素，他们是顾客忠诚和竞争优势的源泉。服务质量的好坏首先决定于直接或间接和顾客打交道的员工，所以优秀的企业总是愿意花大力气招募、培训和激励员工。同时，由于服务的产销同步性，顾客本身的因素也会影响到对服务的体验，所以设法引导顾客进入角色和管理顾客行为也不可忽视。

（1）成功的循环圈。

对员工进行合理的投资形成服务营销成功的循环圈（见图 7—2）。通过高于平均水平的工资吸引高素质的员工，以拓展工作内涵、提供丰富培训、授予权利等方式让前台员工提高服务质量。有针对性地选拔员工、高薪和集中培训都会让员工满意、态度积极，从而能提供更高质量的服务，进而带来满意的顾客、稳定和忠诚的客户关系。这一切都会带来利润的提高，也就更有条件实施顾客

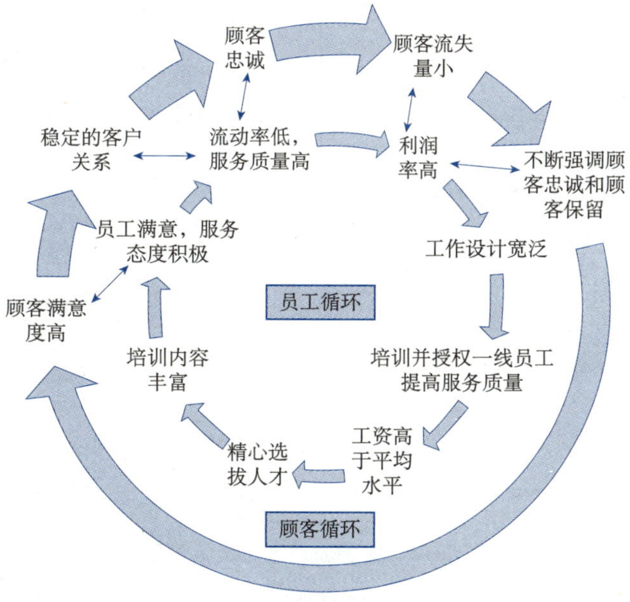

图 7—2 服务营销成功的循环圈

保留战略，进入良性通道。

引例：海底捞授权一线员工

对员工信任的唯一标志是授权。很多公司用上百万的年薪挖来职业经理人当总经理，可是这个总经理连5万元的签单权都没有，这叫什么信任？相反，海底捞的普通服务员有给客人免单的权限，这才叫真信任。人有权，才有胆；有胆，才不怕犯错；不怕犯错，才能创新。

聪明的管理者能让员工的大脑为他/她工作，当一个员工不仅仅是上级命令的执行者时，他/她就是一个管理者了。海底捞对员工的授权，等于让人人成了管理者，海底捞其实是由一万个管理者组成的公司！

如果把员工的心留下，再把权利交给员工，员工的脑袋就开始创造了。这就是海底捞创造出那么多“变态”服务的根本原因。

海底捞创始人张勇说：“创新在海底捞不是刻意推行的，我们只是努力创造让员工愿意工作的环境，结果创新就不断涌现出来了，没想到这就是创新。后来公司大了，当我们试图把创新用制度进行考核时，真正的创新反而少了。因为创新不是想创就能创出来的，考核创新本身就是假设员工没有创新的能力和欲望，这是不信任的表现。”

海底捞员工的笑是真诚的，这种真诚的笑同海底捞对员工的授权有直接关系。中国的服务员社会地位低下，如果服务出错，往往会引起客人发脾气，甚至遭到谩骂。可是如果服务员能马上用实际行动——如送个菜、打个折表示歉意，正常人都是不打笑脸人的。少挨人骂，自然就高兴。

资料来源：黄铁英：《海底捞你学不会》，30页，北京，中信出版社，2011。

（2）服务公司人员管理。

任何服务公司都想进入成功的循环圈，这依赖于成功的人力资源管理。图7—3概括了服务公司人力资源管理的主要战略。

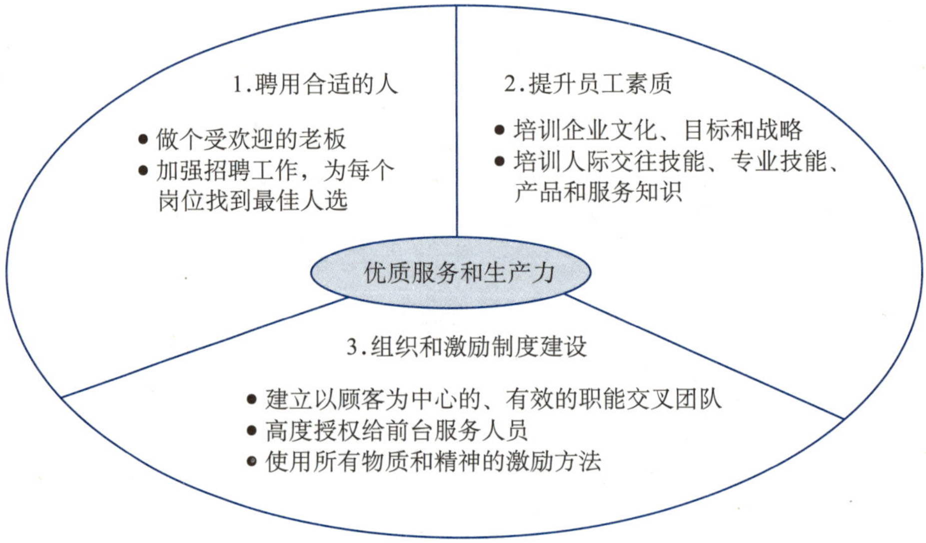

图7—3　服务公司人力资源管理

聘用合适的人：最优秀的员工往往都无法通过培训获得，这取决于每个人内在的品质。一项研究发现，工作中的活力是没办法学到的，只有通过雇佣得到。魅力、注重细节、职业道德、整洁等特征也多是如此。有些品质可以通过工作培训或者奖励得到加强，但总的来说，这些品质是与生俱来的。

积极的员工培训：对员工来讲，培训不仅是技能的提高，还是一种福利，优秀的企业都非常注重培训。培训的内容包括企业文化、目标和战略，人际关系和沟通技巧，产品及服务知识。

组织与激励员工：授权、加强服务团队建设，以及有力的激励措施都会推动员工服务积极性的提高。激励的方法包括工资、奖金、赞赏、工作内容和目标实现等。

企业领导力会成为最终的决定力量。成功的领导者应该高度重视一线员工，他们应该处于金字塔的底端，为一线员工提供足够的支持。同时，注重企业文化建设，让一线员工的价值观、目标和抱负与企业高度一致。

（3）作为“半个员工”的顾客管理。

在对人服务和其他涉及供需之间面对面接触的服务中，顾客往往参与服务的生产与传递，以“半个员工”的角色出现，例如理发、老年照护、老年教育、医疗、自助服务等。在服务的过程中，顾客的行为往往会对服务质量产生重要影响。

服务类企业可以借鉴人力资源管理的方法，对顾客实施引导和管理，可以尽量避免因顾客方面的原因而降低服务质量，具体可以遵循以下四个步骤：

第一，对顾客在服务中所发挥的作用进行“工作分析”，与公司对他们的期望角色进行比较。

第二，判读顾客是否有相应的实施技能。有必要的话可以进行简单培训，或者制作详细的操作说明，如一些自助服务。

第三，要让顾客相信，他们出色的表现必将得到回报。如获得更个性化、更便捷的服务，成本更低。

第四，定期评估顾客表现，如果表现欠佳，试着改变他们的角色和所参与的环节，甚至放弃服务。

顾客也需要挑选，并非所有的顾客都是上帝，目标顾客才是上帝。医生虽然有义务帮助病人，当如果遇到拒绝配合治疗、恶语相向的病人，也只能让其另觅高人。

2. 过程

服务本质上是一个活动过程，过程结束，服务就结束。所以，服务过程的便捷高效，以及顾客在服务过程中愉快的体验至关重要。

时间对于现今的顾客来说具有特别重要的意义。老年人的耐心有限，体质较差的老人尤其厌恶排队。顾客愿意多花钱来节省时间，比如前往某地不搭乘公交车而是乘坐出租车，或是花钱让某项必须完成的工作进行得更快些。因此，创造和传递服务要设计并执行有效的流程，否则会带来官僚和低效，带来令人失望的服务体验。

以客户为中心的流程设计一般要满足四个要求：

（1）对客户有充分的了解；

（2）使服务便捷简单；

（3）提供选择和灵活性；

（4）提供满足顾客期望的服务。

技术发展和顾客需求的变化常常会造成现有服务流程的失效，重新设计流程（流程再造）才能使其焕发生机。服务流程的重新设计一般有以下五种类型：

（1）取消无附加值的步骤，通常简化服务的开头和结尾，增加服务接触中创造利益部分的投入；

（2）充分利用自动化技术和网络信息技术来增加自助服务，提高服务质量；

（3）把服务直接送到顾客面前，而不是把顾客带到企业；

(4) 针对特定顾客群，将多种服务捆绑或组合为一种服务；

(5) 对服务流程实体方面进行重新设计，如更新服务设施和设备，提高生产能力。

3. 实体证明

因为服务的无形性，消费者对服务质量是很难做出客观评价的，因此，消费者经常依赖于服务周围的实体帮助他们做出评价。在无形服务的营销中，实体证明包括外部设施、内部设施和其他有形物。

外部设施包括外部设计、各种标记、停车场、环境美化和周围环境。例如，设施可能依山临湖而建。内部设施包括内部设计、直接用于顾客服务的或用于公司经营的设备、各种标记、布局、空气质量和温度等一些要素。其他有形物包括名片、办公用品、账单、报告、员工的仪容仪表、制服以及小册子等。

实体证明使用的广泛程度随服务公司的类型而变。像医院、养老院这样一些服务性公司，在设施设计和与服务有关的其他有形物方面广泛地使用实体证明。相反，像保险和邮件快递分发点这样的服务公司只使用有限的实体证明。不管使用面的变化有多大，所有服务公司都必须认识到实体证明的重要性。

引例：仁爱华居家养老服务的流程

仁爱华（Right at Home）是由美国人艾伦·黑格（Allen Hager）创立的、世界上最早的居家养老护理服务机构，是美国三大护理服务商之一。目前，仁爱华在美洲、欧洲、澳洲及亚洲拥有三百多家特许经营服务网络，为世界上万个家庭提供居家照护服务。仁爱华居家养老服务的流程如图7—4所示。

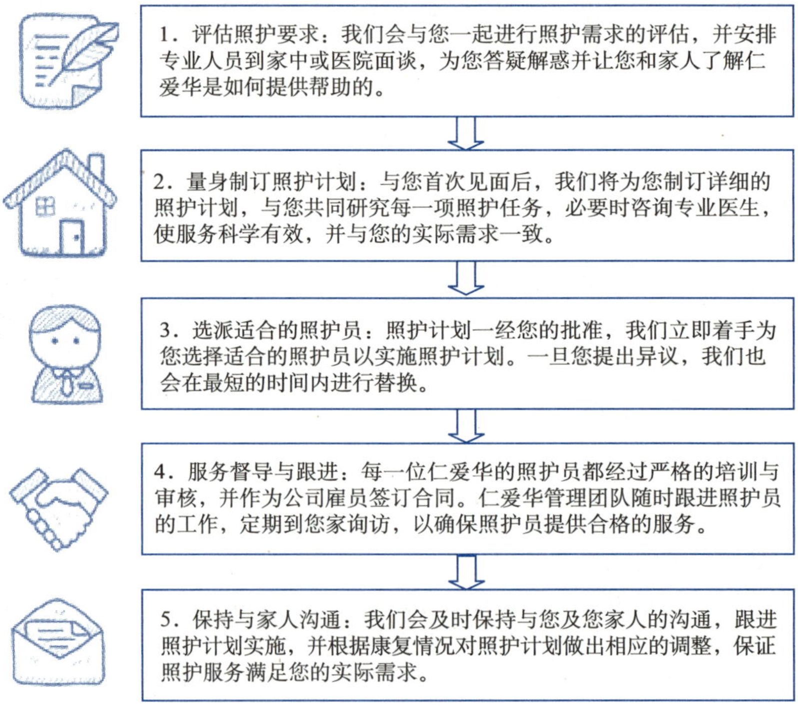

图7—4 仁爱华居家养老服务流程

资料来源：仁爱华官方网站。

同步训练

分析下面的案例，总结高端养老社区服务应该具有哪些特征。

德国汉堡高端养老别墅——Kursana Villa Reinbek，位于德国汉堡市中心，该项目占地3 000平方米，项目前身是由美国第二大养老连锁机构 Sunrise 公司开发经营的豪华养老住宅，后来被柏林的一家服务集团公司收购，该项目的目标客群是高收入的老年群体。

Kursana Villa Reinbelc 是一个优雅而又安全的家。在这里的老人都可以得到高级的居住享受和舒适的护理，并且能感受到一种在家居住的氛围。老人可携带自己的家具和纪念品，还可以养宠物。

无论老人选择的是哪种护理级别，在公寓里他们都能得到充满爱心和舒适的照顾。长期固定的专业护理人员，在照料老人的过程中，逐渐和老人形成默契和产生感情，老年人不会产生抵触情绪和不适感。

这里的老人们还可以根据自己的需要选择理疗、按摩、个性化的物理疗法和药物治疗等服务。此外，如有需要，还可以预订个人服务，如护理人员陪同老人到市区或公园散步，这让老人有更多的自主选择，消除老年人的拘束感，让老年人在自由、舒适和熟悉的环境中找到幸福和归属感。

别墅里还提供一个单独的痴呆生活区，为那些认知能力有限的老人提供一个安全的庇护家园。对于患有老年痴呆的老人，别墅里专门设置了病区浴室，有专业的护理人员为老人洗澡；露台也有安全保护设施；还有一个专门的社区式生活中心和开放的厨房。这里的设备和专业化技术，在这个区域里是一流的。

每层别墅都有一个大的公共娱乐区和厨房。别墅里还有餐厅、美发沙龙，以及一个大花园和露台，有丰富多彩的文化节目和活动，能保证让老人们获得一个良好的居住体验。

任务二

管理老年服务质量

情境导入

某养老院的张总为了把养老院做成当地的示范敬老院，在对老年顾客深入调研的基础上，结合本敬老院实际，以优化服务标准为切入点，制定涉及生活照料、医疗保健、老年食品、紧急救助、心理支持、临终关怀等内容的分项标准，建立了养老服务标准体系。养老院通过自建的网站和当地报纸对服务标准进行了宣传，受到了外界的一致好评，床位一度供不应求。然而，不久就有服务质量方面的负面消息传出，说实际的服务并没有按宣传的标准执行。例如，一个护工在喂饭时态度恶劣，责骂一位老太太。记者采访了这位 40 多岁的护工，她的理由是这位老太太患有老年痴呆症，每次吃饭都很慢，还弄得到处都很脏。而且，养老院规定护工必须在半小时内完成老人的喂饭工作，否则，护工自己的吃饭时间就会错过，其他工作人员也不会为其留饭。另一事件是养老院“捆绑”老人。其实是养老院为防止失能老人摔下床而采用的约束带。新闻中报道的“捆绑”等问题，可能是由于养老院与家属沟通不当所造成的。总之，负面消息的传出，使人们对该养老院服务质量的感知与期望值产生了巨大的反差。

任务描述

根据“情境导入”中的案例，分析该养老院的服务质量存在哪些问题，该怎样解决。

相关知识

（一）服务质量的维度

服务质量是一个主观的范畴，它取决于顾客对服务质量的预期（即期望的服务质量）同其实际体验到的服务质量水平的对比。如果顾客所体验到的服务质量水平高于或等于顾客预期的服务质量水平，则顾客会获得较高的满意度，从而认为企业具有较高的服务质量；反之，则会认为企业的服务质量水平较低，如图 7—5 所示。

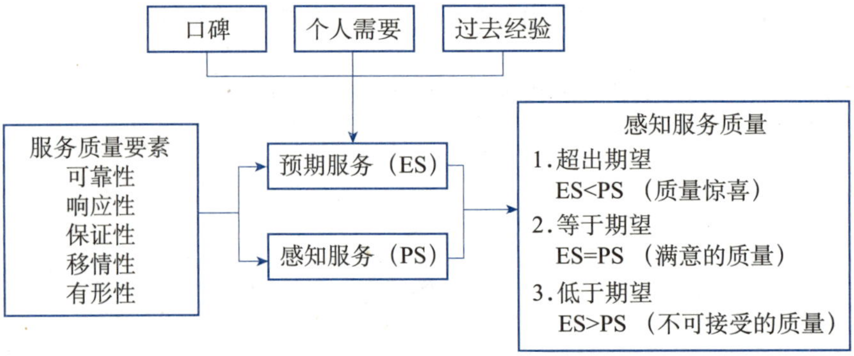

图 7—5 感知服务质量模型

研究人员根据图 7—5 所示的服务质量模型，得出了影响服务质量的五种重要因素：

（1）可靠性（reliability）——可以信赖地、精确地提供已允诺服务的能力。

（2）响应性（responsiveness）——帮助顾客和提供快速服务的意愿程度。

（3）保证性（assurance）——员工的知识和礼貌以及他们传递信任和信心的能力。

（4）移情性（empathy）——对顾客进行照顾、对顾客给予个性化关注的能力。

（5）有形性（tangibles）——实体设施、设备、人员和沟通材料的外观等。

基于上述五种因素，研究者又开发出了服务质量测量模型——SERVQUAL 量表，如表 7—1 所示。

表 7—1　　SERVQUAL 量表

可靠性 ● 提供所承诺的服务 ● 处理顾客服务问题时诚恳可靠 ● 从一开始就提供足够水准的服务 ● 在承诺的时间提供服务 ● 保持无差错记录 ● 员工具有回答顾客问题的知识	移情性 ● 关注每位顾客 ● 员工对顾客很关心 ● 将顾客的最大利益放在心上 ● 了解顾客需要的员工 ● 方便的营业时间
响应性 ● 让顾客知道自己将会在何时得到服务 ● 向顾客提供快速而及时的服务 ● 热心帮助顾客 ● 随时准备响应顾客的要求	有形性 ● 现代化的设备 ● 有视觉吸引力的设施 ● 有着整洁职业着装的员工 ● 有视觉吸引力的、与服务有关的材料
保证性 ● 可以向顾客传递信心的员工 ● 使顾客对交易放心 ● 始终保持礼貌的员工	

（二）服务质量差距的产生与应对策略

加强服务质量管理，首先需要分析服务质量存在哪些差距，美国服务问题专家设计的服务质量差距分析模型为我们提供了一个很好的分析思路，如图 7—6 所示。

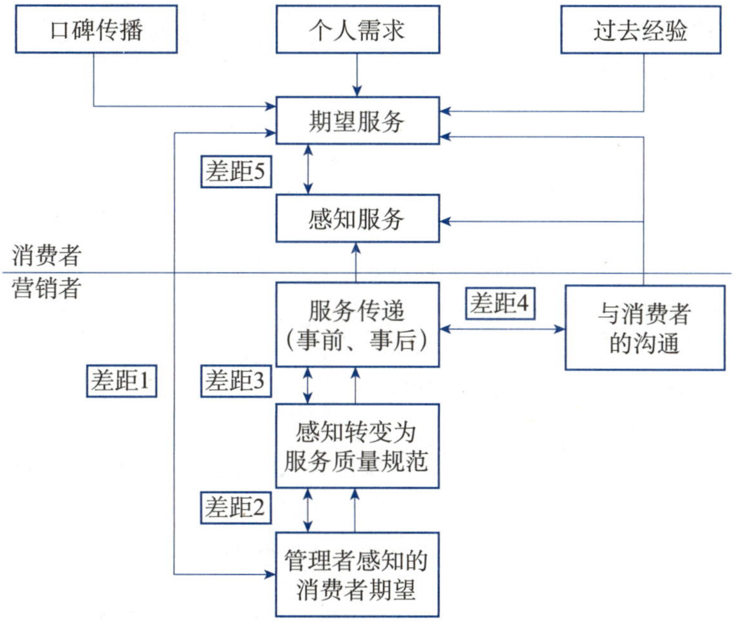

图 7—6　服务质量差距分析模型

1. 管理者认识的差距（差距 1）

这一差距是指管理者对消费者期望的服务存在认识上的偏差。例如，养老院的管理者认为病人需要好的食品和住宿条件，而老人更希望与护工有更多的感情交流。产生管理者认识的差距的原因有：

（1）没有进行顾客需求分析或分析不准确；

（2）一线服务人员向上沟通失真；

（3）组织层级过多，影响信息沟通。

应对策略：

（1）加强市场调研，深入了解顾客期望；

（2）执行有效的客户反馈系统，加强管理者和客户之间的互动；

（3）促进和鼓励一线员工和管理者之间的沟通。

2. 质量标准差距（差距 2）

这一差距是指管理者对老年顾客期望的感受与对服务所设定的实际标准之间存在的差距。例如，养老院的管理者可能会告诉服务员要提供优质的服务，但并没有明确优质的标准。产生质量标准差距的原因有：

（1）管理者并不认为他们能够或者应当满足顾客对服务的要求；

（2）计划过程不够充分或缺少流程设计能力；

（3）组织无明确目标，管理粗放。

应对策略：

（1）充分认识满足顾客服务要求的意义；

（2）设计严谨的、系统的、以顾客为中心的服务流程；

（3）为服务流程的每个步骤建立明确的质量标准。

3. 服务传递差距（差距 3）

这一差距是指在服务生产和交易过程中员工的行为不符合质量标准。这是因为：

（1）标准太复杂或太苛刻，严重脱离实际；

（2）员工缺乏服务的意愿和能力；

（3）缺乏支持条件；

（4）顾客阻碍或破坏了服务的高效进行。

应对策略：

（1）基于行业现状制定切实可行的服务标准；

（2）挑选、培训、激励一线服务员工；

（3）配备合适的技术、设备、支持流程的生产力；

（4）教育、培训、引导客户，加强客户管理。

4. 营销沟通差距（差距 4）

这一差距是指营销沟通行为所做出的承诺与实际提供的服务不一致。产生这种差距的原因有：

（1）广告等营销沟通过程中往往存在承诺过多的倾向；

（2）外部营销沟通的计划与执行没有和服务生产统一起来。

应对策略：

（1）外部营销活动中做出的承诺能够做到言出必行，避免夸夸其谈所产生的副作用；

（2）建立外部营销沟通活动与服务生产统一协调的制度，使沟通更加准确和符合实际。

5. 感知服务质量差距（差距 5）

这一差距是指顾客感知或经历的服务与期望的服务不一样。感知服务质量差距的产生是前面四种差距积累起来的结果，原因可能是前面所谈众多原因中的一个或者是它们的组合。当然，也有可能是其他未被提到的因素。所以，如果前面四种差距得到了解决，差距 5 也将得到有效解决。

差距分析是一种直接有效的工具，利用它可以发现服务提供者与顾客之间对服务观念存在的差异，有助于指导管理者发现引发质量问题的根源，并寻找适当的、消除差距的措施。

（三）服务质量管理工具

1. PDCA 循环

PDCA 循环又叫戴明环，是美国质量管理专家休哈特博士首先提出的，由戴明采纳、宣传，获得普及。它是全面质量管理所应遵循的科学程序。

PDCA 分别指的是英语单词 plan（计划）、do（执行）、check（检查）和 action（处理）的第一个字母，PDCA 循环就是按照这样的顺序进行质量管理，并且循环不止地进行下去的科学程序（见图 7—7）。

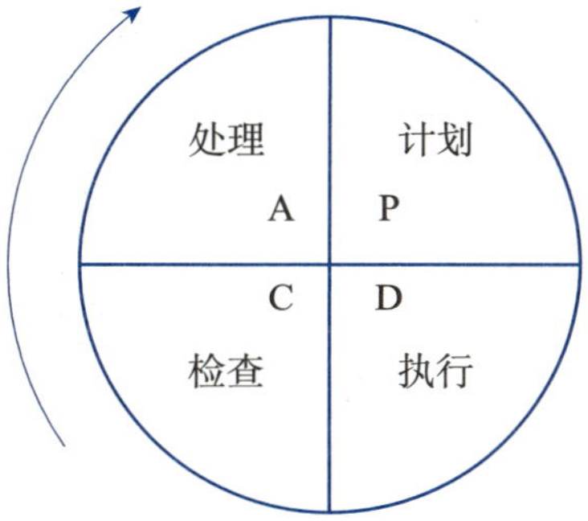

图 7—7　PDCA 循环

（1）P：计划，包括方针和目标的确定，以及活动规划的制定。

（2）D：执行，根据已知的信息，设计具体的方法、方案和计划布局；再根据设计和布局，进行具体运作，实现计划中的内容。

（3）C：检查，总结执行计划的结果，分清哪些做对了、哪些做错了，明确效果，找出问题。

（4）A：处理，对检查的结果进行处理，对成功的经验加以肯定，并予以标准化；对失败的教训也要总结，引起重视。对于没有解决的问题，应提交给下一个 PDCA 循环。

2. 标杆管理

一家公司绩效的考核可以通过与行业内最好公司的绩效进行比较而得到，这种过程被称为标杆管理。例如新加坡航空公司以一流的舱内服务、联邦快递以一致的隔夜送达、汉普顿旅馆以干净的房间、仁爱华以提供居家照护老人而闻名，它们就可以在某方面作为行业的标杆。然而，标杆管理并不仅仅是进行比较统计，还包括到标杆企业去学习它们是如何实现一流绩效的。在互联网时代，标杆管理还要求企业有“跨界”的思维，如一个老年服务企业去向海底捞餐饮企业和海尔家电企业学习售后服务同样会有巨大的收获。

标杆管理的过程分为五步：（1）选择一个需要改善的关键过程；（2）找到一个过程很优秀的组织；（3）联系标杆企业，进行参观学习；（4）分析参观的收获；（5）相应改善自己。

3. 目标管理

美国管理大师彼得·德鲁克（Peter F. Drucker）于 1954 年在其名著《管理实践》中最先提出了“目标管理”的概念，其后他又提出“目标管理和自我控制”的主张。德鲁克认为：先有目标才能确定工作，所以“企业的使命和任务必须转化为目标”。如果一个领域没有目标，这个领域的工作必然会被忽视。因此，管理者应该通过目标对下级进行管理，当组织最高层管理者确定了组织目标后，必须对其进行有效分解，转变成各个部门以及每个人的分目标，管理者根据分目标的完成情况对下级进行考核、评价和奖惩。

目标管理有以下特点：

（1）员工参与管理。目标管理是员工参与管理的一种形式，由上下级共同商定，依次确定各种目标。

（2）以自我管理为中心。目标管理的基本精神是以自我管理为中心。目标的实施由目标责任者进行，通过自身监督与衡量，不断修正自己的行为，以实现目标。

（3）强调自我评价。目标管理强调自我对工作中的成绩、不足、错误进行对照总结，经常自检自查，不断提高效益。

（4）重视成果。目标管理将评价重点放在工作成效上，按员工的实际贡献大小如实地评价一个人，使评价更具有建设性。

制定目标是目标管理中的关键，应遵守以下原则：

（1）具有一定的挑战性。不要设置一些轻而易举就能达到的目标，要给自己压力，必须要跳一跳才能够到的那种。

（2）具有时间期限。一定要有时间期限来管理它。

（3）具体可量化。到底要完成什么，应该有一个明确的数据指标。

（4）具有现实可行性。制定目标要立足于企业资源和能力现状，面对现实。

同步训练

阅读下面的案例，如果把日本银色城市养老院作为学习的标杆，你认为该怎样向它学习？学习什么？

日本银色城市养老院坐落在东京的一条街道边，一栋五层的灰白色小楼和普通民居混杂在一块，并不起眼，如果不是看到门外空地上停着特殊的、可供轮椅上下的老人专用车，我们很难把它与养老院联系在一起。

银色城市养老院一共有 50 个房间（48 个单间、2 个双人间），现在住着 53 位老人，平均年龄 87 岁，最大的 103 岁。与其他养老院不同的是，银色城市养老院主要接收的是 80 岁以上、自理能力不太强的老人，其人性化的服务设施在日本是最有名的，所以价格也相对较高，但政府会承担一大部分。

一个小卫生间、一个柜子、一张小桌、一张两边都带扶手的单人床，起身坐起一抬手正好能触到的灯绳，墙上的呼叫器和漂亮的装饰画……这是 98 岁老人井泽百合子生活了近 10 年的地方。她说，这里的房间虽小，但非常方便，“还可以和那么多老伙伴聊天，每天都过得很快乐。”为了防止老人自己洗澡时摔倒，养老院在一层有专门的沐浴房，一周三次由护理人员为老人洗澡。为了让每位老人清楚地记得自己住的楼层和房间，养老院还把每一层楼道都刷上了不同颜色，浅粉、米黄、淡蓝等，非常醒目。老人的房门口，除了贴着名字外，还挂着各自最喜欢的小饰物，即使眼睛不好的老人也能找到自己的房间。

养老院不仅设施齐全，老人们的日常生活也被安排得丰富多彩。在一层活动区里，老人可以做美容、接受按摩、修剪指甲等，整洁自信会让老人心情舒畅。二层有音乐教室，老人随时可以在这儿唱歌。这里有屏幕很大的电视和音响设备，老人围坐在一起唱年轻时的歌，感觉很幸福。

养老院的走廊里还贴着老人们每月过生日的照片，每年春秋两季外出旅游时的合影。养老院会定期安排做手工、体操、诗歌朗诵、外出理发、圣诞游园等活动，所有的活动安排都是为了让老人快乐充实地度过晚年。

要保证这么多老人安全地在这里生活，专业的护理人员必不可少。目前，养老院共有 45 名看护、6 名护士，还有 10 多名包括厨师在内的工作人员。这里的看护必须是取得国家二级资格认证的，如果没有，可以边工作边学习取得。所有招募过来的人员，不管以前经验如何，都要先经过 3 个月的培训。在这 3 个月里，服务人员首先要熟记每位老人的名字，以免给药时发错；然后，由专家级看护人员示范如何喂饭、上厕所、洗澡等，最后由新人自己做，他们在旁边记录、考核是否合格。养老院里的厨师也要熟知每位老人的身体状况，然后据此将饭做成粉末状、流食、正常餐等，无法进食的老人还需要通过管子输营养液。

每层楼道的服务台上还有一台小仪器，老人每天的进食、排泄、睡眠、走动等情况都有详细记录，方便所有人查询。另外，养老院附近还有一家合作医院，仅一街之隔，以防紧急情况发生。同时，合作医院每月还要为老人体检一次。每年，养老院会安排老人到大医院做两次全身检查，以及时发现大病苗头。

任务三

处理顾客投诉

情境导入

悉尼一家养老院名声在外，其在营销宣传材料中配有大量图片，自称具有五星级设施，并承诺可以为老年人提供高端舒适的照料。同时，它也是澳大利亚最昂贵的养老院之一，住户每天缴纳的费用是普通养老院的 3 倍多。公众认为，住在这样的养老院应该能享受到最高级的服务。

张大爷早期移民澳洲，靠做小生意起家，算是一位比较富有的华人。随着年龄的增长，身体开始老化，77 岁以后，他患上了轻度老年痴呆症和抑郁症。她的女儿希望父亲能够接受养老院最好的照顾。选择养老院时，受该家养老院营销的影响，女儿于 2009 年 5 月将父亲送至该养老院。

2010 年底，张大爷的女儿看望父亲时发现父亲感染了褥疮，而且一边臀部的褥疮非常严重，都可以看见骨头。父亲的左腿、脚后跟和脚趾也都患有褥疮。由于伤口溃烂以及细菌感染，老人不得不接受医学治疗。在医院治疗期间，父亲向女儿讲述了养老院个别恶劣员工的事情。其中养老院有一名叫戴维斯的男护工，他不但没有专业技能，而且态度恶劣，缺乏耐心。戴维斯不但对张大爷颇不友好，而且曾嘲弄一名 64 岁的老人，让他四肢着地跪求香烟，但其实他根本没有香烟可以给那位老人。戴维斯还嘲笑那位老人，称他“令人恶心”。张大爷在医院治疗了数月，褥疮没有痊愈，于 2012 年 4 月病逝。

为了不再使更多的老人忍受这样的痛苦，张大爷的女儿向养老院院长、健康护理投诉委员会和公共卫生部门提交了投诉书。开始，养老院院长宣称养老院有严格的服务标准，可能是诬陷。调查证实后，该养老院院长尽管认为自己员工的行为是可耻的，但仍辩称戴维斯虐待顾客只是在“开玩笑”，是偶尔为之的个别现象。

最后，愤怒未平的张大爷的女儿起诉了这家养老院。2013 年 10 月，法院裁定张大爷曾遭受虐待，养老院照料疏忽，导致其非正常死亡，张大爷的女儿获得了 50 万美元的赔偿。悉尼这家养老院损失的不仅仅是金钱，整个形象也受到了影响，一些准备入住的老人开始产生了动摇。

资料来源：环球网，2013-09-27。

任务描述

根据“情境导入”中的案例，应用“服务补救”的相关知识，分析悉尼养老院院长处理投诉的方法存在的问题。你认为应该如何处理顾客投诉?

相关知识

（一）建立服务补救系统

一项对服务业顾客流失的调查发现，60%的原因是服务失误造成的。面对服务的失误，平均只有 5%～10%的顾客会选择投诉或抱怨，多数人会选择沉默或离开。所以，会投诉的客户是好客户，他/她让企业发现问题并及时纠正。另一项调查发现，如果投诉得到迅速解决，特别是当场解决，顾客保留率可以达到 82%。正如营销专家迈克尔·哈格罗夫（Michael Hargrove）所说：“服务补救将服务失误转变成你所希望的从未有过的机会。”

任何一个企业，无论其服务质量标准及服务监督体系多么完善，也不可能不出现服务质量问题，关键是如何建立对这些服务质量问题及其所引起的服务抱怨进行灵活处理的机制。有效的投诉处理系统如图 7—8 所示。

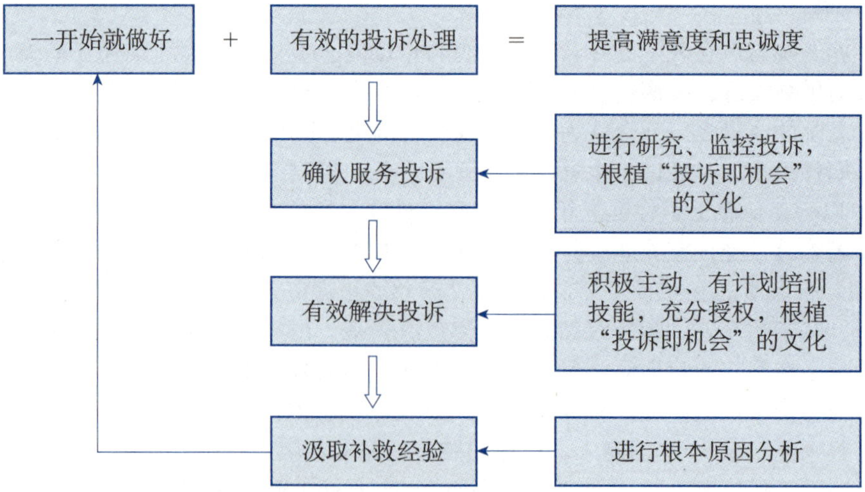

图 7—8　有效的投诉处理系统

延伸阅读

如何处理顾客投诉?

1. 行动迅速。如果投诉是在服务传递过程中发生的，时间是实现完全补救所必需的。如果投诉是在交易之后发生的，许多公司已经建立起24小时内或更快的反应政策。即使完全解决问题需要更长的时间，快速地承认失误仍然是相当重要的。

2. 承认并理解顾客的感情。要么默默地承认，要么从顾客的角度明确表示理解，譬如，“我能理解您为何感到不悦。”这一方法有助于建立良好的关系，是弥补受损关系的第一步。

3. 不要与顾客争辩。目标应该是收集事实以找到双方能能够接受的解决办法，而不是赢得辩论或证明顾客是傻瓜。争论会妨碍倾听，它很少能缓解愤怒的情绪。

4. 澄清事实，梳理原因。失败可能是服务效率不高、顾客误解或第三方的过失行为引起的。如果做错了事情，要立即道歉。越能获得顾客的原谅，他们期望获得的补偿就越少。不要自我防卫，这可能会让顾客感到企业在隐瞒实情，或者不愿意调查情况。

5. 给予顾客质疑的权益。并非所有的顾客都是真诚的，并非所有的投诉都是有道理的。然而，应该将顾客的投诉视为合理的，除非发现明确无误的反证。如果损失的金钱数额巨大（如保险理赔），就一定要认真调查。如果涉及的资金很少，或许并不值得为了赔偿金或其他补偿而讨价还价。然而，检查记录以确定同一顾客是否有可疑投诉的记录是有必要的。

6. 提出解决问题的步骤。如果不可能及时找到解决问题的办法，就告诉顾客将如何进一步解决问题，表明企业正在采取补救措施，同时使顾客能预计相关的时间（公司应该谨慎，不要做出超出能力的承诺）。

7. 使顾客知悉进展情况。没人愿意被蒙在鼓里，不确定性会使顾客产生焦虑和沮丧情绪。如果人们知道发生什么事情，收到定期的进展报告，他们会更愿意接收异常情况。

8. 考虑提供赔偿。如果顾客没有得到他们认为物有所值的服务，或由于服务失误给他们造成损失，就要提供金钱补偿或同类相等的服务。这种补救策略会降低愤怒顾客采取法律措施的风险。企业的服务保证通常提前安排了这种赔偿内容，企业应该全部履行。

9. 坚持不懈，重新获得顾客忠诚。如果顾客很失望，最大的挑战之一是恢复他们的信心并维系今后的关系。可能需要坚持不懈地消解顾客的失望、甚至愤怒的情绪，使顾客相信企业正在采取措施以避免同样的问题再度发生。真正优异的补救措施在建立顾客忠诚和客户推荐方面是相当有效的。

10. 系统自查，追求卓越。客户离开后，应该检查确定服务失误是意外事故、错误还是系统故障引起的，利用每次投诉不断完善整个服务系统。即使发现投诉是因为顾客误会引起的，这也暗示沟通系统的某个地方不是很有效。

资料来源：[美] 克里斯托弗·洛夫洛克：《服务营销》（第6版），323～324页，北京，中国人民大学出版社，2010。

（二）建立顾客转介绍体系

由于顾客无论是满意还是不满意都会向熟人诉说，所以企业不仅要有补救系统，尽可能防止顾客不满意信息的扩散，而且还要建立顾客转介绍体系，鼓励满意的顾客介绍新顾客。

课堂思考

为什么要建立顾客转介绍体系？其优点是什么？

老顾客介绍新顾客的条件是对公司信任，对产品信任，对服务满意，而且一般和服务人员建立了朋友关系。但顾客转介绍要想成功，还需要关注以下几个环节。

（1）制定话术，向顾客提出要求，消除顾虑。在顾客和员工有了感情和信任基础以后，员工就可以礼貌地要求顾客推介新顾客了。这时要注意观察顾客的态度，针对不同的情况，采用不同的话术。可以说："您的亲戚或朋友可能有着同样的需求。""您都认可我们公司了，那为什么不把这么好的产品分享给您的朋友呢？""帮助别人是积德行善。""您所得到的是从我们公司利润中拿出来的，而不是从您朋友那里得到的。"

（2）制定激励制度，给顾客动力。有的顾客不在乎是否给报酬，但有的很在乎，而且侧重的报酬形式不同。所以要综合考虑不同情况，制定不同的激励方法。公司可以给予物质奖励，送一些品质较好的礼品，奖励顾客；每推荐一个新顾客，可以换取一定积分；如果顾客对此不感兴趣，可以给予顾客荣誉称号，在公司顾客答谢会上进行表扬，享有会员特权，满足其成就感；参加旅游、餐饮等不含销售环节的活动；按销售的比例直接给提成，除非顾客明确提出，最好不要直接给现金。

有些公司虽然在介绍前不给出具体的奖励措施，但会在介绍成功后采取一定的感谢措施。一定要让顾客知道，公司不会让他/她白忙，这样顾客就没有了为挣奖励而介绍的顾虑，只当是事后感谢。

（3）采取有效措施，帮助顾客开展工作。转介绍的主角是老顾客，公司是辅助角色。但公司最好有一套完整的方案，帮助顾客进行转介绍工作。

第一，列名单，帮助顾客想出能介绍哪些人购买产品，如亲戚、同事、朋友、邻居，了解他们都住在哪儿，身体状况如何，以及顾客经常活动的地方，是否认识周围的人等。

第二，为顾客设计介绍方法和话术，如说什么、怎么说、怎么做等。

第三，设计小道具，如宣传材料、小礼品等，方便顾客开展工作。

第四，设计活动，顾客只需要把朋友约到活动现场或公司开设的商店里面就行，转介绍是否成功，还要看企业活动是否新颖、产品效果是否明显、员工介绍是否到位等因素。

第五，最简单的方法就是让顾客提供所介绍对象的姓名、电话等联系方式，其他的事项都由公司跟进。

第六，专门召开老顾客联谊会，巧妙对其进行转介绍技巧培训。

公司帮助顾客进行转介绍，不仅减少了顾客转介绍的难度，还能弥补顾客的不足，提高转介绍成功率。

此外，顾客转介绍还要注意以下几点：要申明公司只是向老顾客的朋友介绍，保证绝不强迫购买；要及时向老顾客反映介绍来的新顾客的动态，这是对老顾客的一种尊重，也是一种心理回报；即使转介绍不成功，也要向顾客表达谢意，送点小礼品，促使顾客继续介绍；建立相应的顾客资料，在录入顾客档案时，要注明哪些是转介绍顾客，介绍人是谁，方便日后作为奖励的依据。

同步训练

假如你在一个老年服务机构工作，有一位老人去找你同事办理业务，而你的同事刚好不在，老人对其工作态度不满，要向单位领导投诉，你会怎么做？

知识链接

对于以经营实体产品为主的企业而言，产品支持服务（product-support service）已成为提高企业竞争力的关键因素。产品支持服务并非只给公司带来成本，实际上，有些设备公司，如卡特彼勒，其利润的50%都是来自产品支持服务。一般来说，顾客购买一件产品往往有三种顾虑：一是产品的可靠性和故障频率；二是产品发生故障给工作和生活带来的影响；三是维护和维修的成本。主营产品的公司在开发服务时要识别顾客最看重哪一点，并了解自身的战略和竞争优势，从而制定最有吸引力的产品支持服务策略。在为老年人提供产品支持服务时，除了快速维修产品外，还要尽可能满足老人的心理需要。

引例：海尔售后上门免费维修感动留守老人

现在各个品牌手机市场竞争激烈，售后服务的感知度越来越能影响到消费者的购买取向，很多厂家已经把重心放在了售后服务上，谁能抢先一步提高服务，谁就能拿下竞争的制高点。

用户赵先生是郑州市中牟县人，孩子都外出打工，把他一个老人留在家里。2011年初，他托朋友在商场购买了一部海尔手机，2012年3月6日因手机不小心摔坏，导致屏幕裂开，赵先生就拨打了海尔的客服电话，称手机摔坏，自己年纪大，行动不便，希望能提供上门维修服务。当地海尔客服中心了解情况后，第二天便安排服务人员带着工具上门服务，花费近2个小时才到了用户家，服务人员看到赵先生的家庭条件比较艰苦，且只有老人一人，随即跟公司反映了此情况。海尔手机售后便安排免费给予用户维修，同时还对手机进行了通检、保养。

一个简单的举动，让赵先生极为感动，虽然手机屏只值90元，对多数人来说并不算什么，但是对于一个留守老人，海尔手机能做出这样的行动，他心里是非常温暖的。虽然儿女不在家，但海尔的这份温暖让他觉得不孤单。

资料来源：http：//jr.dahe.cn/html/caijing/dujia/201203/15-69081.html，2012-03-15。

产品支持服务包括售前、售中和售后服务三个类别。售前服务包括收集顾客资源、接触、筛选顾客及预热。售中服务是指在销售活动现场，利用与顾客接触的每个环节开展服务，展示形象，加强顾客认同，为成交做铺垫。售后服务是产品支持服务的重点，包括对已购产品的顾客进行积极主动的使用指导，解答顾客提出的使用问题，维修，处理投诉或退货，提供增值服务以加深和顾客的关系，促进产品再销售和顾客转介绍。出色的产品支持服务是建立顾客忠诚度的关键。

引例：禄祥源公司的亲情式服务

禄祥源（北京）科技有限公司一直要求员工以“替儿女行孝，为父母解忧”为服务宗旨，将孝行渗透到售前、售中和售后的每个环节。公司每年都在一个部队干休所做展销，那里的退休老干部大部分都是80岁以上的空巢家庭，行动不便，生活孤独。因为该公司营业员服务热情周到、细致入微，不少老人和公司建立了深厚的感情。比如一位老人买电动轮椅，公司一名员工帮助其挑选、试用，还送到家里，当天晚上这名员工怕只有老人在家不会用或有危险，在下班时又去他家一趟专门看望。公司这样的事例很多，所以许多老人把该公司员工当成自己的子女。再如，有一位老人每天过来公司买点东西，其实就是为和员工聊天，他把公司一名年龄和他女儿相仿的员工当成他女儿，家里的事都要和这个营业员聊聊；

有一个阿姨经常过来给公司营业员送吃的；每年公司去干休所展销的时候，还有位老人邀请公司员工吃一顿饭；还有专门送给员工的条幅：德行天下，福满人间；有的老人拉着公司员工的手说：现在社会上连出租车都不愿载老人，你们还想着为我们老人做事，真是不容易，太感谢你们啦。

有交情就有交易。禄祥源的“亲情式服务”感动了顾客，帮助公司与顾客建立了良好的关系，有力地支持了公司的销售。

资料来源：由禄祥源（北京）科技有限公司提供。

项目小结

服务是一方向另一方提供的、本质上是无形的任何活动或作业。对于大多数服务而言，都具有无形性、可变性、不可分离性和易逝性四个基本特征。对服务来说，除了“4P”组合以外，服务营销应该再加上3个“P”：人员（people）、过程（process）和实体证明（physical evidence）。

服务质量是一个主观的范畴，它取决于顾客对服务质量的预期（即期望的服务质量）同其实际体验到的服务质量水平的对比。如果顾客所体验到的服务质量水平高于或等于顾客预期的服务质量水平，则顾客会获得较高的满意度，从而认为企业具有较高的服务质量；反之，则会认为企业的服务质量水平较低。评价服务质量可以从可靠性、响应性、保证性、移情性和有形性五个方面入手。加强服务质量管理首先需要分析服务质量存在哪些差距，一般有管理者认识的差距、质量标准差距、服务传递差距、营销沟通的差距、感知服务质量差距。

对于以经营实体老年产品为主的企业而言，产品销售支持服务已成为提高企业竞争力的关键因素。这类服务包括售前、售中和售后服务三个类别。在售后服务中，建立服务补救系统和顾客转介绍体系要引起企业重视。

教学做一体化训练

一、选择题（每题至少有一个正确答案）

1. 在服务的四个特征中，最基本的特征是（　　）。

A. 无形性　　B. 可变性　　C. 易逝性　　D. 不可分离性

2. 服务营销之所以具有互动性的特征，是因为服务具有（　　）。

A. 无形性　　B. 可变性　　C. 易逝性　　D. 不可分离性

3. 由于服务具有可变性的特征，所以服务企业可以采用的策略有（　　）。

A. 对服务结果不提严格要求

B. 强化培训，实现标准化

C. 充分利用新型服务技术，实现自动化

D. 以变应变，采用定制化服务

4. 组织层级过多，造成信息向上传递失真所带来的质量差距是（　　）。

A. 管理者认识的差距　　B. 质量标准差距

C. 服务传递差距　　D. 营销外部沟通差距

5. 顾客投诉对企业来讲，（　　）。

A. 一定是坏事情　　B. 有利于企业发现问题

C. 一定是好事情　　D. 可能是机会

二、判断题（请在正确的论述后面打“√”，错误的论述后面打“×”）

1. 服务和实体产品毫无关联。（　　）
2. 服务营销中的人员策略仅限于让员工满意。（　　）
3. 最优秀的员工一定是通过培训获得的。（　　）
4. 服务是一个活动过程，时间对于顾客具有特别重要的意义。（　　）
5. 服务质量是一个客观范畴，与顾客的体验无关。（　　）

三、简答题

1. 简述服务的四个特征及如何应对。
2. 简述“3P”策略的内容及如何实施。
3. 简述判断服务质量的五个维度。
4. 简述五个服务质量差距。

四、案例分析

四季青敬老院的目标管理

1. 质量方针目标

方针：以老人为本，为老人服务，树行业品牌。

目标：

(1) 提供服务完成率 100%；
(2) 顾客满意率≥90%；
(3) 基础护理合格率≥90%；
(4) 护理及照料人员技术操作合格率≥90%；
(5) 常规物品消毒合格率 100%；
(6) 各种记录合格率≥90%；
(7) 处方合格率≥90%；
(8) 老年人每年体检率 100%；
(9) 炊事人员每年体检率 100%；
(10) 各种设备完好率≥90%；
(11) Ⅱ度压疮发生率 0；
(12) 医疗事故发生率 0；
(13) 食物中毒发生率 0；
(14) 院内感染发生率≤15%；
(15)“一人一针一管一用一灭菌”执行率 100%；
(16) 法定报告传染病漏报率 0；
(17) 健康档案书写合格率≥85%；
(18) 药品合格率 100%。

2. 环境保护方针目标

方针：垃圾分类，环境清洁、优美宜人，冬暖夏凉，四季如春。

目标：环境绿化率达到 60%，无空气污染源，室内空气质量基本达到标准，环境噪音排放小于60分贝。

3. 职业安全健康方针目标

方针：执行《劳动法》的规定，采取有效措施，保证员工的身心健康。

目标：以健康的体魄投入养老行业，无职工安全事故。

4. 标准化方针目标

方针：在实施标准化体系运行中，持续改进，不断提高。

目标：标准覆盖率100%。

资料来源：http：//www.sjqjly.com/page/html/ethic.php。

问题：

1. 你认为四季青敬老院所制定的目标是否科学可行？
2. 结合养老服务行业，查阅相关资料，你认为目标管理有什么优点和缺点？

五、营销辩论

一些服务营销人员强烈坚持服务营销和产品营销有本质的区别，需要完全不同的技能；另一些传统的产品营销人员认为，“好的产品营销就是好的服务营销”，两者没有不同。

辩论双方

正方：产品营销和服务营销有本质的不同。

反方：产品营销与服务营销高度相关。

项目八

制定老年产品价格

学习目标

知识目标

1. 理解影响定价的各种因素；
2. 掌握定价的三种方法；
3. 掌握常用的定价策略；
4. 掌握降价、提价和应对价格竞争的策略。

素质目标

1. 养成思考问题的全面性和系统性；
2. 养成一定的成本、收入和利润观念。

能力目标

1. 能选择相应的定价方法和策略给某一产品定价；
2. 能根据自身、竞争和外界环境变化适时提价或降价；
3. 能够灵活应对对手的价格竞争。

任务一

分析影响老年产品定价的因素

情境导入

近年来，机器人行业市场在技术和需求的双重推动下获得了快速发展，行业未来整体发展前景看好，其中老龄化程度的不断加深所带动的养老机器人市场需求前景，更是被认为是未来的爆点之一。

人口老龄化是不少国家面临的难题。截至 2013 年底，我国 60 周岁及以上的人口达 20 243 万人，占总人口的 14.9%，65 周岁及以上的人口有 13 161 万人，占总人口的 9.7%。用机器人照顾老人的起居生活，可以让不在老人身边的子女心里得到一丝安慰。

从世界养老机器人的发展历程来看，最早可以追溯到 2002 年，以 iRobot 公司推出吸尘器机器人 Roomba 为起点，开启了老年人养护机器人的研究。随后，日本索尼公司的 QRIO、富士通公司的 HOAP2 和本田公司的 ASIMO 都在一步步走进人们的生活。2013 年，美国机器人专家西达尔塔·斯里尼瓦萨研制的机器人赫布懂得从冰箱里取出食品并放进微波炉加热，也会小心翼翼地分离奥利奥饼干的曲奇饼和奶油夹心。据了解，赫布比其他许多机器人先进，因为它不仅能识别研究人员设定的物体，还能积累识别物体的经验，自行发现未设定的物体。

从目前国内养老机器人的研究现状来看，研究机构和企业还相对较少，在机器人的功能方面，目前在助行、家政服务方面的研究较多，而在陪护、医疗康复等领域的研究还相对较少。国内在智能服务机器人领域研发的公司主要有沈阳新松有限责任公司、成都万先自动化科技有限责任公司、江苏慧明智能科技有限公司等。沈阳新松研制的陪护机器人填补了国内老人陪护机器人空白，样机已在北京的养老院示范应用。据了解，还有两家企业的智能服务机器人专利正在审核中。

老年服务机器人制造成本高昂。美国国家科学基金会的研究员瓦克特拉说，一个机器人造价动辄就要五六万美元，售价超出许多普通人家的经济承受能力。像赫布这样的机器人，一条胳膊的造价就要 20 万美元。调查显示，消费者能接受的机器人价位不超过 1 万美元。就算是这样的价格，对于老年人来说还是很难接受，除非自己子女挥金如土，不然老年人还是不愿意自己的子女为自己购买这样一个冷冰冰的机器回家。就我国现阶段来看，由于技术的制约，机器人的市场售价还相对较高，尤其是老年人护理机器人等高端产品，动辄几十万元的价格也不是一般家庭可以承受的。

假设 A 公司是新进入老年机器人行业的公司，目前已经生产出老年人护理机器人，该机器人具备清洁卫生、提醒吃药、助行、护理功能，每个机器人的生产成本约为 30 万元人民币。公司准备将该产品快速导入市场，而你目前刚好在这家公司的营销部工作，负责机器人的产品定价。

资料来源：http：//www.qianzhan.com/analyst/detail/220/140525-a4a0d83a.html，2014-05-25。

任务描述

仔细阅读“情境导入”中的材料，对照“相关知识”，你认为在给 A 公司的老年护理机器人定价时应该考虑哪些内部和外部因素？

相关知识

影响老年产品定价的因素是多方面的，但按照“你、我、他”的思考逻辑，概括起来有三方面是价格决策必须要考虑的，即消费者需求、企业自身和竞争者。

（一）消费者需求

1. 供求规律

在一个完全竞争的市场中，价格最终由需求和供给的态势决定。对于一般的老年产品，在其他因素不变的情况下，产品的供给量随价格的上升而增加，随价格的下降而减少，所以供给曲线是一条向右上方倾斜的线。而产品的需求量则随价格的上升而减少，随价格的下降而增加，是一条向右下方倾斜的线。供给曲线和需求曲线的交点决定了市场均衡价格（见图 8—1）。企业在给产品定价时，必须考虑到市场供求状况对价格的影响。对于一些奢侈品，其需求曲线有时会向上倾斜。一个奢侈品公司在提高了其产品价格后，反而卖出了更多的产品。一些消费者认为更高的价格代表了更好的产品品质。但是，如果价格过高，那么需求水平也会降低（见图 8—2）。

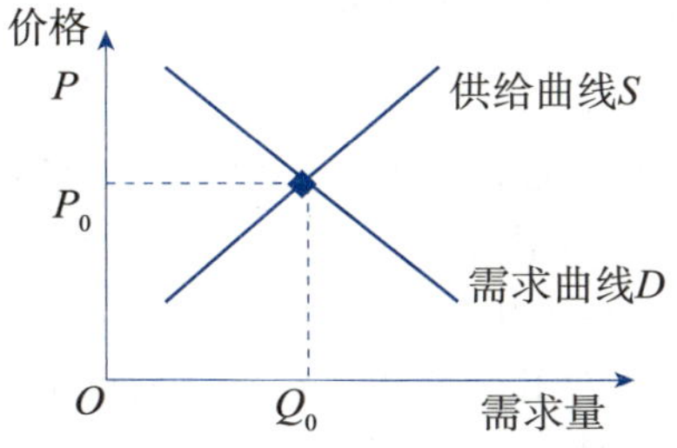

图 8—1　一般产品的供求规律

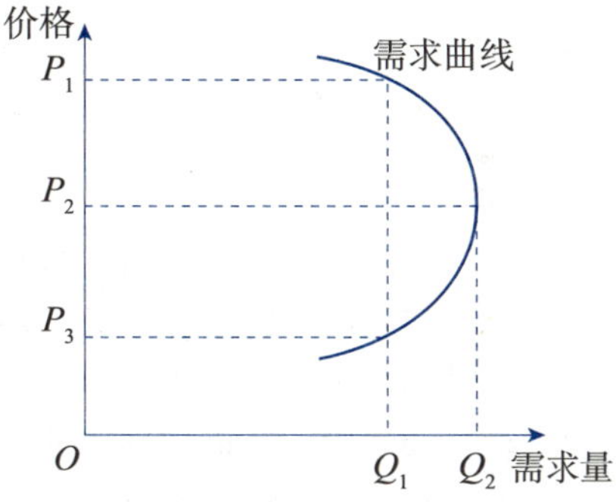

图 8—2　奢侈品的需求曲线

2. 需求的价格弹性

制定价格时还要考虑产品需求价格弹性的影响。需求的价格弹性是指价格变动的比率而引起需求量变动的比率，反映需求变动对价格变动的敏感程度。需求价格弹性的计算公式为：

$$E=\left|\frac{\frac{Q_1-Q_0}{Q_0}}{\frac{P_1-P_0}{P_0}}\right|$$

公式中：Q_0 为原来的需求量，Q_1 为变动后的需求量；P_0 为原来的价格，P_1 为变动后的价格。

不同产品具有不同的需求价格弹性，根据需求价格弹性的大小来决定企业的价格，可考虑如下三种情况：

(1) $E=1$，如图 8—3 所示，表示标准需求价格弹性。反映需求量与价格等比例变化，产品价格的上升或下降会引起需求量等比例的减少或增加。因此，价格变化对销售额影响不大。企业进行价格决策时，可选择预期收益率为目标，采用随行就市的定价策略，同时辅以其他促销措施。

(2) $E>1$，如图 8—4 所示，表示需求价格弹性大。反映需求量的变化幅度大于价格的变化幅度，产品价格稍微上升或下降会引起需求量大幅度的下降或上升。对这类产品，企业可采用降价策略，薄利多销以达到增加利润的目的，而涨价时则需慎重考虑，以免引起需求量锐减，影响企业收入。

(3) $E<1$，如图 8—5 所示，表示需求价格弹性小。反映需求量变化的幅度小于价格变化幅度，产品价格较大幅度的上升或下降仅会引起需求量较小幅度的下降或上升。对这类产品，低价对需求量的刺激不大，薄利也未必多销。如大米、食盐、食用油等生活必需品的需求价格弹性就较小。

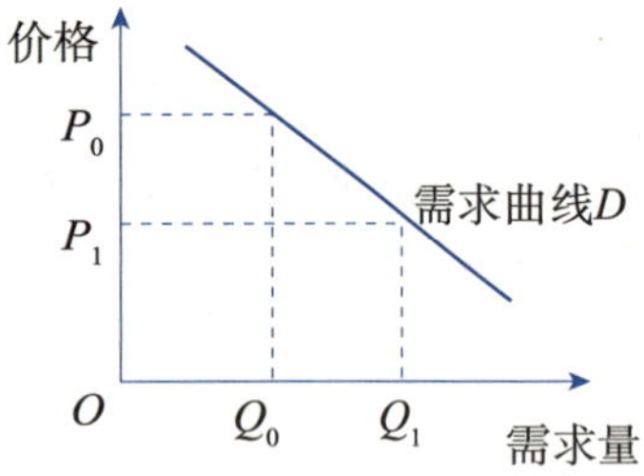

图 8—3　$E=1$

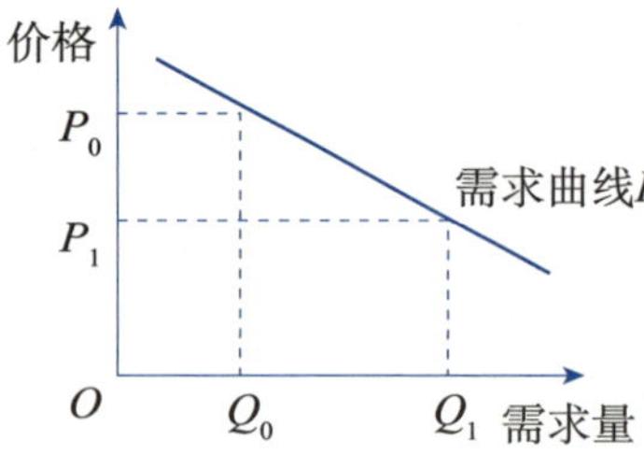

图 8—4　$E>1$

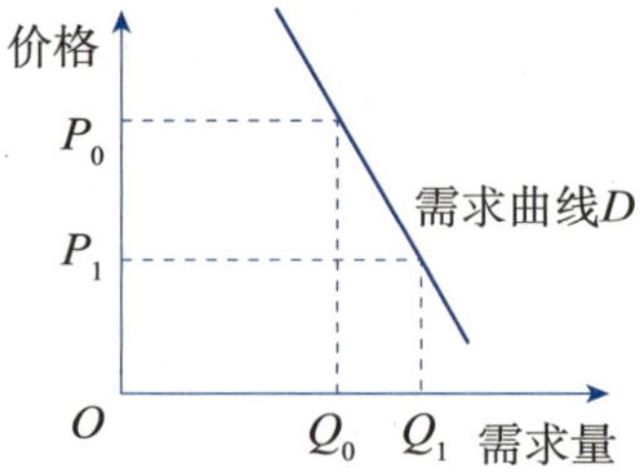

图 8—5　$E<1$

课堂思考

根据你对弹性概念的理解，你认为产品的需求价格弹性与哪些因素有关?

3. 消费者预期和认知价值

常言说“买涨不买跌”就是消费者一种典型的心理预期。在产品涨价的时候，消费者预期可能还要涨价，所以会加速购买；降价的时候，消费者则可能持观望态度，等待继续降价。消费者的这种预期掣肘着企业的调价策略。另外，消费者都有对某种产品的隐性心理认知，它是消费者在心理上对商品价值的估计和认同，从而消费者购买商品时在心里会有一个参考价格（来自于以往的购物经历或同类商品的比较）。如果一种商品和消费者的参考价格一致，他/她就比较容易做出购买决策。因此，企业在具体的定价过程中，应仔细分析消费者潜在的心理认知，大致了解消费者真实的购买动机。

(二) 企业自身

1. 企业定价目标

为产品定价，首先要考虑企业的定价目标。作为一个企业来说，一般有以下五个主要定价目标。

(1) 生存目标。

如果企业遇上生产能力过剩、激烈竞争或者消费者需求改变的情况，它要把维持生存而不是利润作为其主要目标。生存目标是企业处于不利环境中实行的一种特殊的过渡性目标。为避免倒闭、渡过难关，企业短期内可以亏本销售产品，只要价格能够补偿可变成本和一些固定成本即可。

（2）最大市场占有率目标。

市场占有率是衡量企业营销绩效和市场竞争态势的重要指标，因为赢得最高的市场占有率之后，企业将享有最低的成本和最高的长期利润。为了成为市场份额的领导者，企业把价格尽可能定低。

（3）当期利润最大化目标。

追求最大利润，几乎是所有企业的共同目标。但利润最大化并不等于制定最高价格。定价偏高，消费者不能接受，产品销售不畅，反而难以实现利润目标。同时，高价刺激竞争者介入和仿冒品增加，更有损于市场地位。一般的做法是，企业估计不同价格所对应的需求和成本，然后选择能够产生最大现期利润、现金流量和投资回报的价格。

（4）产品质量最优化。

一个企业可以树立在市场上成为产品质量领先地位这样的目标。这就要求企业用高价格来弥补高质量和研究开发的高成本。产品优质优价的同时，还应辅以相应的优质服务。

（5）市场撇脂最大化。

追求市场撇脂最大化的企业采用撇脂定价法。撇脂定价法（market-skimming pricing）又称高价法，即将产品的价格定得较高，尽可能在产品生命初期，在竞争者研制出相似的产品以前，尽快地收回投资，并且取得相当的利润。然后，随着时间的推移，再逐步降低价格，使新产品进入弹性大的市场。一般而言，对于全新产品、受专利保护的产品、需求价格弹性小的产品、流行产品、未来市场形势难以测定的产品等，可以采用撇脂定价法。

引例：使用撇脂定价法的典范——索尼和苹果

当索尼在日本市场推出世界上首台高清电视机（HDTV）时，其价格定为 43 000 美元；而在索尼通过撇脂定价法获得各个细分市场的最大收益后，它逐年下调该产品的售价。1993 年，一台 28 英寸的索尼高清电视机需要 6 000 美元，而在 2007 年，一台 40 英寸的索尼高清电视机只需 1 200 美元。

苹果 iPod 是近几年来最成功的消费类数码产品之一。第一款 iPod 零售价高达 399 元美元，即使对于美国人来说，也是属于高价位产品，但是有很多“苹果迷”既有钱又愿意花钱，所以纷纷购买；苹果认为还可以“撇到更多的脂”，于是不到半年又推出了一款容量更大的 iPod，定价 499 元美元，仍然销路很好。苹果的撇脂定价大获成功。

资料来源：［美］菲利普·科特勒：《营销管理》（第 13 版），473 页，上海，上海人民出版社，2009。

当然，对于一些政府开办的养老服务机构来说，可能有不同于上述目标的其他目标，如能够回收部分成本，服务价格与客户的收入相适应等。

2. 企业成本

（1）成本的类型。

需求为企业的产品设置了价格上限，而成本是其下限。短期内，一个企业的成本分为固定成本和可变成本。

固定成本（fixed cost），是指在一定的经营规模范围内，不随生产或销售收入的变化而变化的成本。如企业内的机器设备、土地使用费、厂房折旧、利息、管理人员的薪水等。从长期来看，固定成本也是可变的。

可变成本（variable cost），是指随着生产水平的变化而直接发生变化的成本。如原材料、燃料、运输费用等。

总成本（total cost），是指在一定的经营规模范围内，所需的固定成本与可变成本之和。平均成本（average cost）是某产量水平下的单位成本，等于总成本除以产量。管理人员希望制定的价格至少能弥补一定产量下的总成本。

（2）规模经济。

为了明智地定价，管理者必须了解不同生产规模下，产品成本是怎样变化的。按照权威性的经济学解释，规模经济指的是在给定技术的条件下（指没有技术变化），对于某一产品（无论是单一产品还是复合产品），如果在某些产量范围内随着产量增加，平均成本是下降或上升的话，我们就认为存在着规模经济或规模不经济。

引例：不同生产水平下的成本

如图 8—6（a）所示，假设德州仪器公司建造了一个老年辅具加工厂，短期内的生产能力是 1 000台，当产量低于1 000台时，随着产量增加，单位成本降低，这时存在规模经济。

当产量等于1 000台时，单位成本最低。高于1 000台时，成本会增加，出现规模不经济。因为工人可能为等待机器而排队，机器经常发生故障，工人还会发生摩擦等。长期来看，德州仪器公司可以考虑扩大工厂，增加设备。这时，一天生产2 000台，成本会比1 000台更低，如图 8—6（b）所示。随着市场需求增大，公司又有足够的管理能力，实际上日产3 000台时将更有效益。但是，日产4 000台，也许单位成本就开始上升，同样会出现规模不经济。

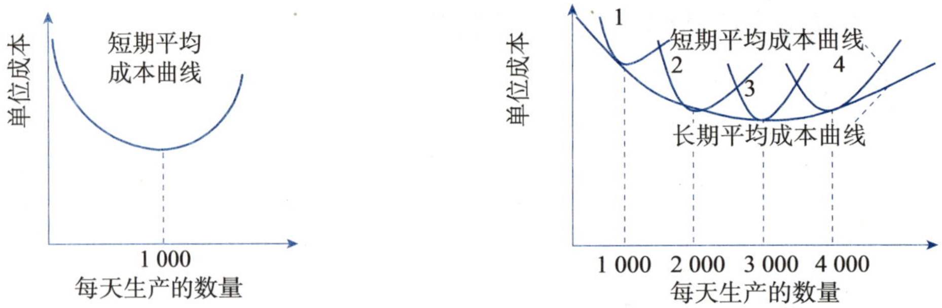

（a）固定规模下的成本特性　　（b）不同规模下的成本特性

图 8—6　不同规模产量中的成本

资料来源：[美] 菲利普·科特勒：《营销管理》（第 14 版），375 页，上海，上海人民出版社，2012。有改动。

课堂 思考

长期来看，工厂存在规模不经济的原因可能有哪些？

除了生产规模影响单位成本外，经验的积累也是一个不可忽视的因素。随着管理者不断创新管理方法，工人不断找到生产捷径，产品的成本会逐渐降低。

引例：美国德州仪器公司的策略

假设德州仪器公司是一家日产 3 000 件产品的工厂。随着该公司生产产品经验的增加，其生产方法也逐步改善。工人学会了走捷径，材料流动更加顺畅，采购成本也随之降低。如图 8—7 所示，随着累积生产经验的增加，平均成本降低。以前生产前 10 万个产品的平均单位成本是 10 美元，而当工厂的累计产量达到 20 万个时，平均单位成本降到了 9 美元。当累计产量又翻倍达到 40 万个时，平均单位成本下降为 8 美元。平均单位成本随着生产经验的累积而降低，表示这种关系的曲线可称为经验曲线（experience curve）或学习曲线（learning curve）。

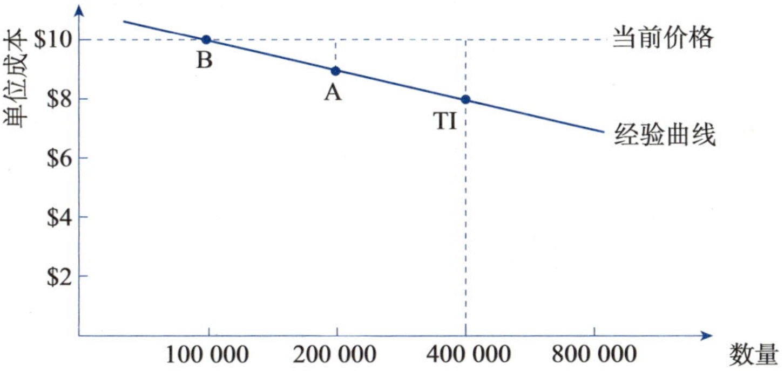

图 8—7　经验曲线

现在假设该行业中有三个相互竞争的企业：德州仪器公司、A 和 B。其中，德州仪器公司的单位成本最低，为 8 美元，其过去已经生产了 40 万个产品。如果所有的企业都以 10 美元的价格出售产品，则德州仪器在每个产品上可获利 2 美元，A 能获利 1 美元，B 则盈亏相抵。德州仪器公司明智的做法是将价格降至 9 美元，这样可以把 B 赶出市场，甚至 A 也会考虑离开。德州仪器公司就可以获得本来属于 B（甚至是 A）的所有生意。而且，价格敏感型消费者可能会在价格较低时进入市场。当产量超过 40 万个时，德州仪器公司的生产成本会进一步更快地降低，这时即使以 9 美元的价格出售，也能恢复先前的利润水平。德州仪器公司就是重复采用这种侵略型的定价策略抢占了市场份额，将竞争对手赶出了该行业。

资料来源：[美] 菲利普·科特勒：《营销管理》（第 13 版），479 页，上海，上海人民出版社，2009。

3. 营销组合因素

价格作为企业“4P”营销组合的一个策略分支，必然会受到产品、渠道和促销三方面的影响。

产品是影响价格决策最有力的因素。由于现实中大多数企业的产品都有一个完整的产品线，产品项目与产品项目之间在价格上必然存在着相互牵连。如替代品，一种商品价格的提升必然引起另一种商品销量的增加。而对于互补品，一种商品因提价造成销量的下降也会引起另一种商品的销量下降。

渠道对定价决策的影响表现在三个方面：第一，渠道的性质、档次影响着消费者对产品的价值认同，同样一件老年服装摆在超市和摆在大商场里给人的感觉是不同的；第二，渠道层级的多少决定着流通成本，这种成本必然会体现在终端产品价格上；第三，渠道流通速度能够增加产品附加值，这种价值也会引起价格不同程度的改变。

促销对定价决策的影响不言而喻。高品质的广告让企业高价格的理由底气十足；良好的公共关系有助于提升企业品牌形象，即便提高产品价格，顾客的接受度也会提高。

（三）竞争者

企业必须通过适当的方式，了解竞争者的产品质量和价格。与竞争者产品比质比价，更加准确地制定本企业产品的价格。分析竞争者时，还要能够分析竞争者层次和所处行业的市场竞争类型。

1. 识别竞争者

识别竞争者似乎是一项简单的工作。可口可乐公司知道百事可乐公司是其主要竞争者；索尼知道松下是它的主要竞争者。然而，企业实际的和潜在的竞争者范围是广泛的。一个企业更可能被新出现的跨界竞争对手或新技术打败，而非当前的竞争者。

根据产品替代观念，我们可以区分四种层次的竞争者（见图 8—8），从而避免出现“竞争近视症”。

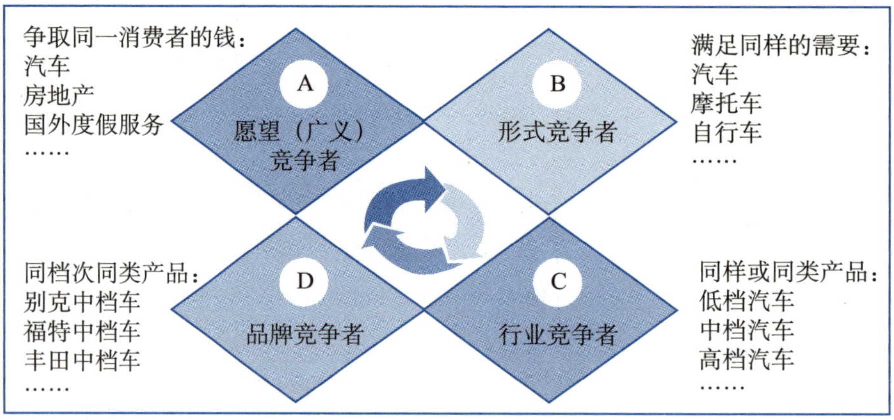

图 8—8　四种层次的竞争者

2. 市场竞争类型

在完全竞争的市场中，市场由众多提供相同或相似产品的生产商和服务商组成，由于彼此势均力敌，没有哪个购买者和销售者有能力影响现行市场价格，市场的定价多采用随行就市策略。

在垄断竞争的市场中，卖方由众多按照系列价格而不是单一市场价格进行交易的销售者组成，定价者可以视企业产品和服务差异的区隔程度的不同，进行或高或低的灵活定价。

在寡头竞争的市场中，卖方由几个对彼此的定价及营销战略高度敏感的销售者组成，定价者之间容易形成战略同盟，价格上相对平衡，以确保彼此的固定利益。

在完全垄断的市场中，市场只存在一个销售者，定价者根据组织的需要可以自行定价并将其作为市场指导价，无任何竞争风险。

当前，我国老年产品市场显然处于垄断竞争的市场中，行业细分度显著，企业可视各自营销目标的不同，在细分空间内向顾客索取相应的差异价值。

同步训练

如果你是一家私人养老院负责定价的经理，请列出制定养老院入住价格时应该考虑的因素。

任务二

选择老年产品定价方法

情境导入

某企业经营的老年人皮鞋应分摊固定成本 4 万元，每双鞋的进价为 200 元，销售费用和税金为 20 元，即每双老年皮鞋的变动成本为 220 元。生产该种皮鞋的竞争者制定的价格是 300 元。

任务描述

若上述某企业每年预期销量为 1 000 双，每双皮鞋售价应定为多少时，企业才能保本？如果该企业采取与竞争者同样的价格出售，其收支相抵，不盈不亏的销售量是多少？如果该企业希望达到的目标利润为 2 万元，则每双皮鞋售价为多少时，企业才能实现目标利润？

相关知识

企业在给老年产品制定价格时应全面考虑消费者、企业、竞争者三方面的因素。但是，在实际定价中往往只能侧重某一方面的因素，并以此作为定价的主要导向。大体上，企业可采用三种导向定价法，如图 8—9 所示。

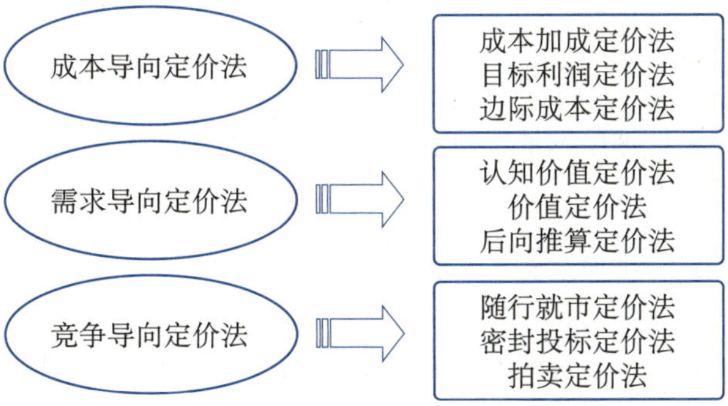

图 8—9　三种导向定价法

（一）成本导向定价法

1. 成本加成定价法

成本加成定价法是指按照单位成本加上一个标准的利润加成，是最基本的定价方法。假定一个制造商的固定成本是 300 000 元，单位变动成本是 10 元，预计单位销售量是 50 000 个，则该制造商的单位成本为：单位成本＝单位变动成本＋固定成本/预计单位销售量＝10＋300 000/50 000＝16（元）。这时有以下两种思路：

（1）逆加法。假设制造商想在销售额中有20％的利润加成，则：

价格＝单位成本÷（1－加成率）＝16÷（1－20％）＝20（元）

（2）顺加法。假设制造商想在单位成本的基础上获得20％的利润加成，则：

价格＝单位成本×（1＋加成率）＝16×（1＋20％）＝19.2（元）

在零售企业中，百货店、杂货店一般采用逆加法来制定产品价格；而水果店、蔬菜店则多采用顺加法来定价。

课堂思考

成本加成定价法有何利弊？

2. 目标利润定价法

目标利润定价法是根据损益平衡点的总成本及预期利润和预期销售量来制定产品价格的方法。

假设用Q表示预期销售量，L表示目标利润，P表示价格，V表示单位变动成本，F表示固定成本，根据目标利润＝总收入－总成本，有：

$$L=QP-QV-F$$

当$L=0$，即总收益等于总成本时，$L=0=QP-QV-F$，则$P=\frac{F}{Q}+V$，这就是保本价格的计算公式。

当$L>0$时，即L为目标利润，总收益大于总成本时：

$$P=\frac{F+L}{Q}+V$$

上例中，假设预计销售量为50 000个，若只想保本，则保本点价格为：

$$P=\frac{F}{Q}+V=\frac{300\ 000}{50\ 000}+10=16\text{（元）}$$

上例中，假设预计销售量达到50 000个，若想赚取200 000元目标利润，则价格为：

$$P=\frac{F+L}{Q}+V=\frac{300\ 000+200\ 000}{50\ 000}+10=20\text{（元）}$$

利用上述公式，也可以计算保本量，如果以20元的价格出售上述商品，则保本量为：

$$Q=\frac{F}{P-V}=\frac{300\ 000}{20-10}=30\ 000\text{（个）}$$

决定目标价格的本量利分析如图8—10所示。

3. 边际成本定价法

边际成本定价法是指企业在定价时只考虑变动成本，不计算固定成本的一种方法。在经济学中，企业短期的固定成本称为沉没成本，企业决策时可以不予考虑，因为毕竟“覆水难收”。上例中，单位固定成本为300 000÷50 000＝6（元），单位可变成本为10元，单位总成本为16元，意味着如果价格低于16元就要亏损。现在假设出现一个机会，有人愿意以13元的价格购买企业的产品，这时企业应不应该抓住这个机会呢？答案是，如果市场竞争激烈，企业的短期目标是生存，生产能力过剩，或者固定成本已经收回，可以利用边际成本定价法，抓住这一机会。因为13元除了可以弥补10元的变动成本之外，还可以弥补3元的固定成本。

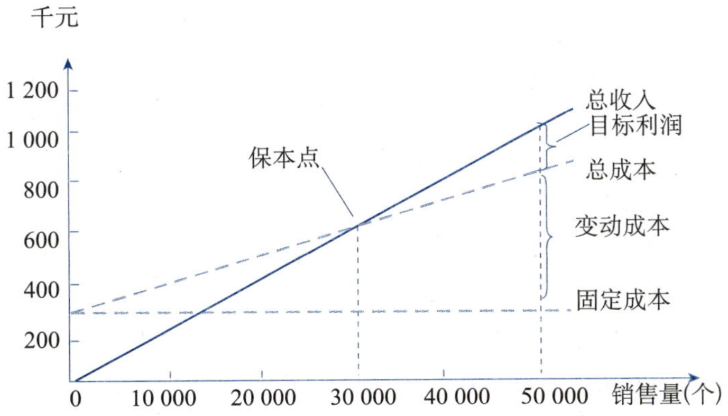

图 8—10　决定目标价格的本量利分析

课堂思考

当市场价格低到什么程度时就不应该销售了？

（二）需求导向定价法

1. 认知价值定价法

认知价值定价法，就是企业根据购买者对产品的认知价值来制定价格的一种方法。定价的关键不是卖方的成本，而是买方对价值的认知。

消费者对商品价值的认知价值，是他们根据自己对产品的功能、效用、质量、档次等多方面的印象，综合购物经验、对市场行情和同类产品的了解而对价格做出的评判，其实质是商品的效用价格比，其关键是消费者对价值的理解和认可。因此，认知价值定价法的关键有两点：（1）充分运用各种营销策略，特别是营销组合的非价格变量影响和提高消费者对商品的认知价值，尤其是与竞争对手的同类产品相比较而言的认知价值；（2）尽量准确估测购买者对商品的认知价值，估测过高，会造成定价过高而使消费者感到企业漫天要价从而抑制购买，估测过低，又会造成定价太低而使消费者怀疑产品的质量而不愿购买。

引例：“安静的小狗”

美国一家生产皮鞋的公司，在生产一种名叫“安静的小狗”的皮鞋时，该公司首先将 100 双这种便鞋送给 100 位顾客试穿，经过 8 周的试穿后，便通知顾客：“公司准备收回鞋子，不过你想留下也行，但每双须付 5 美元。”

该公司并不是真的要收回那 5 美元。“醉翁之意不在酒”，其目的是弄清消费者对这种鞋子的理解认识程度和需求程度，看其在心理上是否愿意接受这个价格。如果大多数顾客都愿意留下，则说明顾客是喜欢这种鞋子的，并且愿意支付每双 5 美元或更高一点的价格。如果大多数顾客都不愿意留下，则说明顾客不喜欢这种鞋子，或嫌价格太高。

资料来源：彭石普：《市场营销：理论、实务、案例》，163 页，大连，东北财经大学出版社，2010。

2. 价值定价法

价值定价法是指所定价格应该体现消费者强烈的物超所值的感觉，即用相当低的价格出售高质量的产品，在消费者心目中形成较多的“消费者剩余”，促成消费者购买。

近年来，一些公司采用了价值定价法，它们通过低价提供高质量的产品或服务以赢得忠实顾客。价值定价法不是简单地制定低价，它要求企业重新安排经营活动，降低成本却不牺牲质量，吸引大量的注重产品价值的顾客。

价值定价法的一种重要形式就是“天天低价”（everyday low pricing，EDLP），主要运用于零售环节，如沃尔玛超市。采用这种定价方法的零售商往往制定一个固定的低价，但很少进行价格促销或产品特卖。这些固定的价格减少了每周之间价格的不确定性，也减少了以促销为导向采用高—低定价法（high-low pricing）的竞争者。采用高—低定价法的零售商把日常价格定得较高，但经常以低于所定价格的价格进行促销。从消费心理上讲，没有人真正喜欢便宜产品，但几乎人人都喜欢占便宜。许多超市常常将“天天低价”和“高—低定价法”相结合，同时加强促销宣传。

3. 后向推算定价法

后向推算定价法是指企业依据消费者能够接受的最终销售价格，逆向推算出产品的出厂价、批发价。这种定价方法不以实际成本为主要依据，而是以市场需求为定价出发点，力求使价格为消费者所接受。例如，在出口定价中可以用这种方法推算 FOB 价（即出口净价）。假定国外市场可以接受的价格是 100 美元；减去 40%的零售商毛利，零售商的成本就是 60 美元；减去经销商 15%的毛利（60×15%=9），经销商的进货成本是 51 美元；减去 10%的关税（51×10%=5.1），可得 CIF 价 45.90 美元；减去运输保险费 5 美元，则得到 FOB 价格为 40.90 美元。

（三）竞争导向定价法

1. 随行就市定价法

随行就市定价法是指企业按照行业的平均现行价格水平来定价。在以下情况下往往采取这种定价方法：

（1）本企业成本在行业平均成本以下，但难以精确估算；

（2）企业打算与同行和平共处；

（3）如果另行定价，则很难了解购买者对本企业价格的反应。

随行就市定价法是运用最为广泛的定价方法之一，它有利于与竞争者和平相处，避免因价格竞争带来的风险，保证企业获得恰当的利润。同时，所定价格也易于为消费者所接受，从而保证产品销路。

2. 密封投标定价法

密封投标定价法，即由密封投标竞争的方式确定商品价格的方法。企业定价的基点与其说是依赖对企业成本或需求的密切联系，不如说是取决于预期的竞争者将制定怎样的价格。某企业想要赢得某个合同，就需要制定比其他企业更低的价格。同时，企业不能将价格定得低于成本，以致无利可图，并恶化它的地位。

3. 拍卖定价法

随着互联网的广泛应用，拍卖定价法越来越流行，拍卖主要有以下两种形式：

（1）英式拍卖（递增出价）。有一个卖家和多个买家，比如在淘宝、eBay 等网站上，卖家放上一件商品，买家出价竞投，直至达到最高价格。报价最高者便可买到该商品。现在的英式拍卖主要用于出售古董、牲口、房产和二手设备、二手车等。

（2）荷兰式拍卖（递减出价）。有一个卖家和多个买家，或一个买家和多个卖家。在第一种情况下，拍卖者报出一个很高的价格，然后逐渐降低报价直至有人出价竞投。在第二种情况下，买家先说出他想购买的商品，潜在的卖家通过提供最低价格以竞得此笔交易。每个卖家都可以看到最后一个报价是多少，然后决定是否要报出更低的价格。

延伸阅读

“第二价格密封拍卖”告诉你：诚实是最优选择

“第二价格密封拍卖”，即维克里拍卖，也叫维克瑞拍卖、二级价格密封拍卖、第二价暗标拍卖。在这种拍卖中，竞买者同样以密封的形式独立出价，商品出售给出价最高的投标者。但是，获胜者支付的是所有投标价格中的第二高价，所以它被称为“第二价格密封拍卖”。维克里指出，如果执行这种程序，每个投标者的最优战略就是使出价等于他自己对这件商品的真实估价，或者说，此时诚实才是最好的竞拍策略。

举例来说，假定你是一个投标人，你对一个物品的价值估计（valuation）是100元。如果你出价低于100元，比如80元，别人的出价大于100元，那么你出100元和80元是没有区别的，别人的出价低于80元，你出100元和80元是没有区别的。别人的出价在80元到100元之间，比如90元，那么你出价100元就能赢得拍品并且能有10元的盈余，如果你出价80元，则收益就是零。如果你出价高于100元，比如120元，别人出价低于100元，你出价100元和120元是没有区别的，都能赢得拍品。别人出价高于120元，你出100元和120元是没有区别的，收益都为零。别人出价在100元到120元之间，比如110元，你出价100元，则收益为零，你出价120元，则收益为－10元，故还不如出100元。

资料来源：http：//baike. baidu. com/view/4421707. htm。

同步训练

某企业生产老年代步车的能力为每年1万辆，固定成本为300万元，单位变动成本为1 300元，产品售价为2 000元，目前订货只有8 000辆。现一家外商提出订购2 000辆，但其出价最高只有1 500元。这笔订货是否可以接受？

任务三

制定老年产品定价策略

情境导入

国内有一家专门经营老年生活用品的商店，从上海和义乌分别购进了一批款式相似的老年棉袜，标价都是 5.9 元。两种款式的袜子销路都不是太好，店员们认为定价太高，建议降价促销。精明的老板经过一番思考，做出将产自上海的袜子售价提高到 9.9 元的决定，并让店员们把它与义乌的 5.9 元袜子一起卖。光顾这家商店的顾客看到两种相似的袜子，价钱相差如此悬殊，就忍不住询问。此时，售货员按老板的安排告诉顾客：价钱不同是因为产地不同、进货渠道不同，其实质量并没有什么区别。经过仔细比较，顾客发现两种袜子确实差不多，自然觉得买义乌生产的就特别合算，产生一种买了便宜、得了实惠的心理。不到两个月，义乌产的袜子就卖完了。这时，老板又让售货员把上海产的袜子标上原价 9.9 元，现价 5.9 元，减价出售。光顾这家商店的顾客看到减价，又以为买了便宜、得了实惠，不久，这些从上海采购的袜子也卖光了。

任务描述

1. 该家老年商店的老板应用了什么定价策略？
2. 该家商店给袜子定价取得成功的根本原因是什么？

相关知识

企业在考虑经营目标、需求、成本、竞争者的基础上，选择一些基本的定价方法，能确定最终的价格范围。但面对最终的顾客，往往需要灵活调整。因此，定价不仅是一门科学，更是一门艺术。

（一）心理定价策略

1. 声望定价

声望定价是利用顾客“一分价钱一分货”和仰慕名牌商品或名店的声望所产生的某种心理，制定高于其他同类产品的价格。顾客购买名牌产品不仅仅是为了消费，还要显示他们的身份和地位，因此，如果名牌产品价格定得低，反而不能满足消费者的心理需要。这种声望定价不仅在零售业中被广泛应用，在饮食、服务、修理、科技、医疗、文化教育等行业也被广泛应用。

引例：“巴厘克”服装

“巴厘克”是印度尼西亚久负盛名的传统服装，某印尼度尼西亚服装厂设计师经过革新，在服装设计中将精美与典雅、娟秀与华丽并存，但在将服装拿到日本展销时，日本社会名流应邀光顾，却无人问津。后来调查发现，是因为衣服定价太低，女士们认为穿着低价服装脸上无光。之后，设计师改进设计，第二年又争取到日本展销，质量并无大变化，价格比上次高出 3 倍，却被抢购一空。调查发现，日本女性认为，价格昂贵又久负盛名，一定货真价实，购买这种服装能显示自己的身份和地位，因而争相购买。

资料来源：彭石普：《市场营销：理论、实务、案例》，168 页，大连，东北财经大学出版社，2010。

2. 尾数定价

利用消费者数字认知的某种心理，尽可能在价格数字上不进位，保留零头，使消费者产生价格低廉和卖主经过认真的成本核算才定价的感觉，从而使消费者对企业产品及其定价产生信任。例如本应定价 200 元的商品，现定价 199 元，虽然只低了 1 元，但感觉上便宜了许多，还给人定价精确的感觉。这种策略适用于单位价值较低的日常生活用品。如美国超级市场的商品，大多数都是奇数尾数定价，如 99 美分、1.99 美元、5.99 美元等。一项研究表明，当一件女装的价格从 34 美元提高到 39 美元时，需求量提高了 1/3，而从 34 美元提高到 44 美元时，需求量没有变化。

3. 整数定价

整数定价是将产品价格采取合零凑整的方法，给人以高档的感觉。如将价格定为 1 000 元，就比 999 元显得高一个档次，消费者能显示其地位、身份，满足其心理需要。炫耀性商品、贵重物品适合采用整数定价。

4. 招徕定价

招徕定价策略就是指利用消费者的求廉心理和投机心理，以较低的价格（特价）来吸引消费者，以达到连带销售其他商品的目的。实施招徕定价应注意以下条件：第一，"特价品"必须是大多数顾客熟悉且日常生活必需、购买频率较高的商品；第二，"特价品"的数量必须适宜，不能太多，也不能太少，太多会伤企业元气，太少会使顾客失望，甚至会产生不信任感；第三，降价应有吸引力；第四，降价应有时间限制；第五，特价品要经常变换；第六，经营的规模要大，否则不能达到经营目的。招徕定价还有一种逆向操作思路，即把某件产品价格制定得特别高，激发顾客的好奇心以吸引他们来参观，对比之下，可以带动旁边同类低价产品的销售。

5. 习惯定价

某些商品需要经常、重复地购买，因此这类商品的价格在消费者心理上已经"定格"，成为一种习惯性的价格。许多商品尤其是家庭生活日常用品，在市场上已经形成了一个习惯价格。消费者已经习惯于消费这种商品时，只愿付出这么大的代价。对这些商品的定价，一般应依照习惯确定，不要随便改变，以免引起顾客的反感。

延伸 阅读

价格的心理作用

美国行为经济学家丹·艾瑞里利用一种号称能"提高运动能力、改善思维"的"超常机能"饮料 SoBe 做过两次实验。

第一次实验，把销售柜台摆在大学健身馆入口处，出售 SoBe 饮料。第一组同学按正常价格付款，第二组同学按正常价格的 1/2 付款。锻炼结束后，同学们都喝完了该饮料。实验人员问他们与正常运动相比感觉如何，是否感觉更轻松一些。喝过饮料的两组同学都回答比平时更轻松一些。但是，买高价饮料的同学比那些买半价饮料的同学感觉更轻松。

第二次实验，同样分为两组，分别以全价和半价购买，喝下饮料后，让他们看 10 分钟电影（解释说是为了让饮料在体内发挥效力）。然后发给两组同学每人 15 道单词组合题，要求他们在 30 分钟内把给出的字母组合成单词，越多越好，多者为优。结果，买全价饮料的一组同学平均答对 9 道题，买半价饮料的一组同学平均答对 6.5 道题。价格决定成绩，在这次实验中，两组同学组词的表现有 28% 的差别。（需要说明的是，让一部分没有喝 SoBe 的同学做摸底测验，平均也答对 9 道题，可见饮料没有使人变聪明。）

资料来源：［美］丹·艾瑞里：《怪诞行为学》，146～147 页，北京，中信出版社，2010。

（二）折扣和折让策略

企业为了鼓励顾客及早付清货款、大量购买、在淡季购买，或配合促销，常常给予顾客一定的价格折扣或折让。

1. 现金折扣

这是企业给那些及时付清货款的顾客的一种减价。例如，顾客在 30 天内必须付清货款，如果 10 天内付清货款，则给以 2%的折扣；如果 20 天内付清货款，则给予 1%的折扣。

2. 数量折扣

这种折扣是企业给那些大量购买某种产品的顾客的一种减价，以鼓励顾客购买更多的物品。例如，顾客购买某种产品 100 单位以下，每单位 10 元；购买 100 单位以上，每单位 9 元。

3. 功能折扣

功能折扣又叫交易折扣，是制造商给某些批发商或零售商的一种额外折扣，促使他们执行某种市场交易功能（如推销、储存、服务）。如厂商报价“100 元，折扣 30%及 10%”，意思是给零售商的交易折扣为 30%，即 70 元，给批发商再优惠 10%，即 63 元。

4. 季节折扣

这种价格折扣是企业给那些购买过季商品的顾客的一种减价，以鼓励顾客提前购买或在淡季购买，使企业的生产和销售在一年四季保持相对稳定。

5. 价格折让

这是一种价目表价格的减价，主要表现为以旧换新和促销折让。例如，一台液晶电视标价4 000 元，顾客以旧电视折价 200 元购买，只需付给 3 800 元。价格折让是为了鼓励中间商开展促销活动（如刊登地方性广告、布置橱窗等）而给予某种形式的价格减让，类似交易折扣。

（三）差别定价策略

差别定价策略，也叫价格歧视，是指企业按照两种或两种以上不反映成本费用的比例差异的价格销售某种产品或服务。一般来说，不同价格的同一产品，当它们彼此之间的成本差异小于价格差异时，就会存在价格歧视。

1. 差别定价的主要形式

（1）顾客差别定价。即企业按照不同的价格把同一产品或服务卖给不同的顾客。例如，许多博物馆和展览馆对学生给予价格优惠；公园对晨练的人给予价格优惠；某汽车经销商按照价目表把某种型号汽车卖给顾客 A，同时按照较低价格把同一型号汽车卖给顾客 B。

（2）产品形式差别定价。即企业对不同型号或形式的产品分别制定不同的价格，但是，不同型号或形式产品的价格之间的差额和成本费用之间的差额并不成比例。如奥运会期间，标有奥运会标志的衣服比没有奥运会标志的衣服价格高。

（3）产品地点差别定价。即企业对于处在不同位置的产品或服务分别制定不同的价格，即使这些产品或服务的成本费用没有任何差异。如体育馆的座位，虽然前后排的成本费用都一样，但由于观赏效果有所不同，因而制定不同的价格；同样品牌的酒水在酒吧里和高级餐厅的价格会远远高于超市的价格。

（4）销售时间差别定价。即企业对于不同季节、不同时期甚至不同重点的产品或服务分别制定不同的价格。例如，旅游服务企业在淡季和旺季的收费不同；电影院晚场和白天的定价不同。

2. 差别定价的适用条件

（1）市场必须是可以分割的，而且各个细分市场表现出不同的需求弹性。

（2）以较低价格购买某种产品的顾客没有可能以较高价格把这种产品倒卖给别人。

（3）在高价细分市场，竞争者的价格不能低于本企业制定的价格。

(4) 细分市场和控制市场的费用必须低于从价格歧视中得到的收益。
(5) 价格歧视不会引起顾客反感而导致其放弃购买，不会影响销售。
(6) 采取的价格歧视形式不能违法。

(四) 产品组合定价策略

当企业同时经营多种产品时，定价需着眼于整个产品组合的利润最大化，而不是单个产品。产品组合定价的主要做法有以下几种。

1. 产品线定价法

在许多行业，企业定价时，要为一个产品线内的产品确定众所周知的价格点，如服装店可以将其男式西服定在三种价格水平上：300 元、800 元和 1500 元。有了这三个价格点，企业更容易实现自己的销售意图，顾客更容易根据自己的情况选择比较。产品线的价格间距要考虑产品线的成本差异、顾客对不同品种特征的评价和竞争者的价格。营销者的任务就是确立认知质量差别，从而使价格差别合理化。

引例：价格诱饵

老乔到货架上选购啤酒，有一种高级啤酒售价 2.6 美元，另一种是廉价品牌，只卖 1.8 美元。高级啤酒更“好”(不管它指的是哪方面)。品酒的行家们给高档品牌的质量打了 70 分 (百分制)，廉价品牌则只有 50 分。老乔应该买哪种啤酒呢？

杜克大学商学院的教授乔尔·休伯 (Joel Huber)，还有他的研究生克里斯托弗·普多 (Christopher Puto)，向一群商学院的学生提出了这道难题。学生们首选高档啤酒，选择高档啤酒和廉价啤酒的人数比是 2∶1。

另一组学生则可从三种啤酒中做选择，除了上述的两种，还有另一种超低价的劣质啤酒，售价 1.6 美元，品质得分也最低，仅有 40 分。

没有任何一个学生想要买这种超便宜的啤酒。即便如此，它仍然影响了人们的选择。选择先前那种廉价啤酒的学生比例从 33%增加到了 47%。超低价啤酒的存在让廉价啤酒变得名正言顺了。

还有一组受试者，他们面对的三种选择是最初的廉价啤酒和高级啤酒以及一种超一流啤酒。和不少高档货一样，这种超一流啤酒要贵得多 (3.4 美元)，但质量只稍微好一点 (75 分)。

10%的学生表示，他们会选择超一流啤酒。令人吃惊的是，其余 90%的学生全选了高级啤酒。这下没人想要买廉价啤酒了。

从而，休伯和普多得出结论：为了提高廉价品牌 A 的市场份额，你只需要提供一种更便宜的品牌 C；类似地，增加一种高价诱饵 D，会把消费者的眼光往上拉，扩大高档品牌 B 的市场份额。

资料来源：[美] 威廉·庞德斯通：《无价》，106～107 页，北京，华文出版社，2011。

2. 选择品定价

许多企业在提供主要产品的同时，还会附带一些可供选择的产品或特征，但为选择品定价却是一件棘手的事。例如，饭店顾客除了订购饭菜外也买酒类饮品。许多饭店的酒价很高，而食品的价格相对较低。食品收入可以弥补食品的成本和饭店的其他成本，而酒类则可以带来利润。这就是为什么服务人员极力要求顾客买饮料的原因。也有的饭店会将酒价定得较低，而为食品制定高价，以吸引爱喝酒的消费者。

3. 互补品定价

当企业同时生产与主要产品一起使用的附属或补充产品时，可以有意识降低弹性大、购买频率低的商品价格，同时提高弹性小、购买频率高的商品价格。例如，生产打印机和墨盒的公司可以降低打印机的价格，以促进墨盒的销售。

4. 分部分定价

服务性企业经常收取一笔固定费用，再加上可变的使用费用。例如，有些旅游景区一般先收取较低的门票费，景区内的景点再单独收费。

5. 组合产品定价

企业经常以某一价格出售一组产品，例如化妆品、计算机、假期旅游公司为顾客提供的一系列活动方案。这一组产品的价格低于单独购买其中每种产品的费用总和。因为顾客可能并不打算购买其中所有的产品，所以这一组合的价格必须有较大的降幅，以此来推动顾客购买。

6. 互替产品定价

互替产品是指买方在购买和使用过程中能够相互替代的产品。一般来说，对于互替产品，企业应该适当提高畅销品的价格，降低滞销品的价格，以使两者的销售相得益彰，增加企业总盈利。

同步训练

分析下面企业在中秋节期间采取的促销定价策略是否属于招徕定价。

某家经营老年服装的企业为了在中秋节期间扩大销售，回笼资金，中秋节到来的前一天晚上，就将其经营的老年服装上的价格标签偷偷地进行了更改，在原价格的基础之上统统上调 50%，然后，大搞促销宣传："迎中秋，送孝心，换新装，老年服装 5 折出售。"由于折扣听来比较大，对顾客诱惑不小，着实招徕了不少顾客，生意显得比较火爆。

知识链接

企业处在一个不断变化的环境之中，为了生存和发展，有时候需主动降价或提价，有时候又需对竞争者的调价做出适当的反应。

课堂思考

企业一般在哪些情况下会考虑降价？降价可能带来哪些风险？

（一）企业降价的心理策略

1. 降价次数宜少不宜多

顾客对商品降价一般会表现出一种不以为然的心理，特别是对那些频繁降价的商品，更是不予理睬，有的甚至会产生一种反感。频繁地给商品降价可能给顾客造成这样的错觉：一定是因为商品质量差，即使降了价也销售不出去，才被迫一次又一次地反复降价，所以顾客会期盼商品继续降价。因此，商品降价的次数要尽量少，最好能一步到位。

2. 降价幅度应能引起顾客的注意

商品降价的目的在于促销，因此降价幅度必须足以引起顾客的注意，使之动心，以刺激其购买。假若降价幅度过小，与原价相差无几，难以引起顾客的注意和兴趣，便无法实现促销意图，特别是一些处于淡季或款式过时的商品，若降价幅度过小，顾客更是不屑一顾。但是，降价幅度也并非越大越好，若降价幅度过大，就可能物极必反，引起顾客的重重疑虑，认为是质量低劣才大幅度处理销售的，从而不愿意购买。通常，商品降价幅度以10%～30%为宜。

3. 灵活运用直接降价与间接降价策略

在实际中，直接降价与间接降价策略各有利弊。直接降价容易刺激竞争对手的相继降价竞销；而间接降价有一定的隐蔽性，可以暂时避免竞争对手的降价竞销，但由于没有直接给顾客带来好处，从而很难达到应有的促销目的。因而通常的策略是将两种策略结合使用，以互补优势。

4. 宜主动降价，不宜被动降价

在市场竞争激烈的情况下，如果企业的产品质量与竞争对手的产品质量相当或略优于竞争对手，主动降价往往可使企业占据有利地位，从而扩大市场占有份额，甚至有可能挤垮竞争对手。即使企业的综合力量比较薄弱，采用主动降价方法也可使企业占主动地位。但应注意的是，主动降价一般只适用于市场供求平衡或供大于求的商品，被动降价带有一定的逼迫性，一般都是在无奈的情况才会采用。

课堂思考

企业一般在哪些情况下会考虑提价？提价对企业有哪些利弊？

引例：提价1%增加33%的利润

一个成功的提价措施能增加相当高的利润。例如，假定一家超市的利润是销售额的3%，倘若销售量未受影响，则提价1%将增加33%的利润。我们用表8—1来说明这个问题。

表8—1

	提价前	提价后
价格	$10	$10.10（价格增加1%）
销量	100	100
收益	$1 000	$1 010
成本	$970	$970
利润	$30	$40（利润增加33%）

资料来源：[美] 菲利普·科特勒：《营销管理》（第14版），389页，上海，上海人民出版社，2012。

（二）企业提价的心理策略

1. 掌握时机，适时提价

对任何一种商品的提价，顾客都会体现出一时的不适应，因此，商品的提价必须掌握时机，要在条件具备的形势下进行，以避免顾客不良心理现象的产生。比如，在市场上总体价格水平处在高位，而且一直居高不下的条件下提价，顾客一般难以察觉，即使察觉到了也能表示理解。

2. 提价幅度不宜太大，速度不宜太快

企业应尽量控制提价的幅度和速度，即提价的幅度宜小不宜大，提价的速度宜慢不宜快。要循序渐进，不能急于求成；要走小步，走一步看一步，而不能走大步，企图一步到位。

3. 宜被动提价，不宜主动提价

顾客对主动提价和被动提价会产生两种不同的心理反应。所谓主动提价，从某种意义上说，就是在同行业中率先提价；所谓被动提价，就是等竞争对手的同类商品价格提高以后自己才提价。采用被动提价可以巩固老客户，还可以发展新客户。而且，对于以后的被动提价，顾客也会理解和接受。

4. 宜间接提价，不宜直接提价

直接提价是指随着生产成本的增加和市场因素的变化而直接提高商品的价格。直接提价与主动提价一样，会引起顾客的不满心理，给企业带来不必要的麻烦和损失。间接提价是指企业维持商品价格不动，而是采取诸如提高购买点、降低折扣率或佣金率等方法。采用间接提价，往往可以拓宽市场、增加销量。但间接提价有时会对渠道中间商不利，所以企业应视情况需要做必要的解释工作或采取其他行之有效的补救措施。

引例：销售一空的绿宝石

美国亚利桑那州一家珠宝店采购到一批绿宝石，由于数量较大，店主担心短时间内销售不出去，影响资金周转，便决定只求微利，以低价销售。本以为会一抢而光，结果却事与愿违。后来店老板急着要去外地谈生意，便在临走时匆匆留下了一纸手令：我走后若仍销售不畅，可按1/2的价格卖掉。几天后老板返回，见绿宝石已销售一空，一问价格，却喜出望外。原来店员们把老板的指令误读成：按1～2倍的价格卖。他们开始还犹豫不决，后来购买者反而越来越多。可见，薄利多销未必一贯正确，有时，高价策略反倒更能促进销售。

资料来源：屈冠银：《市场营销理论与实训教程》（第3版），203页，北京，机械工业出版社，2014。

（三）应对竞争者价格变化

在同质产品市场上，如果竞争者降价，企业必须随之降价，否则顾客就会购买竞争者的产品；如果某个企业提价，且提价会对整个行业有利，其他企业也会随之提价。但是如果某个企业不随之提价，那么最先发动提价的企业和其他企业也不得不取消提价。

在异质产品市场上，企业对竞争者调价的反应有更多的选择余地。因为在这种市场上，顾客选择卖主时不仅考虑产品价格因素，而且考虑产品质量、服务、性能、外观、可靠性等多方面的因素。因而在这种产品市场上，顾客对于较小的价格差异并不在意。

1. 企业作出反应前必须考虑的问题

（1）为什么竞争者会调价；

（2）竞争者打算暂时调价还是永久调价；

（3）如果对竞争者调价置之不理，将对企业市场占有率和利润有何影响；

（4）其他企业是否会做出反应；

（5）竞争者和其他企业对于本企业的每个可能的反应会有什么反应。

2. 应对竞争对手降价的策略选择

面对对手的“侵略性降价”，企业需要根据掌握的信息做出评估后再做选择（如图8—11所示）。

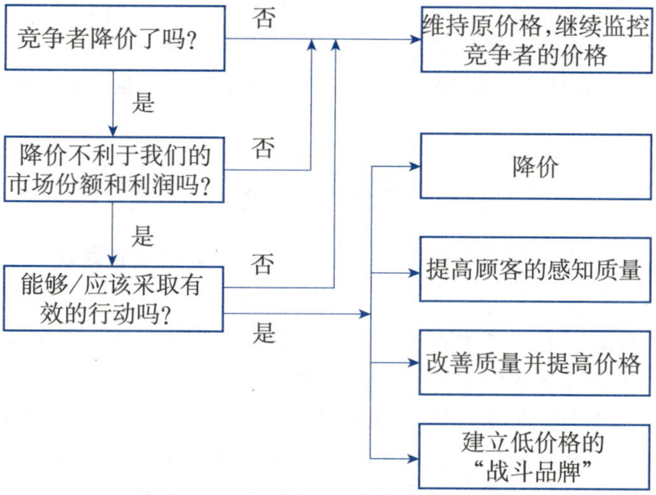

图 8—11 应对竞争对手降价的逻辑

(1) 维持原价格。企业在下列情况下可以维持其原来价格和利润幅度：如果降价，会失去很多的利润；不会失去很多的市场份额；必要时，会重新获得市场份额。

(2) 提高被认知的质量。企业可以维持原价格，但要增加产品的认知质量。企业可以改进产品、服务和信息沟通，以便使顾客能看到更多价值。企业可以发现维持原价并花钱去改进产品质量比降价经营要合算得多。

(3) 降价。企业可以降低自己产品的价格，以达到竞争者的价格水平。这样做是因为：成本将随着数量的增加而下降；企业将失去很多的市场份额，因为该市场对价格是敏感的；一旦企业失去市场份额，要使尽全力去重新获得市场份额。当企业降价时，应努力去维持它所提供的产品的价值。

(4) 提高价格的同时改进质量。提高价格并改进质量，使自已的品牌进入高层次的市场定位。高质量支持高价格，可以保证更高的利润率。

(5) 推出廉价产品线反击。一种最佳反应是在经营产品中增加廉价品种，或者另外创立一个廉价品牌（称作低价“战斗品牌”）。如果某个正在丧失的细分市场是对价格敏感的，这种做法就有必要。

引例：休布雷公司巧定酒价

休布雷公司是美国生产和经营伏特加酒的专业公司，其生产的史密诺夫酒在伏特加酒市场享有较高的声誉，占有率一度达20%以上。20世纪六十年代，另一家公司推出一种新型伏特加酒，其质量不比史密诺夫酒差，每瓶价格却比它低1美元。

面对此种情况，按照惯常做法，休布雷公司将采用三种对策：第一，降低1美元，以保住市场占有率；第二，维持原价，通过增加广告费用和推销支出与竞争对手竞争；第三，维持原价，听任其市场占有率降低。

然而该公司的市场营销人员经过深思熟虑后，却采取了对方意想不到的第四种策略，即将史密诺夫酒的价格提高1美元，同时推出一种与竞争对手的新型伏特加酒价格一样的瑞色加酒和另一种价格低一些的波波酒。其实，这三种酒的味道和成本几乎相同，但该项策略使该公司扭转了不利局面：一方面提高了史密诺夫酒的地位，使竞争对手的新产品成为一种普通的品牌；另一方面不影响公司的销售收入，而且由于销量大增，使得利润大增，令人拍案叫绝。

资料来源：屈冠银：《市场营销理论与实训教程》（第3版），205页，北京，机械工业出版社，2014。

项目小结

影响老年产品定价的因素是多方面的，概括起来有三方面是价格决策的必备参量，即消费者需求、企业自身和竞争者。在消费者需求方面，要理解供求规律、需求的价格弹性以及消费者预期和认知价值。在企业自身方面，要考虑定价目标、固定成本、变动成本以及营销组合因素。在竞争者方面，要能够准确识别竞争者，并判断所处行业的市场竞争类型。

定价的方法有成本导向定价法、需求导向定价法和竞争导向定价法三种。成本导向定价法包括成本加成定价法、目标利润定价法和边际成本定价法。需求导向定价法包括认知价值定价法、价值定价法和后向推算定价法。竞争导向定价法包括随行就市定价法、密封投标定价法和拍卖定价法。选定一种定价方法后，还要根据产品和顾客的情况灵活应用心理定价策略、折扣和折让定价策略、差别定价策略和产品组合定价策略。

企业制订的产品价格并非一成不变，而是要根据自身、顾客需求和竞争情况的变化随时进行提价或者降价。尤其对竞争对手的"侵略性降价"，企业需要根据掌握的信息做出评估后再确定是维持原价格、提高被认知的质量、降价、提高价格的同时改进质量，还是推出廉价产品线进行反击。

教学做一体化训练

一、选择题（每题至少有一个正确答案）

1. 以下定价目标中，宜采取低价策略的是（　　）。

A. 生存目标　　B. 质量最优化目标

C. 市场撇脂最大化　　D. 市场占有率最大化

2. 适合采用薄利多销策略的产品，其需求的价格弹性一般（　　）。

A. 比较大　　B. 比较小

C. 等于1　　D. 不用考虑

3. 某制造商生产一种老年产品，其固定成本为20万元，单位售价为20元，单位产品可变成本为10元，若目标利润为30万元，则应完成（　　）单位销售量。

A. 15 000　　B. 50 000　　C. 60 000　　D. 25 000

4. 在下列情况下，企业可以采用边际成本定价法的是（　　）。

A. 短期目标生存　　B. 生产能力过剩

C. 固定成本已经收回　　D. 变动成本很小

5. 企业给提前付清货款的顾客一定的折扣，这种折扣属于（　　）。

A. 数量折扣　　B. 季节折扣

C. 现金折扣　　D. 交易折扣

二、判断题（请在正确的论述后面打"√"，错误的论述后面打"×"）

1. 所有产品的需求曲线都是向右下方倾斜的。（　　）
2. 企业的定价越高，利润也越高。（　　）
3. 农产品价的需求格弹性小是造成"谷贱伤农"的重要原因。（　　）
4. 顾客对产品价格的感觉常常是相对的。（　　）
5. 无论是降价还是提价，企业都应该主动。（　　）

三、简答题

1. 简述产品定价的方法和种类。
2. 简述心理定价的策略。
3. 简述折扣定价的策略。
4. 简述应对竞争对手降价的策略。

四、案例分析

"免费体验店"诱骗老年人高价消费

免费听专家讲座、免费享受专家义诊、免费用保健器材、免费领取柴米油盐……近年来，名目繁多的免费体验店悄然生长，打着"免费"的幌子诱骗老年人高价消费。

记者调查发现，这些免费体验店针对老年人的弱点，量身定做了多种骗术，以高出市场数倍的价格推销保健产品，一些不明真相的老年人不但爽快地掏腰包，还自愿帮他们打起了"广告"。

近日，重庆市巴南区工商分局对辖区内的13家老年人"免费体验店"进行突击检查，发现均涉嫌无照经营、虚假宣传等违法行为。其中有8家违法证据明显，已经立案侦查。剩余的5家违法行为较为隐蔽，执法部门仍在调查取证。

记者根据举报者提供的线索，穿过一个拥挤的菜市场，走进一家免费体验店，看到里面的环境十分简陋：墙壁简单粉刷，门口挂满了各种牌匾，地上摆放着十余张"保健按摩床"，一个醒目的牌子上写着"按摩床全国统一价15 850元"。按摩床的旁边有几排凳子，凳子的正前方有一个用于讲课的投影仪。

十余名老年人正在屋内"免费体验"。52岁的甘女士患有腰椎病，她半年前走进这家"免费体验店"，如今已经花了近2万元，买按摩床花了15 850元，买暖脚器花了2 380元，还购买了其他一些小物品。甘女士告诉记者，今年5月份，和她一起的有10余位老人购买了按摩床。

"这个按摩床的功能有很多，能够舒筋活血，美容养颜，排毒清肠，还能治'三高'和胃病。"甘女士说，"虽然买这个床花了1万多元钱，但治病的钱再多也不贵！每天，这里会有五六十人过来体验，店里不但免费提供空调、饮用水，还有两三个工作人员问寒问暖，负责向老人们讲解保健器材的功能，帮助我们治疗。"

巴南区工商分局消保科科长余炳廷说，这些"免费体验店"往往设立在背街小巷，如菜市场、茶楼等比较隐秘、老年人集中的地点，里面出售的产品在正规商场均能买到，且更加精致，价格更低。比如一个暖脚器，商场里面只需要三四百元。

"这些'免费体验店'利润惊人。一个门店的月租金两三千元，不需要任何装修，只需要摆放几台仪器，请两三个员工，出售的产品毛利润在三四倍以上，一般的店一年利润在三四十万元，有些店一年利润达数百万元。”余炳廷说。

记者在重庆多地采访发现，各种“免费”的体验店、义诊点、健康中心等门店比较普遍，这些店多以“免费”为幌子，诱骗老年人消费，出售的保健药品、器材等产品价格远远高于市场。

资料来源：韩振：《所售商品利润惊人 “免费体验店”诱骗老年人高价消费》，载《经济参考报》，2013-09-06。

问题：

1. 你如何看待这种以“免费体验”诱骗老人高价消费的现象？
2. 你认为在老年产品定价上应该遵守怎样的营销伦理？

五、营销辩论

价格的制定通常是为了满足需求，或者反映顾客愿意为一种产品或服务支付的溢价。但是，一些批评者却对一瓶水卖15元人民币、一双运动鞋卖1 000多元人民币的现象深感厌恶。

辩论双方

正方：价格应该反映消费者愿意支付的价值。

反方：价格主要反映生产产品或服务所消耗的成本。

项目九

设计与管理营销渠道

学习目标

知识目标

1. 理解营销渠道的含义和功能；
2. 掌握营销渠道设计的步骤和内容；
3. 掌握渠道管理的内容和有关方法；
4. 了解老年产品电子商务渠道及发展趋势；
5. 掌握老年产品零售店的决策内容。

素质目标

1. 养成合作双赢的思考模式；
2. 养成思考问题的系统性与整体性。

能力目标

1. 能运用相关知识设计老年产品的渠道方案；
2. 能够制定老年产品零售店的营销方案。

任务一

设计老年产品分销渠道

情境导入

C公司是一家研制生产老年疾病辅助治疗产品的高科技公司。2014 年，公司推出了一款老年镇痛护膝产品。该产品富含远红外线和负离子，即通过远红外线、负离子等多重能量及元素的补充，促进血液循环，活血镇痛，能有效减轻老年关节炎、骨质增生引起的膝盖疼痛等问题。

产品采用单片双向束带设计、前方开孔设计、可调节设计等，更加人性化，缓冲膝关节在移动过程中所承受的冲击力，释放压力，可根据实际需要调节松紧，方便实用。经过市场调研和成本核算，产品基础定价为 380 元，企业计划在全国销售，不同地区可以采取差别定价。

企业的近期计划是尽快把镇痛护膝产品推向市场，后续计划是形成镇痛产品系列，在镇痛护膝产品的基础上，开发镇痛护腰、镇痛护颈、镇痛护肩等产品。根据公司的发展，中长期计划是研制生产磁疗保健椅、镇痛保健内衣、磁疗被，以及改善睡眠系统的系列生态保健产品，最终使 C 公司成为提供养生、养老、助老服务等多元化发展的大型高科技健康产业集团。

任务描述

根据“情境导入”中的材料，结合下面的“相关知识”，请为 C 公司的镇痛护膝产品设计一份简单的营销渠道方案。

相关知识

（一）老年产品营销渠道的含义与功能

菲利普·科特勒认为，营销渠道是促使产品或服务顺利地被购买或消费的一整套相互依存的组织或个人。自然，老年产品营销渠道就是促使老年产品或服务顺利地被购买或消费的一整套相互依存的组织或个人。大多数老年产品的生产者并不是将产品直接出售给最终消费者，而是通过不同的营销渠道进行销售。营销渠道成员的主要功能如图 9—1 所示。

（1）信息。收集和传播营销环境中有关潜在和现行的顾客、竞争对手和其他参与者的营销信息。

（2）促销。发送和传播有关产品的、富有说服力的沟通材料。

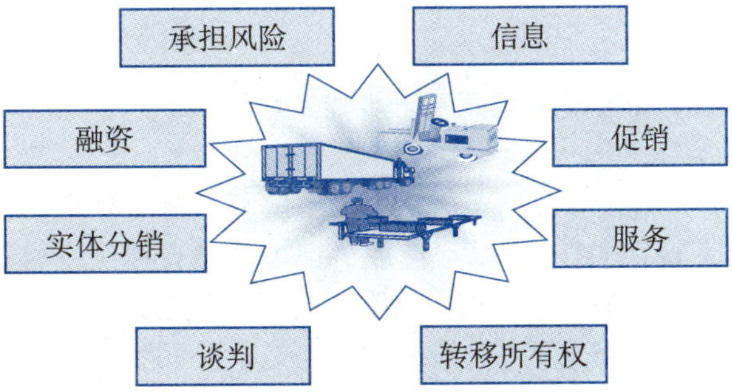

图 9—1　营销渠道成员的主要功能

(3) 谈判。尽力达成有关产品的价格和其他条件的最终协议，以实现所有权的转移。

(4) 融资。获得并分配资金以承担渠道各个层次存货所需的费用。

(5) 承担风险。在执行渠道任务的过程中承担有关风险（如库存风险、呆账风险等）。

(6) 实体分销。产品实体从企业到最终顾客的空间转移工作。

(7) 转移所有权。所有权从一个组织或个人转移到其他组织或个人。

(8) 服务。是指渠道商提供的附加服务（如信用、交货、安装、修理、培训等）。

（二）我国老年产品营销渠道现状

我国老年产品营销渠道整体上还处于初级阶段，还不符合便利性的基本要求，主要体现在以下四个方面。

1. 分销网点较少

据调查，我国60%的老年人是通过传统商场、超市购买所需产品，40%的老年人的购买则是在零散的地摊、杂货店、集贸和批发市场完成的。相对于国外老年市场渠道的丰富和便利，国内老年人的选择还十分有限。即便在省会级的大城市，老年用品专卖店、连锁店和社区便利店也不是很多。

2. 营销渠道独立性差

目前，我国老年产品的分销主要是借助于大众化的销售渠道，共享色彩浓厚，独立性较差，专门针对老年人市场开发的终端零售网点以及老年产品专有的物流配套设施在国内还非常缺乏。在国内一项关于老年人对购买地点的满意度调查中，有相当一部分老年人不满意。他们感觉不到现有渠道对老年群体的尊重，自己对卖场氛围也有一种排斥感。

3. 终端零售店缺乏特色

老年用品本来是一种极具特色的差异化产品，但由于产品数量、品种、规格等方面的局限，零售网点的匮乏，以及在采购和分销通路上的一致性使得终端店面的同质化非常严重。这种同质化不仅表现在货品、价位等方面，还表现在一些凸显零售经营细节的店面装潢、店内布局、货架陈列、货品摆设、店员服务等方面，这充分说明了老年产品分销商经营能力的滞后。

4. 隐性终端资源未被充分开发

与老年产品专卖（专营）商店等显性终端不同，隐性终端特指一些与老年产品的分销资源有潜在利益结合点的非营利性和间接营利性机构，主要包括养老院、托老所、养老服务中心、老年公寓房地产开发商等。随着国家养老政策的日趋利好和老年服务配套设施开发的日渐走强，隐性终端作为一个集聚老年人消费的实体，必将在老年产品分销通路中占据应有的位置，其与现实市场资源的对接，势必给老年群体带来更进一步的便利。

（三）设计营销渠道

设计一个好的营销渠道，需要企业按照以下步骤做好每项工作。

1. 分析顾客的需要

像许多市场营销决策一样，设计营销渠道首先要了解顾客需求。市场营销渠道可以被想成是消费者的价值传递系统，在这个系统中，每个渠道成员都为消费者提供一份价值。企业需要了解目标消费者关注的价值点是什么，如消费者愿意在家附近购买还是愿意到商业中心地区去买？他们愿意通过电话购买、电视购买还是网络购买？他们希望迅速交货，还是能等一段时间？消费者看重产品种类的多寡，还是专业化？更看重质量还是更关注价格？消费者需要附加服务（交货、分期付款、维修、安装等），还是情愿去别的地方寻找帮助？

许多情况下，“鱼”和“熊掌”是不能兼得的，“物美价廉”只是消费者的一厢情愿，顾客必须为好的产品质量和服务付出金钱。企业需要考虑在质量和价格之间做好平衡。就目前我国一般老年顾客来说，如果在高质量的产品和服务与低价格之间进行选择，多数人愿意为了低价格而接受较低质量的产品和服务。

2. 确立渠道目标和约束因素

总体来说，企业设计营销渠道的目标是尽可能低成本地满足顾客对渠道产出服务的需求。

企业的营销渠道目标受许多因素影响，包括产品性质、竞争者、生产企业自身、中间商状况和环境因素。一般来说，易腐烂、单价高、运输不方便、技术复杂、订制品等更适合较短的营销渠道；易保存、单价低、易运输、标准化、成熟的产品比较适合长一点的营销渠道。

如何对待竞争者？不同企业有不同的选择，有些企业就爱和对手比邻而居，这样可以产生“群聚效应”。但一般情况下，应尽量避免与竞争者采用相同或者相近的分销渠道，除非自己的产品有独特的地方。

生产企业本身的资源条件、经营管理经验、控制渠道的愿望和服务能力会影响到很多环节，可以由自己来做。

中间商的特点会影响渠道设计，企业必须找到愿意并且能够承担必要工作的中间商。一般情况下，在促销、联系消费者、储存和提供信用这些活动中，中间商的能力不同，态度也会有所差异。

此外，环境因素，比如经济状况、政策、法律限制，也会影响营销渠道设计。例如，经济萧条时，生产者愿意用最经济的方法推销产品，使用最短的分销渠道，放弃不必要的服务，控制产品的最终价格。法律规定会限制渠道安排，禁止削弱竞争和涉嫌垄断的做法。

3. 确定渠道结构方案

（1）确定渠道长度。

按商品在交易过程中是否经过中间环节，可以分为直接渠道和间接渠道。直接渠道是指生产企业不通过流通领域的中间环节，将产品直接卖给消费者。间接渠道是指商品从生产者转移至消费者或用户手中经过若干中间商的分销渠道。间接渠道根据中间商数目可分为一级渠道（一个中间商）、二级渠道（两个中间商）和三级渠道（三个中间商）。一般产品的渠道长度如图 9—2 所示，图中的批发商、零售商和中转商在性质上可能是经销商，也可能是代理商，或二者兼而有之。

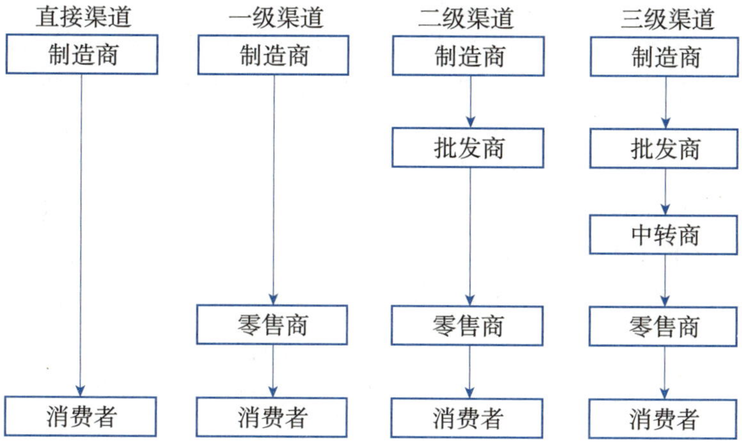

图 9—2 渠道长度

课堂 思考

根据你的理解，借助于网络进行查询，你认为批发商、零售商、代理商、经销商、分销商的区别和联系是什么?

(2) 确定渠道宽度。

渠道长短确定后，企业还必须决定每个渠道使用多少个中间商，即决定渠道的宽窄。企业通常有以下三种选择：

第一，专营性分销 (exclusive distribution)。采用专营性分销，要严格地限制经营本公司产品或服务的中间商数目。它适用于生产商想对中间商实行大量的服务水平和对服务售点进行有效控制的情况。

第二，选择性分销 (selective distribution)。选择性分销是利用一家以上，但又不是让所有愿意经销的中间机构都来经营本公司的特定产品。一些已建立信誉的公司，或者一些新公司，都利用选择性分销方式来寻找和选择经销商。

第三，密集性分销 (extensive distribution)，又称广泛分销。密集性分销的特点是尽可能多地使用商店来销售本企业的商品或劳务。当消费者要求在当地能方便地购买时，密集性分销就至关重要。

(3) 明确渠道成员责任。

在制造商和渠道商的合作中，必须明确在价格、销售条件、地区和具体服务中的责任和权利。要求制造商制定价目表和折扣补贴明细表，并让中间商确信这是公平的。销售条件是指付款条件和制造商担保条款。一般制造商会给付款积极的中间商现金折扣，并做出产品质量和服务担保。确定中间商的管辖区域并规定允许其他中间商进入的条件是防止渠道横向冲突，中间商一般喜欢把自己销售区域的所有成绩归功于自己。在特许权系统和专卖分销模式中，尤其要明确双方的责任和权利。

4. 评估渠道方案

(1) 经济性标准。

每一种渠道方案都会产生不同水平的销售额和成本。公司是自建销售队伍好呢？还是利用销售代理好呢？多数经理认为，使用本公司的销售队伍会让销售量更大，原因是他们只致力于本公司产品的销售，更了解自己的产品，自己的未来与公司利益密切相关，顾客更喜欢直接和公司打交道。

然而，与公司自己的队伍销售相比，销售代理可能会使销售量更大。因为他们可能更积极，更熟悉顾客，市场联系更广，有更多的销售技巧，有些顾客更喜欢和代理几家厂家的代理商打交道。

到底该如何选择？关键是要评估每一个渠道不同销售量的成本。如图 9—3 所示，利用销售代理的固定成本比较低，但销售费用增长很快，因为销售代理的佣金比公司推销员高。随着销售量的增加，在某一个销售水平上（S_0），两种渠道销售成本相等。当低于 S_0 时，利用销售代理较为有利，而高于 S_0 时，利用公司自己的销售队伍更合算。

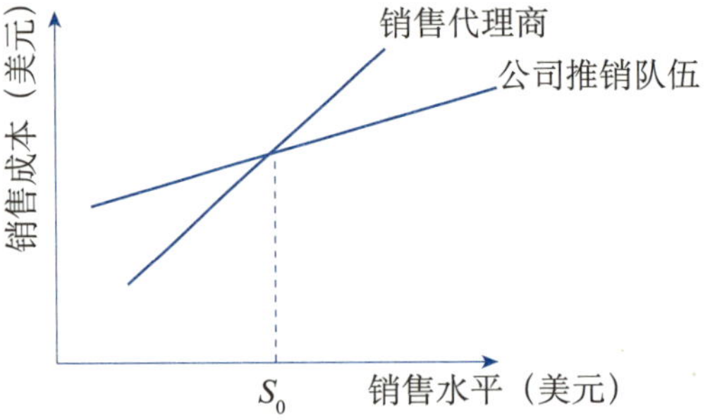

图 9—3　公司自建队伍与使用销售代理损益临界成本图

课堂思考

什么样的公司更适合使用销售代理商？（是大公司还是小公司？是面对大市场的还是小市场的公司？）

（2）控制性标准。

评价必须要考虑渠道的控制问题。使用销售代理存在的控制问题将会很多，因为销售代理商是一家独立企业，它更关心自己的利润最大化。因此，它们可能仅仅注意在其商品组合角度上最重要的顾客，而忽略了一些特定的顾客群。此外，销售代理商可能没有掌握关于本公司产品的技术细节，或者不能有效运用它的促销材料。

（3）适应性标准。

虽然渠道成员互相之间在一个特定的时期内有某种程度的承诺。但这种承诺往往会影响制造商的应变能力。因此，在迅速变化的市场上，生产商需要寻求能获得最大控制的渠道结构和政策，寻求快速变化营销策略的能力。

5. 渠道动态

分销渠道不是一成不变的，新型的批发机构和零售机构不断涌现，全新的渠道系统正在逐渐形成。我们着重认识垂直营销系统（vertical marketing system）、水平营销系统（horizontal marketing system）和多渠道营销系统（multichannel marketing system）。

（1）垂直营销系统。

垂直营销系统的出现是对传统营销渠道的挑战。传统营销渠道由独立的生产者、批发商和零售商组成。每个成员都是作为一个独立的企业实体，追求自己利润的最大化，即使它是以损害系统整体利益为代价也在所不惜。没有一个渠道成员对于其他成员拥有全部的或者足够的控制权。

垂直营销系统是由生产者、批发商和零售商所组成的一种统一的联合体。在美国市场中，垂直营销系统已经成为一种占主导地位的分销形式，占全部市场的70%～80%。垂直营销系统形成的形式有公司式、契约式和管理式三种，如图9—4所示。

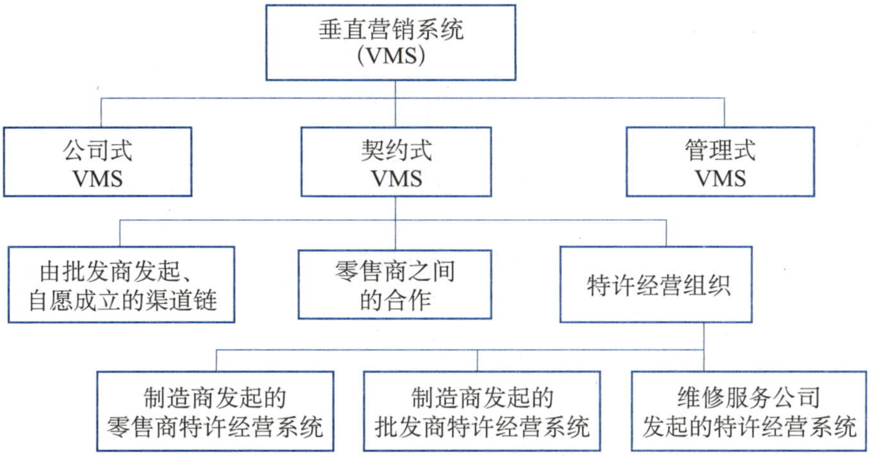

图9—4　垂直营销系统

第一，公司式垂直营销系统。公司式垂直营销系统是由同一个所有者名下的相关的生产部门和分销部门构成的，有人称为所有型。

第二，契约式垂直营销系统。契约式垂直营销系统是由在不同的生产和分销水平上的各自独立的公司组成，它们以合同为基础来整合自己的行为，以求获得比其独立行动时所能得到的更大的经济效果，有人称为合同型。契约式垂直营销系统有批发商倡办的自愿连锁组织、零售商合作组织和特许经营组织三种形式。其中，特许经营组织发展较快，表现为三种主要形式：制造商发起的零售特许经营系统、制造商发起的批发商特许经营系统和维修服务公司发起的特许经营系统。

第三，管理式垂直营销系统。管理式垂直营销系统是通过某一家规模大、实力强的企业出面组织形成一个连续的生产和分销系统，有人称为威望型。

（2）水平营销系统。

水平营销系统是由两个或两个以上非关联的公司把它们的资源或计划整合起来开发的一个营销机会。这些公司缺乏资本、技能、生产或营销资源来独自进行商业冒险，或都不想单独承担风险，或者它们发现与其他公司联合可以产生巨大的协同作用。公司间的联合行动可以是暂时性的，也可以是永久性的，还可以创立一个专门公司，阿德勒（Adler）将它称为共生营销。如在杂货店里设置自动取款机，在商场里开设快餐店，在加油站里开超市等。

（3）多渠道营销系统。

多渠道营销系统又称为混合营销渠道系统，是指企业建立两个或更多的营销渠道以到达一个或多个目标市场的做法，如图9—5所示。在图中，制造商通过邮购目录、电话和因特网，直接向消费者细分市场1销售；通过零售商向细分市场2销售；通过分销商和经销商间接向产业细分市场1销售。

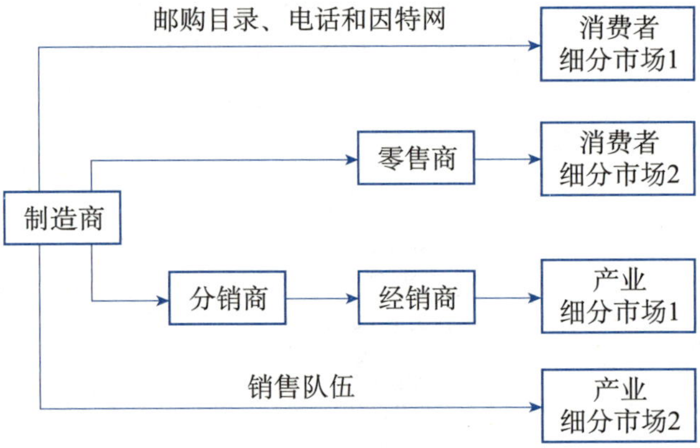

图 9—5　多渠道营销系统

引例：亚马逊上线 50 岁以上老年用品专卖店

日前，亚马逊瞄准美国 8 000 万的 50 岁以上人群，推出老年用品线上专卖店。根据美国人口普查局的调查，2010 年，超过 4 000 万的美国人年龄在 65 岁以上，而 50 岁以上的人口数超过了 8 000 万。美国退休人员协会预计，到 2015 年，这些 50 岁以上的人群将占到美国总人口数的 45%。这些老年人群购买大量的维生素、医疗救助用品、失禁护理品等。而该人口中的绝大多数是互联网用户，并且很多人拥有亚马逊账户。

针对此调查，亚马逊推出了“50+ Active and Healthy Living”在线专卖店，专为 50 岁以上的老年人群服务。

据亿邦动力网了解，这个网络老年专卖店拥有大量的营养保健品、运动健身用品、医疗用品、个人护理用品、美容产品等，所有产品都是针对 50 岁以上的人群。除了免费的 Amazon Prime 和 Super Saver快运服务，客户还能以折扣价格注册每日自动送货上门服务，商品包括维生素、大小便失禁护理品和洗发水等日常必需品。

这是亚马逊瞄准特定顾客需求的策略。此外，网站原来“Health & Personal Care”类别下的过敏救助和春节清理产品现在也归到了“50+ Active and Healthy Living”专卖店里。

亚马逊在此之前收购了一系列独立网上专卖店，如 Zappos. com（鞋和服装）、Diapers. com（婴幼儿用品）、Look. com（儿童服装）、YoYo. com（玩具）、和 Soap. com（家庭用品、美容护发产品、学生用品等）。加上现在推出的老年用品专区，这些专卖频道不仅自身获得了更清楚、更丰富的产品类别，也为亚马逊大型购物商场带来了新的特色。

资料来源：亿邦动力网，2013－04－17。

同步训练

根据下面提供的材料，为“夕阳助手”无障碍卫浴产品设计一个合适的渠道结构模式。

“夕阳助手”品牌是国内首家做老年无障碍安全卫浴的品牌，多年来，公司一直潜心研究老人卫浴市场，结合人机工程学、通用设计理论、老年医学、心理学等相关知识，系统分析了老年人的生理、心理特征，研发了多款多品类老年安全卫浴产品。

目前，“夕阳助手”老年卫浴品牌已有开门坐泡浴缸、智能坐便器、沐浴座椅、安全扶手等产品。如开门坐泡浴缸就是根据老年人对常规浴缸的不适，巧妙设计成一方可以开门的、更方便安全的款式。这款产品共获得21项国家外观设计及技术专利，产品采用进口最优质的4mm厚、纯亚克力板材加工，不仅仅适合老年人，对小孩、孕妇及身体不方便的消费者来说也是极其人性化。这款产品最突出的特点就是安全进出、泡澡时坐着安全、泡澡过程舒适、用水量少，可防止老年人泡澡前风寒着凉。这款产品设计有花洒功能，在浴缸里热水未覆盖身体时可利用花洒的喷洒水功能往身体上喷洒温热水。

任务二

选择与激励渠道成员

情境导入

A公司是一家专门生产老年康复用品的公司。今年，公司新开发出一种高靠背、可全躺、带坐便的铝合金轮椅车。按照公司的渠道战略，公司决定采用选择性分销的代理销售模式。

任务描述

如果公司决定在北京地区选择4家老年产品代理商销售该轮椅车，请你列出选择代理商的标准和方法。为了激发代理商的销售热情，A公司决定对所选择的代理商进行激励，请你制订一个简单的代理商激励方案。

相关知识

（一）选择渠道成员

好的经销商会给生产企业带来好的运气。选择渠道合作伙伴就像结婚找对象，可能影响一生的幸福，所以，选择至关重要。那么，什么样的中间商才是好的中间商？这没有绝对的标准。一般可以按照以下标准进行综合选择：市场覆盖范围和区位优势、声誉、历史经验（年限）、合作意愿、产品组合情况、财务状况（发展和利润情况）、中间商的促销能力、销售队伍的质量和规模等。

（二）激励渠道成员

1. 渠道权利

渠道权利是制造企业管理中间商的基础条件。西方学者从两个角度对渠道权利进行定义，认为“渠道权利是一个渠道成员对另一个渠道成员行为的控制力和影响力”，或者“一个渠道成员对另一个渠道成员的依赖程度，渠道权利是依赖关系的结果”。制造商渠道权利来源于以下五个方面：

（1）强制权利。是指制造商通过行使某种强制性的措施而对中间商产生影响的权利。如果中间商不合作，就收回资源或者终止合作关系。这种权利可能有效，但过于强势的压力往往会招致中间商的反抗。

（2）奖励权利。是指当中间商执行制造商要求的特定活动或功能时，制造商给予其额外的利益。奖励权利比强制权利要好，但是会很容易让中间商形成得到奖励预期，从而降低奖励效果。

（3）法定权利。是指制造商依据合同，要求中间商实施某种行为的权利。一旦中间商认为制造商是合法领导者，法定权利就会发挥作用。

（4）专家权利。是指制造商因为拥有中间商认为的有价值的知识而产生的影响力。一旦中间商掌握了这些知识或技术，该权利就削弱了。所以制造商必须不断开发新的专门技术，使中间商愿意继续合作。

（5）借势权利。又被称为参照权利或典范权利。制造商拥有巨大的品牌影响力，受到行业尊敬，以至于中间商以与其合作为荣。例如 IBM、卡特彼勒、联想等公司都有很高的借势权利。

2. 中间商激励方法

美国哈佛大学心理学家威廉·詹姆士在《行为管理学》一书中认为，合同关系仅能使人的潜力发挥 20%～30%，而如果受到充分激励，其潜力可发挥至 80%～90%。我国的不少企业把大量的精力放在了增加网点、调整渠道模式上，而常常忽略对经销商的激励。

（1）直接激励。直接激励往往借助于物质的刺激，给予中间商附加利益，如较高的毛利、特殊优惠、各种奖金、返利、合作性广告补贴、陈列津贴以及推销竞赛等。这种“授之以鱼”的做法，往往会导致中间商越来越多地要求报酬，如果附加利益被取消，中间商往往会感到不满，有受骗的感觉。

（2）间接激励。间接激励着眼于对中间商的长期激励，帮助他们提高管理效率，是“授之以渔”的做法。主要方法有帮助中间商制订分销计划、管理库存、共享信息以及进行销售能力培训等。我国一些企业甚至送经销商去上 MBA 或直接向分销商输出经理人，切实帮助它们提高管理水平。

有些情况下，正面激励并非总是有效，这时需要一些负面强化激励。中间商如果不能很好合作，则可以减少毛利、放慢供货，甚至终止合作关系。在分销商对制造商高度依赖的条件下，这种方法尤其有效。

（三）渠道调整

生产者的任务不能仅限于设计一个良好的渠道系统，并推动其运转，还要定期进行改进，以适应市场新的动态。当消费者的购买方式发生变化、市场扩大、新的竞争者兴起和创新的分销战略出现以及产品进入生命周期的下一阶段时，就有必要对渠道进行调整。

企业市场营销渠道的调整可从三个层次上来研究。从经营层次上看，可能涉及增加或剔除某些渠道成员；从特定市场的规划层次上看，其调整可能涉及增加或剔除某个特定的市场渠道；从企业系统规划层次上看，可能涉及整个渠道模式的调整。

增加或减少某个渠道成员，要观察企业利润将如何变化。在实际业务中，还要考虑对其他中间商的销售量、成本和情绪的影响。当制造商在某目标市场上只通过增减个别中间商不能解决根本问题时，就会采取增减某一特定分销渠道的措施。如某服装公司发现其经销商只注意年轻人市场而忽视老年人市场，为了促进老年服装市场开发，就可能增加一条新的分销渠道。随着时间的推移，原有的分销模式往往会落伍，不能很好地满足目标市场的需要，这时需要对整个分销模式进行调整。

同步训练

B公司是北京一家生产老年播放音箱和收音机的专业公司。以前，该公司的老年收音机和播放音箱都是在几家专门的老年实体商店里销售。由于专业老年商店在北京数量有限，产品覆盖一直不太理想，直接影响到了销量，公司亟须对渠道进行调整。假如你是B公司的渠道设计者和管理者，你认为公司的渠道该如何进行调整？

任务三

处理老年产品渠道冲突

情境导入

某老年快速消费品企业湖北销售分公司在年终接到一些地级市经销商的投诉，反映沙市经销商多次窜货到他们区域。分公司经过调查，拿到了其窜货的证据，却对如何处罚该经销商感到为难。

（1）按照合同，可以扣除其一个季度的返利。但对于快速消费品的大经销商来说，经销利润比较薄，在本已获利不大的基础上，如执行合同扣除返利则有可能将其推到竞争对手的行列。

（2）如果不对窜货的经销商进行处罚，仅仅加大对被窜货区域的促销力度，经销商之间会结怨，从而很可能引发经销商之间发生窜货报复大战，使市场秩序更加混乱。

（3）有一个全国性的大品牌正在湖北做大力推广，对该公司销量有所影响，总公司要求加大促销力度，防止经销商“跳槽”，抵制竞品的市场蚕食。

（4）如执行合同扣除返利，该经销商很可能加盟竞品经销行列，窜货的经销商通路能力很强，而该公司一时找不到适合的经销商更换，从而导致调整期销量大受影响，也给竞品留下市场空当。

（5）该公司返利是依据销量递进的，销量越大，返利越高，中小城市经销商意见很大，扬言也要窜货来冲销量。

任务描述

如果公司派你处理“情境导入”中的“窜货事件”，请你制订一个比较稳妥可行的处理方案。

相关知识

（一）管理渠道冲突

1. 渠道冲突类型

渠道冲突是渠道成员之间因为利益关系产生的各种矛盾与不协调，其本质是利益。渠道冲突的类型如图 9—6 所示。

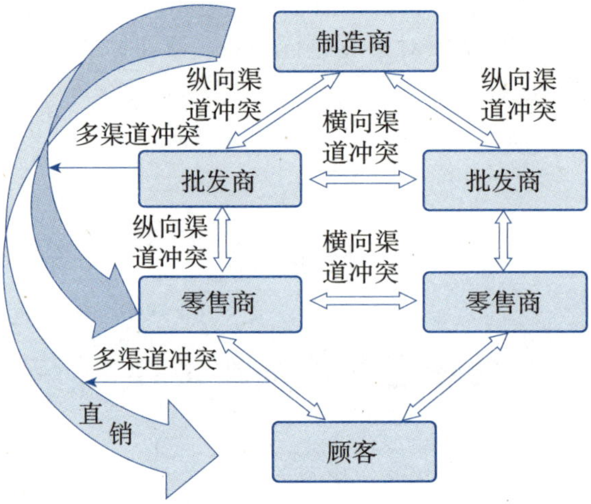

图 9—6 渠道冲突的类型

（1）纵向渠道冲突。是指经销商与渠道上游的厂家或与下游的客户（批发商和终端零售商等）的冲突。

（2）横向渠道冲突。是指渠道中同一层次的渠道成员之间发生的冲突，如同级批发商或者同级零售商之间的冲突。常表现为窜货（又称为倒货、冲货），也就是产品跨区销售，是渠道冲突的典型表现形式。恶性窜货给企业造成的危害是巨大的，它扰乱企业整个营销网络的价格体系，引发经销商之间的价格战，降低产品的通路利润；使得经销商对产品失去信心，丧失经营产品的积极性甚至最终放弃经销此种产品；混乱的价格将导致企业的产品、品牌、信誉失去消费者的信任和支持，从而导致企业的衰败和破产。

（3）多渠道冲突。即厂家建立了两条或两条以上的渠道，向同一市场销售产品而发生的不同渠道之间的冲突。现实中，这种冲突主要表现为新兴渠道对传统分销渠道的冲击。如网络直销或者厂家跨过原有区域批发商，与大型连锁卖场直接进行交易，结果引发原有经销商渠道成员的强烈不满。

课堂思考

寻求冲突解决的方法之前，请思考引起渠道冲突的具体原因。

2. 化解渠道冲突的对策

低水平的渠道冲突对分销效率没有影响，但激烈的渠道冲突可能导致渠道崩溃。企业应该想办法化解高水平的渠道冲突。化解渠道冲突先采用积极的对策，然后再考虑消极的对策（如图 9—7 所示）。

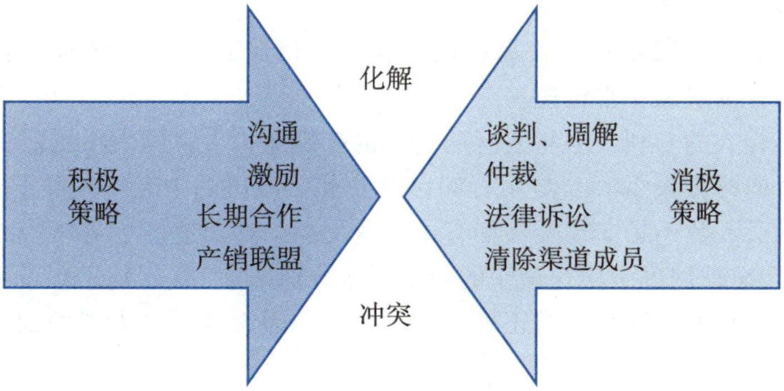

图 9—7 化解渠道冲突的对策

积极的对策主要有以下四种。

（1）沟通。保证渠道畅通的一个很重要的条件，就是要实现渠道成员间的良好沟通。通过沟通促成渠道成员之间的相互理解、相互信赖乃至紧密合作，是渠道冲突管理工作的一个重要方面。

（2）激励。分销商需要激励，使它们加入渠道的因素和条件已构成部分的激励因素，但尚需生产者不断地督导和激励。

（3）构建长期合作关系。构建长期合作关系既是激励分销商的一种方式，也是化解渠道冲突的一种方法。还有一种方法更有利于企业与分销商进一步建立长期关系，即生产企业与分销商进行分销规划。把企业及分销商的需要结合起来，建立一套有计划的、专业化管理的垂直市场营销系统。

（4）建立产销一体化联盟。管理渠道冲突最有效的方法就是设法让渠道成员建立产销战略联盟。所谓产销战略联盟，是指从企业的长远角度考虑，“产”方和“销”方（制造商与分销商）之间通过并购或签订协议的方式，形成风险利益共同体。

在不得已的情况下，需要采用一些消极的方法，主要有以下几种：

（1）谈判。谈判的目的在于停止成员间的冲突。妥协也许会避免冲突爆发，但不能解决导致冲突的根本原因。谈判是渠道成员讨价还价的一个方法，在谈判过程中，每个成员都会放弃一些东西，从而避免冲突发生，但利用谈判或劝说要看成员的沟通能力。

（2）调解。调解是这样的一个过程：第三方试图劝说争论双方，要么继续谈判，要么考虑接受调解程序性的或是独立的建议。调解人一般会对情况有一个全新的看法，并且能发现“局内人”所不能发现的机会。有效的调解可以成功地澄清事实，保持对方的接触，达成共识。

（3）仲裁。仲裁能够代替调解，它可以是强制的，也可以是自愿的。强制仲裁的程序是：双方必须按照法律规定服从于第三方，由它做出最终和综合的决定。自觉仲裁的程序是：双方自愿服从于第三方，由它做出最终和综合的决定。

（4）法律诉讼。冲突有时要通过政府来解决，诉诸法律是借助外力来解决问题的方法。采用这种方法时，意味着渠道中的领导力不起作用，即通过谈判、劝说等途径已没有效果。

（5）清除渠道成员。对于经常不遵守游戏规则，损害企业利益的中间商，就必须采用渠道成员清除的办法了。

（二）老年产品电子商务

1. 老年产品电子商务发展迅速

电子商务是指企业利用网站在线交易产品和服务或促成其销售。伴随着电子商务的爆炸式增长，老年产品电子商务发展也非常迅速。

网络购物并非年轻人的专利，老年人网购队伍也在快速扩大。国内市场研究公司与淘宝网联合发布的《中国消费风向标报告2012》显示，2010年以来，我国的中老年人群正成为异军突起的网购“新生代”，无论是购买人数还是交易金额都有了迅速提高，增长速度也异常惊人，年环比增长率达200%以上。据调查，全球网民中增速最快的两个群体分别来自18～24岁和55岁以上的人群。美国的一家公司通过调查也证明了该结论的正确性和可信性。因为这两种人群的闲暇时间相对较多，网上购买的潜力就相对较强。

据美国皮尤研究中心最新发布的研究结果显示，有超过50%的65岁及以上的美国老年人在使用互联网。而我国现在老年人上网比例还不高，但未来潜力不可限量。目前，我国最常上网的群体是30～39岁的人群，那么，20年后，这群人将由中青年人变为老年人，届时，老年产品电子商务将成为众人关注的焦点。

由于看到了老年产品电子商务的巨大潜力，目前的养老机构、养老产品专营店及专卖店等几乎都建立了自己的官方网站，不少老年产品商店还在淘宝、天猫、京东等平台建了自己的网店。

2. 老年产品电子商务成功的关键

(1) 保证在线交易的安全性。

对于任何一个网上消费者而言，交易的安全性都很重要。对于老年人而言，由于本身是弱势群体，又常常对数字化充满恐惧，交易的安全就更为重要。营销的难度除了通过技术手段做到真正的安全，还要通过传播手段让老人相信网上购物是安全的。

(2) 网站设计要适合老人浏览。

随着年龄的增长，老人的视觉和整体知觉能力都在下降，所以企业在网站的页面设计上要符合老年人的生理特点。产品内容分类要简洁，导航标识要清楚，字号要稍微大一些，色彩不要太鲜艳，流程要简单，操作要简便。

(3) 老人购物体验过程要愉快。

除了能买到质量可靠、符合需要的产品外，购物过程中能享受到热心、耐心、细心的亲情式服务，疑难问题及时获得解决，对老年来讲尤为重要。老年人不喜欢孤独，又最容易孤独，他们渴望与人接触，渴望得到社会、家人的尊重和关注。因此在营销的各个环节，都要用“情”字贯穿始终，处处为老人着想。

3. 实体店与电子商务的结合

虽然很多实体公司害怕开辟线上销售会与线下零售商、代理商或者自营商店产生冲突，但在巨大的互联网商机面前都决定增加互联网渠道。即使像宝洁公司这样以传统渠道著称的公司，也开始在网上销售产品，因为没有哪一家企业希望在电子商务大潮中落伍。对于许多公司来说，同时管理线上和线下渠道成为当务之急。

在同时进行线上和线下销售时，要取得中间商的认可和支持至少要有三种策略：第一，为线上渠道供应不同的产品和品牌；第二，为消除对线下渠道商销售造成的负面影响，提供更高的佣金；第三，下单过程在线进行，运送和收款环节由线下零售商完成，实际上这是“O2O”的一种形式。

引例：克罗格收购 Vitacost 拓展网络销售

在欧洲超市都在以激烈的价格战火拼市场份额的同时，美国超市也没闲着。日前，美国老牌超市克罗格以现金 2.8 亿美元收购知名电商网站 Vitacost。克罗格公司表示将以债券方式对 Vitacost 进行并购，之后 Vitacost 将以其旗下独立子公司的身份进行运营。通过此项交易，克罗格将有效完善自己的网络零售服务，与亚马逊、沃尔玛等公司开展更多竞争。

克罗格 CEO Rodney McMullen 在声明中表示，通过在 Vitacost 平台上融入克罗格现有的电子服务，将更有创新性地满足消费者个性化与便利化的需求。

克罗格超市对 Vitacost 的收购被看作是“买一送一”。未来，Vitacost 将给予克罗格自己的网络订单与物流系统的入口，而克罗格也将让旗下品牌“Simple Truth”入驻 Vitacost 平台，不仅有利于增加销售渠道，也有助于提升自己在天然食品上的地位。

克罗格当前在美国 34 个州有 2 642 家超市、787 家便利店、324 家珠宝店以及 37 家食品加工厂。近年，克罗格一直在扩大天然食品与营养品的销售。而 Vitacost 的主营业务就是健康与保健产品，包括逾 4.5 万种维生素、矿物质、草药、补品、有机食品以及其他相关产品，活跃顾客高达 230 万人。此外，Vitacost 拥有 800 名雇员，在北卡罗来纳和内华达都有自己的物流中心。

从公司业务来看，克罗格与 Vitacost 在健康食物品类拓展战略上具有相似性，通过合并，克罗格在天然食品与营养品上的销售将得到提高，而成熟的物流配送与稳定的客户群也将有效增强克罗格在网络渠道上的表现。

这场交易被美国分析师认为既具备进攻性又具备防守性。亚马逊的“Amazon Fresh”已经实现了当日达，当前在西雅图、北卡罗来纳与南加利福尼亚都已开始提供服务，未来送达服务的区域还将扩大。克罗格在电子商务上表现不足，通过并购 Vitacost，将使自己的地位更为稳固一些，不至于在网络零售方面掉队。然而，由于冷冻措施将耗费大量成本，生鲜食品的物流配送问题是未来一大难点。

资料来源：李铎：《克罗格收购 Vitacost 拓展网络销售》，载《中国商报》，2014-07-09。

4. 移动电子商务

移动电子商务是由电子商务的概念衍生出来的。电子商务以 PC 机为主要界面，是“有线的电子商务”；而移动电子商务则是通过联网的智能手机、iPad 这些可以装在口袋里或随身携带的终端开展商务活动。有人预言，移动电子商务将决定 21 世纪新企业的风貌，也将改变生活与旧商业的“地形地貌”。

尽管“90 后”是移动电子商务的主力，但随着移动互联网的迅猛发展，不少老年人也加入了移动电子商务的行列。据淘宝网的一份数据显示，2013 年，全国 50 岁以上的中老年淘宝注册用户已经达到 175 万人，其中 130 万人成功完成过网上交易。

同步训练

案例一：2010 年岁末，国美、苏宁等家电销售连锁巨头以窜货为由，要求其供应商各大家电厂家减少向网络销售商京东商城的供货，企图“封杀围剿”京东商城，从而使得传统渠道对网络渠道的对抗公开化了。京东商城也毫不示弱，指责苏宁和国美等渠道运作效率不高，企图价格垄断，要求供应商出面协调，给个说法。一边是新兴渠道的快速增长、年轻消费族群的巨大潜力，一边是传统渠道巨大的现实销量和广阔的覆盖面，各供应商只能在火药味越来越浓的两者冲突中不断救火，小心平衡。

案例二：最近，某著名国内老年手机品牌公开宣布，该品牌的产品从未在网络渠道上进行销售，现在网络上销售的产品，公司难以保证是原厂正品。一个著名品牌如何会做出这样看似自毁前程的声明呢？其中原因不是厂家要打击假货，而是网络上销售的产品远远低于厂家分销渠道的终端零售价，影响了这个渠道价值链的利润空间，于是各级经销商群起攻之，迫使厂家壮士断腕，告别网络渠道。

阅读上面两个案例，回答下面问题：

（1）分析案例一中的网络渠道与传统渠道冲突的原因，是否应该像案例二中那样否认网上销售，而只进行传统渠道的销售。

（2）对于解决线上、线下渠道冲突的问题你有什么方法？

知识链接

零售（retailing）是将产品或服务直接卖给最终消费者，满足其个人和非商业性使用的所有活动。零售店是销售额主要来自零售活动的商业公司。在老年产品营销渠道中，零售店仍然是主要渠道成员，其营销决策主要涉及目标市场定位、选址、产品组合、采购、定价、服务、商店氛围、活动体验、促销传播、品牌所有权等方面。

（一）目标市场

目标市场决定选址、产品类别、采购渠道、价格制定、商店装修格调、广告信息媒介等一系列问题。老年消费者之间的需求有相似性，也存在差异。要求企业在充分进行市场调研、市场细分的基础上，结合自身资源确定所要服务的目标顾客。

（二）商店选址

线下零售商的成功常被认为离不开三个要素，那就是“选址、选址、选址”。首先要确定把店铺开在哪个地区，再决定哪个城市，最后决定城市的哪个区域。具体地点是在中央商务区、购物街、社区购物中心，还是独立门店？老年零售店周边商圈要比较成熟，这样才有人流量。老年产品购买者以30岁以上有孝心的年轻人或中老年消费群体为主，他们购买力较强，但又比较理性。选址时应注意，中老年人不喜欢逛商场和大型的商业区，一般喜欢在居民小区内、小区附近、公园、老年活动中心、超市、早市等中老年人比较集中的地方闲逛。

（三）产品和服务

老年产品组合必须和目标市场购买期望相一致。老年产品经营范围很广，必须进行适当的分类，便于顾客挑选。例如可以分为养生类食品、护理类产品、治疗类产品、检测类产品、康复类产品、休闲锻炼类产品等。要把最流行或者利润较高的商品放在显眼的位置，以便于顾客寻找。

服务包括售前、售中和售后服务。亲情式、个性化服务是老年产品零售店吸引人气的重要手段。如耐心为每位顾客讲解产品知识，测量身体健康指标，提供健康咨询，制定针对性的健康解决方案。店内营业员可以选择中老年人担任，她们了解老年人的喜好，能耐心地和老年人沟通，如果是有孝心的子女给老人购物，她们还可以给年轻人出主意，帮助年轻人决策，使之产生一种亲近感。

（四）定价

定价是商店定位的关键因素，必须结合目标市场、产品和服务组合、采购成本以及竞争情况综合确定。同时，要充分应用项目八中介绍的相关定价策略，尤其要创造性地应用心理定价、差别定价和产品组合定价。尾数定价避免出现“4”这样的数字；通过低价格招徕顾客，吸引人气，带动相关产品销售；将时髦的品牌形象和折扣定价相结合，让老年人产生物超所值的感觉。

（五）店内环境布置

调查显示，购物氛围、店内环境、设施等都会影响消费者在店内逗留的时间。而消费者在零售店中逗留的时间与其购物的几率成正比。因此，老年产品的店面装修无须豪华，但是要做到以下几点：宽敞的过道，轻松的购物氛围；适宜的温度、湿度；轻柔、舒缓的音乐和温馨的氛围；尤其应注意安全和方便，地砖一定要防滑，店前最好不要有门坎或阶梯，进店门时切不可有高坎或低坎；室内最好有老年人休息的地方，老人逛累了就能坐一坐，还能增进营业员和老人的沟通，更适合老年人购物。

（六）促销传播

可以广泛采用各种传播方式招揽顾客。例如，定期开展活动，举办老人联谊会、舞会、棋牌比赛等，向比赛获奖者赠送在外边不经常见到的本店老年用品，以此吸引老人、扩大影响、创造消费。另外，充分利用节假日的销售旺季，加大促销力度，像父亲节、母亲节、中秋节、重阳节、国庆节、元旦、春节、国际老人节这样的大节，可在店前举办一些活动，如乐队演奏、分发小礼物等。节日期间的促销要突出不同主题，如送老年用品就是表孝心、送健康、送关怀、送温暖。最好能与社区合作进行推广，再配合“外卖”、“外送”等便民举措，一般会收到更好的效果。

（七）自有品牌决策

自有品牌（private label brand）也叫中间商品牌或商店品牌，是指零售商或批发商自己开发的品牌产品。如“鹤逸慈”、“禄祥源”、“好孝心”等老年产品零售店就可以推出自己的品牌，然后挑选有剩余生产能力的厂家为其生产，凭借自身的货架优势，毛利率会很高。根据自有品牌生产商协会报告，美国的超市、药店、大型商场，每卖出4件产品就有一件是自有品牌。在欧洲及加拿大的食品杂货店中，自有品牌的销量为总销量的40%。

项目小结

老年产品营销渠道就是促使老年产品或服务顺利地被购买或消费的一整套相互依存的组织或个人。我国老年营销渠道目前的特征是分销网点较少、营销渠道独立性差、终端零售店缺乏特色、隐性终端资源未被充分开发。设计一个好的营销渠道，第一步应分析顾客的需要；第二步确立渠道目标和约束因素；第三步确定渠道结构方案，主要对渠道的层次和宽度做出选择；第四步评估渠道方案，主要根据经济性标准、控制性标准和适应型标准进行判断。未来分销渠道的发展动态是垂直营销系统、水平营销系统和多渠道营销系统。

管理营销渠道要做的工作包括选择渠道成员、激励渠道成员、进行渠道调整和管理渠道冲突。其中激励中间商的方法包括直接激励和间接激励。渠道冲突包括横向渠道冲突、纵向渠道冲突和多渠道冲突。管理冲突先采取沟通、合作等积极的方法，然后再采取仲裁、法律诉讼以及清除渠道成员等消极方法。老年电子商务发展迅速，其成功的关键在于保证在线交易的安全性、网站设计要适合老人浏览以及老人购物体验过程要愉快。实体店与电子商务的结合和移动电子商务是未来渠道的发展趋势。

在老年产品营销渠道中，零售店仍然是主要渠道成员，其营销决策主要涉及目标市场定位、选址、产品组合、采购、定价、服务、商店氛围、活动体验、促销传播、品牌所有权等方面。

教学做一体化训练

一、选择题（每题至少有一个正确答案）

1. 以下产品适合较短的渠道的是(　　)。

A. 标准化产品　　B. 技术复杂的产品

C. 易腐烂变质的产品　　D. 单价高的产品

2. 窜货直接表现为渠道冲突的类型是(　　)。

A. 纵向渠道冲突　　B. 横向渠道冲突

C. 多渠道冲突　　D. 以上都不对

3. 生产企业提供培训，帮助中间商提高分销能力属于(　　)

A. 直接激励　　B. 间接激励

C. 正面激励　　D. 负面激励

4. 制造商因为拥有中间商认为的有价值的知识而产生的影响力属于(　　)。

A. 奖励权利　　B. 法定权利

C. 专家权利　　D. 借势权利

5. 在商场里开设快餐店属于(　　)营销系统类型。

A. 垂直营销系统　　B. 水平营销系统

C. 多渠道营销系统　　D. 以上都不对

二、判断题（请在正确的论述后面打“√”，错误的论述后面打“×”）

1. 老年服务中心不属于营销渠道。(　　)

2. 营销渠道的层级越少越好。(　　)

3. 密集性分销中间商数目最少。(　　)

4. 加强沟通是化解渠道冲突的积极策略。(　　)

5. 在条件许可的情况下，老年零售店可以开发自有品牌。(　　)

三、简答题

1. 简述我国老年产品营销渠道的现状。

2. 简述制造商渠道权利来源的五个方面。

3. 简述化解渠道冲突的对策。

4. 简述老年零售店决策一般包括的内容。

四、案例分析

贾老板的两难境地

贾老板是一家县级经销商，最近，他拿到了一家老年口服液品牌的经销权。前期为了尽快启动所辖3个乡镇市场，选择了一个网络实力较强的下级经销商吴某，让其负责3个乡镇的销售。为了支持吴某迅速启动市场，贾老板给吴某的促销费用和促销品是其他经销商的数倍。吴某果然不负众望，使产品在所辖市场的份额迅速上升，其销量占到贾老板总销售量的1/5，从而坐上了经销商的头把交椅。一时间，其他品牌的产品在当地几乎无法动销。

然而，随着市场的逐渐做大，吴某的胃口越来越大，不断提出更多的支持要求。尽管如此，贾老板还是想方设法尽量给予满足，到头来几乎是按出厂价给吴某供货。此时，贾老板只希望吴某能稳住销量，自己则可以从其他市场赚取利润。

出乎贾老板意料的是，吴某的贪欲还在膨胀，要求提供更大的价格优惠和更大的市场区域。如果贾老板答应，那么他给吴某的价格将低于出厂价，而吴某的进价比其他乡镇经销商的要低，其货物将冲向其他乡镇，打击其他乡镇经销商的积极性，使通路价格陷入混乱，市场危机迫在眉睫。

面对吴某的步步紧逼，贾老板陷入了两难境地：取消对吴某供货，将面临3个乡镇销量的急剧下滑，而吴某可能改为销售竞争对手的产品来抢占市场；如果任由吴某发展下去，价格的穿底将导致整个市场的混乱和本品牌产品的死亡。

问题：

1. 贾老板为什么会陷入两难境地（从贾老板和吴某两方面分析）?

2. 面对吴某的紧逼，贾老板该怎么办?

五、营销辩论

一些营销者认为，只要产品质量好，销售产品的渠道形象无关紧要，重要的是顾客要光顾这个商店，产品摆放要很到位。而另一些专家则认为，渠道形象很重要，并且必须与产品形象保持一致。

辩论双方

正方：渠道形象对销售的产品影响甚微。

反方：渠道形象必须与销售的品牌形象一致。

项目十

设计与管理促销传播

学习目标

知识目标

1. 理解促销组合和整合营销传播；
2. 掌握广告决策的“5M”内容；
3. 掌握销售促进的工具种类；
4. 掌握公共关系的七种方法和危机公关的原则；
5. 掌握推销的流程和产品介绍方法；
6. 了解主要的网络营销传播工具。

素质目标

1. 养成沟通和分享的意识；
2. 养成爱学习的好习惯和积极主动的人生态度；
3. 养成形象重于成本的观念。

能力目标

1. 能运用相关知识设计老年产品销售促进方案；
2. 能面对危机制订公关方案；
3. 能够运用推销技巧推销老年产品。

任务一

设计老年产品广告

情境导入

上海一家老年玩具生产企业最近新生产出一种老年陀螺玩具。该产品采用尼龙材料，结实经磨、抗抽打，避免了木制健身陀螺易干燥开裂、潮湿发霉的现象，远离了不锈钢陀螺沾汗沾水起斑等的所有缺点，真正的经济实惠、经磨耐用。

陀螺在我国有着悠久的历史，是一种老少皆宜的玩具，它不仅能培养人敏锐的观察力，锻炼人体的协调性，还能增强人的体质、锻炼人的心理素质和意志品质，具有对抗性、竞赛性、娱乐性等特点。手握鞭把抽打陀螺，对人体具有调理、降脂、舒筋活血等保健功能。

老年玩陀螺，可治疗久治不愈的肩周炎、颈椎病、腰椎病等一些老年性病症。如坚持使用，四肢、腰、眼、脑、心等都能得到全面锻炼。

任务描述

根据“情境导入”中提供的素材，请为该企业生产的老年陀螺玩具设计一个简单的广告方案。要求写出明确定位、广告词、信息诉求方式、媒体选择、资金预算等内容。

相关知识

一位广告专业人士称：“强有力的广告就像是在品牌资本银行的存款。”要做到广告的“强有力”，需要做好广告的每一项决策。

营销管理者在制定广告促销方案时，在确定目标市场并了解购买者动机的基础上，需要做好五个方面的决策（见图10—1），即广告的“5M”决策：任务（mission），广告的目标是什么？预算（money），要花多少钱？信息（message），要传送什么信息？媒体（media），应使用什么媒体？测量（measurement），如何评价结果？

（一）建立广告目标

所谓广告目标，是指在一个特定时期内，对于某个特定的目标受众，企业所要完成的特定的传播任务和所要达到的沟通程度。例如，广告要达到在3 000万拥有洗衣机的家庭成员中认识到品牌A是低泡沫且去污能力强的人数，在一年中从10%上升到40%。广告的功能目标主要有以下四类：

（1）通知性广告（informative advertising）。主要为新产品或现有产品新特性建立知晓度。如佳

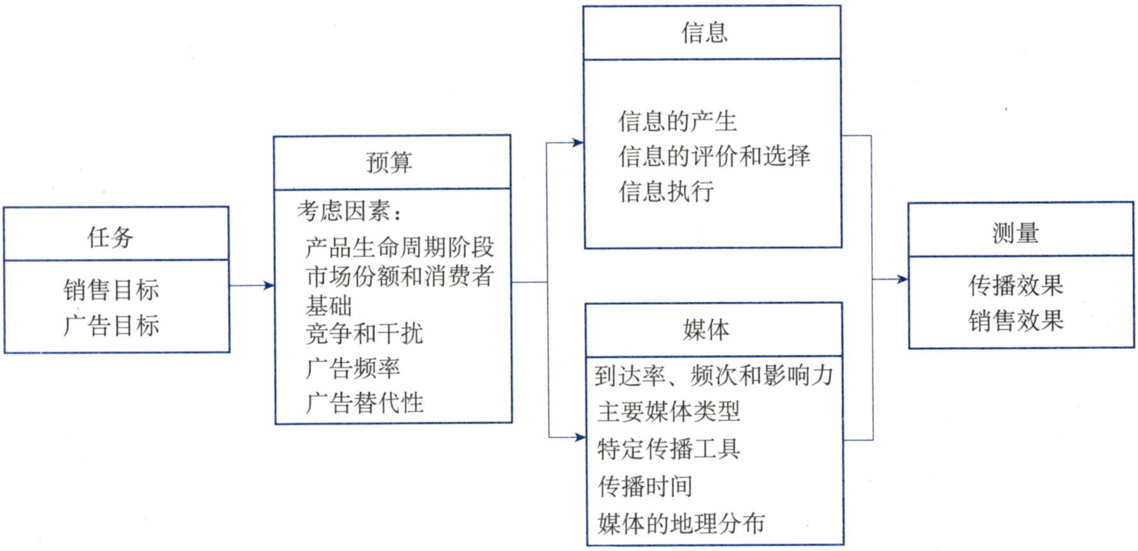

图 10—1　广告的“5M”决策

得乐饮料起初是在剧烈运动时饮用的，但广告中说它可用于为流感患者补充液体。

（2）说服性广告（persuasive advertising）。是以创造对产品或服务的喜欢、偏好、购买意愿或订单为目标，大多数广告属于这一类型。说服性广告对建立品牌偏好、改变顾客态度、说服消费者购买的作用巨大。

（3）提醒性广告（reminder advertising）。以促进产品或服务的重复购买为目标。提醒性广告会提醒最近没有买过某个品牌的消费者，这个品牌的产品依然买得到，促使消费者在销售淡季也能记住这个产品。

（4）强化性广告（reinforcement advertising）。以说服现有购买者相信自己做出了正确的选择为目标。如在汽车广告中常常出现享受自己新车特性的满意购车者。

（二）广告预算决策

广告开支过低，可能没有一点效果；广告开支过高，可能造成许多浪费。企业需要根据自己的任务确定合适的广告开支。有种观点认为，应该把广告看成是对品牌资产的投资，而不应把广告看成是费用。

制定广告预算时应该主要考虑以下因素。

1. 产品生命周期阶段

新产品一般需花费大量广告预算以便建立知晓度和取得消费者的试用。已建立知晓度的品牌所需预算在销售额中所占的比例通常较低。

2. 市场份额和消费者基础

市场份额高的品牌，只求维持其市场份额，因此其广告预算在销售额中所占的百分比通常较低。而企图通过增加市场销售或从竞争者手中夺取份额时，则需要大量的广告费用。

3. 竞争与干扰

在一个有很多竞争者和广告开支很大的市场上，一个品牌必须大力传播。甚至来自不是直接针对本品牌的其他广告的干扰也会使得本品牌需要花费大量的广告费用。

4. 广告频率

把品牌信息传达到顾客所需要的重复次数也会决定广告预算的大小。

5. 产品替代性

大众类商品（如香烟、啤酒、软性饮料）需要做大量广告以树立有差别的形象。

（三）广告信息开发

广告必须有效。为此，广告必须为特定的客户而制作，反映营销战略。好的广告人必须懂得人们买的不是产品，而是产品提供的利益。

有效的广告通常都是有创意的。创造力远比广告花费的金额更为重要。因为有创意的广告常常能够吸引注意、激发兴趣，并最终产生销量。广告人叶茂中先生曾说过一句被奉为经典的话：没有好创意就去死！

针对老年人的广告还应注意：第一，要让老人参与广告，总是在广告上用美男靓女，会使老人有与我无关的感觉；第二，要把几代人混合在一起，不要只有老人或只有年轻人，应使人觉得几代人之间关系很密切；第三，给人看一些很有魅力的老人，因为多数老人都自认为还是很有吸引力的；第四，强调产品的特性，由于老年人的生活常识丰富，所以要把产品的客观知识讲得很清楚；第五，要跟老人讲话，但不要刻意谈老年人问题，只要明确表达生活的乐趣，表明老年人的社会角色就可以了。

广告主通过下面四个步骤开发具有创造力的广告。

1. 广告信息的产生

一位资深国际广告人说："有效的广告词是用脚写出来的。"当接到一个广告创作任务时，不是马上开始写作，而是要去深入了解该公司的产品，了解市场，走访专家，了解消费者心理，了解竞争者的广告。有用的信息常常在走访中产生，并激发广告人的灵感。

2. 广告信息的评价和选择

广告主应该评价各种可能的广告信息。广告信息可根据愿望性（desirability）、独占性（exclusiveness）和可信性（believability）来加以评估。即信息要说明一些人们所期待的或者有兴趣的有关产品的事；信息必须说明有别于同类产品中其他品牌的独到之处；信息必须是可信的，或者是可以证实的。广告主应该进行市场分析和研究以确定哪一种诉求的感染力对目标受众最有效。

3. 广告信息的表达

广告的影响效果不仅取决于它说什么，还取决于它怎么说。莎士比亚叙述的都是老掉牙的故事，却在他的妙笔下化腐朽为神奇。

（1）广告信息定位。

广告信息必须反映产品定位，定位明确才会更易于传播。没有定位的广告就像没有灵魂的人。通过定位明确的广告，向受众宣传产品特色、赋予产品形象，将自己的产品与其他同类产品区别开来，从而在消费者的心目中确立一个与众不同的有价值的位置。

（2）广告诉求。

广告诉求指的是在广告中用来吸引消费者的注意或兴趣，影响其对产品、服务及事业的感觉的基本方法，主要包括感性诉求和理性诉求两类。广告诉求点则是指某商品或服务在广告中所强调的、企图劝服或打动广告对象的主题。

1）感性诉求（软性销售）。采用感性说服方法的广告形式，又称情感诉求。它通过诉求消费者的感情或情绪来达到宣传商品和促进销售的目的，也可以叫做兴趣广告或诱导性广告。感性诉求的广告不做功能、价格等理性化指标的介绍，而是把商品的特点、能给消费者提供的利益点，用富有情感的语言、温馨或浪漫的生活场景、恐惧、性感、幻境、气氛、音乐、幽默等手段表现出来。

2）理性诉求（硬性销售）。采用理性说服方法的广告形式，通过诉求消费者的理智来传达广告内容，从而达到促进销售的目的，也称说明性广告。这种广告说理性强，常常利用可靠的论证数据揭示商品的特点，以获得消费者理性的承认。它既能给消费者传授一定的商品知识，又会激起消费者对产品的兴趣，从而提高广告活动的经济效益。通常的理性诉求广告有承诺广告、旁证广告、推荐广告、防伪广告、比较性广告等。

传播者必须为广告选择一种适当的语气，如肯定的、否定的或是幽默的。但决不能为幽默而幽默，否则，人们会记住了幽默，而忘记了产品信息。

引例：“牛肉在哪儿？”

美国著名快餐公司温迪经过精心策划，挑选音色独特的女影星克拉拉扮演一位美貌、挑剔的老太太，并将其作为自己的形象代言人，以便与麦当劳“麦克唐纳叔叔”对抗，并拍出了一则十分有趣的广告片。

广告片是这样的：一个较真、好斗而美貌的老太太，面对桌子上一只硕大无比的汉堡包眉飞色舞、笑逐颜开。她满心欢喜地拿起面包，发现中间夹着的牛肉却只有指甲盖那么大。她惊讶、好奇，盯着汉堡包左看右看，终于明白这个外表好看的汉堡包原来是个骗局，她恼怒地嚷道：“牛肉在哪儿？”

由于克拉拉表演得惟妙惟肖，观众百看不厌。每次看到“牛肉在哪儿”时，都不禁开怀大笑。大笑之余，忍不住想到“麦克唐纳叔叔”的缺斤短两，从而反衬了温迪公司多几盎司肉馅的诚实可贵。

这则广告极为成功，以致“牛肉在哪儿？”竟成了虚假产品的代名词，它还被评为国际广告界的“经典作品”。

资料来源：佚名：《牛肉在哪儿？》，载《华兴时报·文摘精粹》，2011-08-09。

（3）标题和广告词的重要性。

在信息表达中，标题和广告词的独创性最为重要。显然，“非可乐”比“七喜不是一种可乐”更有表现力，更易记。美国广告巨人大卫·奥格威说过：“阅读广告标题的人是阅读广告正文人的5倍，如果你创作的标题不够吸引人，那么就浪费了广告主80%的费用。”广告界也有一句俗语：“好的标题等于广告成功的一半。”

（4）形象代言人的选择。

正确选择形象代言人有助于增加广告信息的影响力，特别对于时尚产品，请明星做形象代言人，更是十分必要。人们会因为喜欢这个明星，而喜欢他/她代言的产品。但是，代言人策略一定要注意产品形象、代言人形象和目标受众形象三者的匹配，至少应该有一定的关联性，否则可能会适得其反。罗纳尔多代言体育用品是合适的，但代言金嗓子喉宝就让人费解；赵本山代言大众产品泄立停、蚁力神效果较好，但代言北极绒等高雅产品就不太合适。最重要的一点，还要注意代言人的道德风险。明星打架斗殴、锒铛入狱乃至酗酒吸毒、嫖娼淫乱，都会影响到其代言品牌的形象。

引例：代言人风险

一夜之间，一款名为“在柯震东身边找房祖名”的微信游戏将朋友圈刷屏。柯震东、房祖名吸毒事件持续发酵。此次事件，对于公众而言，成了茶余饭后的谈资，但对一些企业来说，事情却没有那么简单。

城门失火，殃及池鱼。这句话，放在受房祖名、柯震东吸毒事件影响的企业身上，或许再合适不过了。

资料显示，柯震东先后为多达19家企业做广告代言，其中世界500强企业品牌高达2/3，包括欧莱雅、汇丰银行、佳能相机、百胜集团、卡夫集团、美国通用集团、葛兰素史克集团、联合利华等。同时，柯震东还为Levis服饰、康师傅、阿迪达斯、MIXBOX美爆妆扮、以纯、福乐、统一等多家品牌企业做过广告形象代言。

房祖名则代言过德芙巧克力、可口可乐、爱华仕箱包、永佳门业、原叶绿茶等6家企业的产品。

有业内人士估算，仅柯震东一人因吸毒为其代言的品牌所带来的直接或间接商业损失将高达数十亿元之巨。

资料来源：崔玲：《“吸毒门”震伤二十余品牌》，载《中国经营报》，2014-08-23。

4. 信息的社会责任

广告主及其代理商必须保证他们“创造”的广告不超越社会道德和法律准则。大多数营销工作者致力于商业广告对消费者的公开性和诚实性。然而，错误也会发生，公共政策机构已制定了大量法律和规则以管理广告。根据法律，公司必须避免虚假和欺骗性广告。我国《广告法》规定：广告不得含有虚假的内容，不得欺骗和误导消费者。广告主、广告经营者、广告发布者从事广告活动，应当遵守法律、行政法规，遵循公平、诚实信用的原则。同时，广告商还必须为自己的行为承担社会责任，不能损害宗教团体、少数民族和特殊社会群体的利益。

（四）媒体决策

1. 常见广告媒体比较

常见的广告媒体比较见表10—1。

表10—1　　广告媒体的比较

媒体	优点	局限
报纸	灵活，及时，本地市场覆盖面大，能广泛地被接受，可信性强	保存性差，印制质量低，传阅者少
杂志	地理、人口可选性强，可信并有一定的权威性，复制率高，保存期长，传阅者多	有些发行数是无用的，版面无保证
广播	大众化宣传，地理和人口方面的选择性较强，成本低	只有声音，不如电视那样引人注意，非规范化收费结构，展露瞬间即逝
电视	综合视觉、听觉和动作，富有感染力，能引起高度注意，触及面广	成本高，干扰多，瞬间即逝，观众选择性少
网络	非常高的选择性，交互性，相对成本低	在某些落后国家或地区，作为新媒体，老年用户较少
直接邮寄	接受者有选择性，灵活，在同一媒体内没有广告竞争，人情味较浓	相对来说成本较高，可能被误认为是“垃圾邮件”

续前表

媒体	优点	局限
户外广告	灵活，广告展露时间长，费用低，竞争少	观众没有选择，创意受限
黄页	本地市场覆盖面大，可信性强，接触广泛，低成本	竞争激烈，导入时间长，创意受限
广告册	灵活性强，全彩色，展示戏剧性信息	大量制作时成本不易控制
电话	使用人多，有接触每个人的机会	除非数量限制，否则成本不易控制

2. 选择广告媒体应考虑的因素

媒体计划者必须了解各类主要媒体在触及面（在一定时期内，某一特定媒体一次最少能触及的不同的人或家庭数目）、频率（在一定时期内，平均每人或每个家庭见到广告信息的次数）和影响（通过某一特定媒体进行一次展露的有效价值）等方面所具备的能力，以便有效地选择媒体。在媒体选择方面要考虑以下因素：

（1）目标受众的媒体习惯。例如儿童识字率不高，报纸广告就对其很难奏效，电视则是理想的儿童用品广告媒体。

（2）产品特征。原理复杂的产品，可以用报纸、杂志等媒体；女性服装广告登在彩色印刷的时装杂志上最吸引人。

（3）广告信息。一条宣布明天有重要活动的信息就要求用广播或报纸作媒介；一条包含大量技术资料的广告信息，可能要求选用专业性杂志或者寄邮件。

（4）费用。电视广告费用非常昂贵，而报纸广告则较便宜。当然，应该考虑的是每千人展露的平均成本，而不是总的成本。

本质上讲，任何媒体都是广告信息的载体。反之，任何能承载广告信息的事物都可以是“广告媒体”，这样，选择媒体的思路就扩大了。

引例：“游击营销”

一些广告预算较少的公司在吸引消费者注意方面不断创新。从把广告印在苹果和莴苣上到把产品信息印在戏票背面和高尔夫球场的旗帜上，这些活动都被称为游击营销（guerrilla marketing）。游击营销策略让消费者在意想不到的地方“遭遇”推销活动。美国儿童频道把海绵宝宝和爱探险的朵拉印在水果包装上；美国航空公司出售呕吐袋上的广告位；有个妇女在eBay上出租其额头，一家娱乐公司花1万美元在上面刺了广告；哥伦比亚广播公司用激光技术在蛋壳上蚀刻GBS的标志及其各类热播节目的广告语，以达到宣传节目的目的；IBM为宣传其收购Linux操作系统，在人行道上印上了成百上千的“和平爱Linux”的标语。

资料来源：[美] 迈克尔·所罗门等：《所罗门营销学》，256、258页，北京，中国人民大学出版社，2009。

延伸阅读

植入式广告

起源于西方的植入式广告（product placement）也被称作嵌入式广告或隐性广告，是指将产品或品牌及其代表性的视觉符号，甚至服务内容策略性地融入电影、电视剧或电视节目内容中，通过场景的再现，让观众记下产品及其品牌，继而达到营销的目的。植入式广告不仅广泛运用于电影、电视，而且还被用于各种媒介，如报纸、杂志、网络游戏、手机短信，甚至小说之中。如果把传统的硬广告比作疾风骤雨的话，植入式广告就有点像杜甫诗中所描述的“随风潜入夜，润物细无声”。

在美国，有一个电影院做过一个实验，他们在电影的放映过程中，将一种清凉饮料做的时间为5秒左右的软广告融合到了影片中。结果在这个影院里，这种饮料的销量上升了18%，而之后整个市场上这种饮料的销量提高了58%。

在银幕上火爆了几十年的“007”系列电影一直都在植入宝马和欧米茄的广告。虽然剧情和邦女郎集集不同，但神通广大的“007”总是特别钟情于宝马车、特别喜欢欧米茄手表，可谓“铁打的宝马和欧米茄、流水的邦女郎”。在国内，20世纪90年代由葛优和吕丽萍主演的电视剧《编辑部的故事》首次采用了类似植入式广告的表现形式，在剧中播出了百龙矿泉壶的随片广告。而植入式广告在我国的全面推广，则要归功于冯小刚导演的《天下无贼》，影片中共出现了中国移动、佳能等12家全程赞助商，广告投入2 400多万元，加上荣誉赞助等其他项目，广告收入达4 000万元。

2010年央视春晚可谓把植入式广告做到了极致。赵本山的小品《捐助》在短短几分钟内，包括搜狗、搜狐、国窖等3个广告赫然植入其中。整场晚会下来，鲁花出现在小品《五十块钱》里、汇源果汁出现在刘谦的魔术节目里、夏普出现在小品《一句话的事儿》里。甚至有网友戏称：“请不要在广告中插播春晚。”

资料来源：屈冠银：《市场营销理论与实训教程》（第3版），239页，北京，机械工业出版社，2014。

（五）广告效果衡量

约翰·沃纳梅克是美国费城著名的零售商，他曾抱怨说：“我敢肯定地说，我花在广告上的钱一半都浪费掉了。问题在于我不知道是哪一半。”对广告进行评估以增强信息传递效果对公司来说是很重要的。

1. 传播效果的研究

传播效果研究的目的在于分析广告活动是否达到预期的信息沟通效果，常用的测试方法有以下三种：

（1）直接评分。即由目标消费者对广告依次打分。其评分表用于估计广告的注意力、可读性、认知力、影响力和行为等方面的因素。直接评分法不一定能完全反映广告对目标消费者的实际影响，主要适用于帮助淘汰和剔除那些质量差的广告。

（2）组合测试。即请消费者观看一组试验用的广告，要求他们愿看多久就看多久，等到他们看完广告后，让他们回忆所看到的广告，并且对每个广告都尽其最大能力予以描述。所得结果可以判别一个广告的突出性及其期望信息被了解的程度。

（3）实验室测试。即有些研究人员利用仪器来测量消费者对于广告的心理反应情况，比如心跳、血压、出汗等。然而，这些生理测试只能测量广告的吸引力，无法测量消费者的信任、态度或者意图。

2. 销售效果的研究

销售效果的研究可以采用以下两种分析方法：

（1）历史资料分析法。这是由研究人员根据同步或滞后的原则，利用最小平方回归法求得企业过去的销售额与企业过去的广告支出二者之间关系的一种测量方法。

（2）实验设计分析法。用这种方法来测量广告对销售的影响时，可选择不同地区，在其中某些地区进行比平均广告水平强50%的广告活动，在另一些地区进行比平均水平弱50%的广告活动，并根据销售记录，评价广告活动对企业销售究竟有多大影响。

同步训练

分析下面广告案例的成功之处。

一天傍晚，一对老夫妇正在进餐，这时电话铃声响起，老太太去另一房间接电话，回到餐桌后，老先生问她："是谁来的电话?"老太太回答："是女儿打来的。"老先生又问："有什么事吗?"老太太说："没有。"老先生惊讶地问："没事?"老太太呜咽道："她说她爱我们!"两位老人相对无言，激动不已。这时，旁白道出："用电话传递你的爱吧——贝尔电话!"

任务二

设计老年产品销售促进方案

情境导入

父亲节就要到了，某超市为了提高老年产品的销售量，决定在父亲节前后（共三天）进行一次有效的促销活动。

任务描述

假如你是该超市的市场部经理，请带领你的团队制定一个父亲节短期销售促进方案。方案中至少要涉及促销时间、促销目的、信息送达方式、促销主题、促销方式（促销工具选择）以及举办相关活动的内容、时间、地点安排、促销预算等。

相关知识

销售促进决策主要包括：确定目标、选择工具、制订方案、预试方案、实施和控制方案、评价结果。

（一）确定销售促进目标

销售促进对近期目标十分有用，但具体目标一定要根据目标市场类型和促销的目标来确定。

就消费者而言，目标包括鼓励消费者更多地使用商品和促使其大批量购买；争取未使用者试用；吸引竞争者品牌的使用者。

就零售商而言，目标包括吸引零售商经营新的商品品目和维持较高水平的存货，鼓励他们购买过季商品，鼓励贮存相关商品，抵消竞争性促销的影响，建立零售商的品牌忠诚和获得进入新的零售网点的机会。

就销售队伍而言，目标包括鼓励他们支持一种新产品或新型号，激励他们寻找更多的潜在顾客和刺激他们推销过季商品。

（二）选择促销工具

选择促销工具时要考虑市场的类型、促销目标、竞争条件以及每种促销工具的成本效益。根据面对的对象不同，销售促进的工具分为三类：面向消费者的促销工具、面向中间商的促销工具、面向业务和销售队伍的促销工具。但是，这些工具并不是机械的对应关系，面向业务和推销队伍的工具有时也可以用在消费者和中间商身上。

1. 面向消费者的促销工具

面向消费者的促销工具见表10—2。

表10—2　面向消费者的促销工具

工具名称	描述
样品	向消费者提供一定数量的免费产品或服务，赠送样品是最有效也是最昂贵的介绍新产品的方式。
优惠券	持有人在购买指定产品时可以获得一定价格优惠的凭证，是促销工具中最流行的一种。专家们认为，优惠券必须提供15%～20%的价格减让才有效果。
特价包	采用组合包装或减价包装的形式，使消费者购买时可以低价得到额外商品。
赠品（礼品）	比较低的代价或免费向消费者提供赠品，以刺激其购买某一特定产品。目前，制造商给予消费者名目繁多的赠品，这些赠品上都印有公司的名字。
奖品（竞赛、抽奖、游戏）	奖品是指消费者在购买某物品后，向他们提供赢得现金、旅游或其他物品的各种获奖机会。竞赛要求消费者参加某种活动，然后由裁判选择表现好的消费者给以奖励。抽奖则要求消费者将写有其名字的纸条放入一个抽签箱中抽签。游戏则在消费者每次购买商品时送给他们某样东西，如纸牌号码、字母填空等，这些有可能中奖，也可能一无所获。所有这些工具都比优惠券或者几件小礼品赢得更多的注意。
光顾奖励	它是指以现金或其他形式按比例地奖励某一主顾或主顾集团的光顾，如购买积分卡就是一种光顾奖励。
免费试用	邀请潜在顾客免费试用产品，以期他们购买此产品。
联合/交叉促销	两个或两个以上的品牌或公司联合促销；用一种品牌来为另一种非竞争的品牌做广告。
售点陈列和演示	售点陈列和演示发生在购买现场或销售现场。但是许多零售商不喜欢放置来自制造商的太多的陈列品、广告牌和广告招贴。

2. 面向中间商的促销工具

面向中间商的促销工具见表10—3。

表10—3　面向中间商的促销工具

工具	描述
价格折扣（发票折扣或价目单折扣）	在某段指定的时期内，每次购货都给予低于价目单定价的直接折扣。这一优待鼓励了经销商去购买一般情况下不愿购买的数量或新产品。中间商可将购货补贴用作直接利润、广告费用或零售价减让。

续前表

工具	描述
补贴或津贴	制造商提供补贴，以此作为零售商同意以某种方式突出宣传制造商产品的报偿。广告补贴用以补偿为制造商的产品做广告宣传的零售商。陈列补贴则用以补偿对产品进行特别陈列的零售商。
免费商品	制造商给予购买产品达到一定数量或经营某个产品品种的中间商额外的免费商品。如制造商免费赠送附有公司名字的特别广告赠品，譬如钢笔、铅笔、年历、备忘录等。

3. 面向业务和销售队伍的促销工具

面向业务和销售队伍的促销工具见表10—4。

表10—4　面向业务和促销队伍的促销工具

工具	描述
贸易展览会	行业协会一般都组织年度商品展览会和集会。向特定行业出售产品和服务的公司在商品展览会上租用摊位，陈列和演示它们的产品。业务市场营销者每年将35%的促销预算用于商品展览会上。他们要作出一系列的决策，包括参加哪个商品展览会、如何将展台布置得富有吸引力、如何有效地追踪销售线索等。
销售竞赛	销售竞赛的目的是激励销售人员和经销商增加一定时期内的销售量并给予成功者一定的现金、旅行奖励、礼物或返点奖励。
纪念品广告	纪念品广告是指由销售员向现有或潜在顾客赠送的一些印有公司名称和地址，有时还有广告信息的实用、低成本物品。常用的物品有圆珠笔、日历、钥匙链、手提袋和记事簿等。

（三）制订销售促进方案

在制订促销促进方案时，必须对以下问题作出决策。

1. 刺激大小

对销售促进对象的激励规模，要根据费用与效果的最优比例来确定。要获得销售促进活动的成功，最低限度的激励物是必要的，并且，最佳激励规模要依据费用最低、效率最高的原则来确定。

2. 刺激对象

营销管理者必须制定参与条件，如是面向每一个人还是有选择的面向一部分人，并且意识到这种选择的正确与否会直接影响销售促进的最终效果。通常，某种赠品可能只送给那些寄回包装物的购买者；抽奖不允许企业员工的家属或一定年龄以下的人参加。

3. 刺激期限

任何销售促进方式，在实行时都必须规定一定的期限，不宜过长或过短。具体的活动期限应综合考虑产品的特点、消费者的购买习惯、促销目标、竞争者策略及其他因素，按照实际需求而定。

4. 送达方式

企业要根据激励对象，以及每种方法的成本和效率来选择送达方式。每种途径的送达率和费用都不相同。每种方法各有其优点，应从费用与效果的关系角度仔细斟酌，反复权衡选择最佳的送达方式。如赠券有四种送达方式：附在包装内、邮寄、零售店分发和附在广告媒体上。

5. 时机选择

一般来说，销售促进时机应根据消费需求时间的特点并结合总的市场营销战略来选择，日程的安排应注意与生产、分销、促销的时机和日程协调一致，并与战略相匹配。一般节假日或者某种产品销售旺季到来前以及热销过程中都是不错的时机。

6. 预算及分配

有两种方法可供选择：一种是从基层做起（自下而上的方式），营销人员根据所选用的各种促销办法来估计总费用。促销成本由管理成本（印刷费、邮费等）和刺激成本（奖品或减价成本）构成。另一种是按照习惯比例来确定各项销售促进预算的比率。

（四）预试、实施和控制方案

销售促进方案制订后一般要经过试验才能予以实施。通过试验以明确：选择的销售促进工具是否适当；刺激规模是否最佳；实施的方法效率如何等。对于每项销售促进工作都应该确定实施和控制计划。实施计划包括前置时间和销售延续时间。前置时间是指开始实施这种方案前所必须准备的时间。销售延续时间是指从开始实施优惠措施起到大约95%的采取此优惠措施的商品已经到达消费者手中为止的时间。在计划的制订及执行过程中，应有相应的监控机制作保障，应有专人负责控制事态的进展，一旦出现偏差或意外情况，应及时予以纠正和解决。

（五）评价销售促进结果

对每次销售促进的结果都应该进行细致科学的评价，为后来的活动提供参考。制造商可用三种方法对促销的效果进行衡量：销售数据、消费者调查和经验。

要正确对待销售数据。如一个公司在促销前的市场份额有6%，促销期间升到10%，促销后跌到5%，过些时间后又回升到7%（如图10—2所示）。显然，促销吸引了新的试用者，也刺激了原有的消费者。促销后销售量下降是由于顾客在消费他们已购的存货，是正常的现象。关键是看过些时间后，市场份额是否超过了促销前的水平。本例中的7%就说明促销是有效的，因为通过促销产生了新的长期客户。

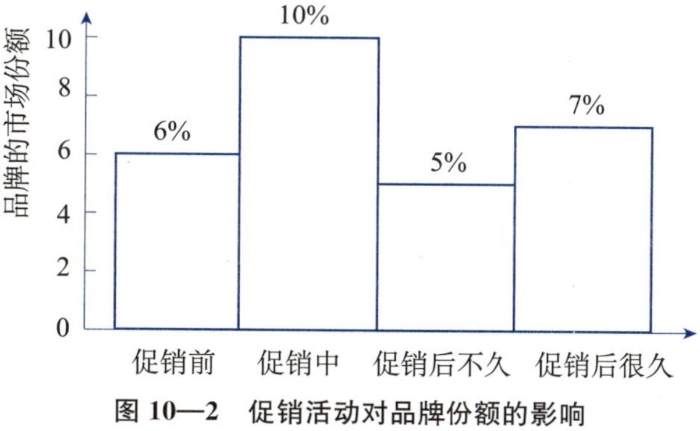

图10—2 促销活动对品牌份额的影响

课堂思考

如果销售促进过后，又过了些时间，市场份额回到了促销前水平，甚至不如以前，有可能是什么原因造成的？

同步训练

某老年产品商店要在春节前一周组织一次促销活动，请你策划一个促销主题，并列举可以采用的促销工具。

任务三

制定老年产品危机公关策略

情境导入

A 牌老年按摩椅是中国知名品牌。2014 年 12 月 7 日，《X 市都市报》以《A 牌按摩椅按瘫六旬老汉》为标题报道了一位 60 岁的老大爷花费了两万多元钱买来的按摩椅不仅没有治好腰痛病，还伤了老人的腰。老人在坚持使用了按摩椅一个多月后，突然腰疼得站不起身来，被抬着送进了医院，检查后才知道原来是 A 牌按摩椅惹的祸。

实际上，根据笔者的咨询，按摩椅等保健产品并非人人都可使用，像骨折、脊柱炎、腰椎间盘突出、腰椎结核、腰椎肿瘤五大类疾病患者其实是不适合用按摩椅进行按摩的，若误用按摩只会加重病情。另外，各种出血症、心脏病、肿瘤患者，以及孕妇、儿童等都属于不适宜人群。

任务描述

根据“情境导入”中第一段的材料，你认为该新闻报道对 A 牌按摩椅的品牌形象和潜在销售量是否有负面影响？如果存在负面影响，你认为该采取哪些公关措施可以最大限度地维护该公司的形象？

相关知识

（一）营销公共关系的内涵与作用

营销公共关系（marketing public relations，MPR ），以前被称为宣传（publicity），指用于宣传或者保护企业形象以及产品形象的一系列活动。菲利普·科特勒在其《营销管理》（第 11 版）中提到，公共宣传对消费者的影响大约相当于广告的五倍。良好的公关策略可以处理好和各类公众的关系，达到“安内攘外”的效果，为企业营造一个很好的经营环境。营销公共关系的主要作用有：支持推出新产品，支持成熟产品的重新定位，建立对产品品类的兴趣，影响特定目标群体，保护遭遇社会问题的产品，通过有利于产品的方式树立企业形象。

（二）营销公共关系的主要工具

公关经理必须寻找甚至创造一些宣传信息，并选择恰当的媒体把信息传递给公众。主要的营销公关工具如表 10—5 所示，科特勒称其为“PENCILS”（铅笔公关）。

表 10—5　　主要的营销公关工具

工具	描述
公开出版物（publication）	企业大量依靠各种公开出版物去接近和影响其目标市场。它们包括关于企业事迹的书籍、年度报告、小册子、文章、视听材料以及企业的商业信件和杂志。
事件（event）	事件是指经营者在真实和不损害公众利益的前提下，安排一些特别事件（如新闻发布会、研讨会、竞赛、纪念活动等），吸引媒体和目标公众的注意与兴趣，以达到提高社会知名度、塑造企业良好形象和最终促进产品销售的目的。
新闻（news）	公关专业人员的一个主要任务是发展或创造对公司、产品或员工有利的新闻。新闻的编写要求善于构想出故事概念，广泛开展调研活动，然后推动媒体进行报道或参加新闻发布会。
社区关系（community relation）	通过和某种社会组织建立一种良好的关系达到提高企业形象的目的，这些组织如社区公众、宗教团体、行业协会等。可以主动承担社区内的一些公益事业，关心社区政治、经济、文化等各方面的发展。
形象识别媒体（identity media）	企业需要创造一个公众能迅速辨认的视觉形象，如口号、企业标识、文件、小册子、招牌、企业模型、业务名片、建筑物、制服标记等来进行传播。
游说（lobby）和演讲（lecture）	由专业人员直接面对特定的公众，利用充分的理由和娴熟的谈话技巧，使他们或改变初衷，或与说服方保持一致。公司管理人员需要巧妙地应对媒体提出的问题或者在某些场合发表演说，这些行为也可以增强企业形象。
公益服务活动（social clause）	企业通过将一定的金钱和时间贡献给某项公益活动或特定的事业来建立声誉。

引例：确保“零烦恼”，商家给顾客的承诺

不久前，山东青岛一位姓王的老太太购回了一台海尔空调牌后，用出租车拉回家，在老太太上楼请人搬运时，黑心的司机悄悄拖走了她的空调，让老太太心痛不已。事情在《青岛晚报》上刊出，海尔集团得知后，马上赠送了一台新空调给老太太，并帮助其安装到位，这件事一时轰动青岛。海尔集团的这一举措用海尔集团总经理张波的话说叫做“让消费者购买海尔空调后确保‘零烦恼’”。他是这么说的，也是这么做的。他们不但持之以恒地坚持质量的“精细化”、“零缺陷”，而且特别注重产品售后服务，无论谁买了海尔空调，都实行免费送货、安装、咨询、服务，安装一个月内进行两次回访，确保每个空调都能安装到位，并进入正常工作状态，从而让广大消费者“只需享乐、没有烦恼”。

资料来源：[美] 文丰：《商战新景观传真》，载《消费经济》，22～23 页，1996（6）。

（三）危机公关与商业谣言

1. 危机公关

危机公关是指当企业遭遇突发事件或重大变故，其正常的生产经营活动受到影响，特别是原有

的良好形象受到破坏时，如何从公共关系的角度应对、处理，以使企业以尽可能低的成本度过经营危机的公关活动。

危机的出现是任何一个企业都无法避免的。“墨菲定律”指出，如果坏事有可能发生，不管这种可能性多么小，它总会发生。《危机管理》一书的作者史蒂文·芬克（Steven Fink）经过调查发现，80%的《财富》500强公司的CEO认为，现代企业界面对的危机，就如同死亡一样，几乎是不可避免的。有55%的被访者认为危机影响了企业的正常运转，而危机困扰企业的时间平均为8周半。

危机是一位不速之客，无论你是否喜欢，它总要发生。面对危机，积极成熟的企业总是能够防止可以预防的、延迟不可避免的、减轻已经发生的，最厉害的是把危机转化为公关机会。

取得危机公关效果要遵守以下规则：

（1）企业管理层应该有强烈的危机公关意识；

（2）危机公关的基本原则是诚心和责任；

（3）危机出现后临危不乱，速度第一，迅速成立危机处理机构；

（4）坚持企业形象高于成本的思想；

（5）搞好内部和外部公关；

（6）切实做好与媒体的沟通工作。

引例：强生公司的负责态度

1982年，在芝加哥地区连续发生7人因服用强生公司的“泰利诺”胶囊而中毒的事件。后来尽管查明，此药根本无毒，是有人打开包装故意放入氰化物所致。但消息一经报道，强生公司形象一落千丈，“泰利诺中毒事件”一下子成为全国性的事件。有人甚至断言，“泰利诺”胶囊将从市场上消失。

强生公司的反应速度，面对媒体、政府、员工、股东以及经销商的公关手段都可圈可点，但给人印象最深的是对消费者负责任的态度。公司在很短的时间内，从市场上收回价值1亿美元的3 200万瓶“泰利诺”胶囊，并公开全部销毁。对800万瓶“泰利诺”胶囊进行实验，检查其是否受过其他污染。停止了“泰利诺”胶囊的推销广告，花50万美金发出45万份电报、电传，请那些有可能与此有关的内科医生、医院和经销商提高警惕。随后，推出具有更加坚固的3层密封包装的新型“泰利诺”胶囊，成为医药行业对政府要求采取防污染包装以及美国食品和药管局制定的新规定做出积极反应的第一家企业。

在问题没有搞清楚之前，把危险降至零，这是一种魄力，更是一种对消费者高度负责的姿态。强生公司能够在一年内走出危机，甚至在止痛片市场上挤走竞争者，这是一个重要原因。

资料来源：朱华等：《市场营销案例精选精析》，182页，北京，经济管理出版社，2000。

2. 商业谣言

企业时常遇到的一种威胁是商业谣言，它是有关产品、品牌、企业的广为传播但无从证实的说法。如何处理谣言是公关人员面临的重要难题。有人认为，置之不理是对付谣言的最好办法，理由是打击谣言，反而会使谣言更加引人注目。但是，一位谣言方面的专家认为，谣言就像火，在对付火时，时间是最大的敌人。他的建议是：不能坐等谣言自生自灭，而是要和时间赛跑，迅速果断地将其扑灭。

同步训练

点评下面雅士利乳业危机公关的可借鉴之处。

2006年9月，国家工商总局报出雅士利乳业2006年3月8日生产的一种中老年奶粉中铁、维生素B1标签项目不合格的情况。第二天，雅士利公司即做出反应：召回问题奶粉，将市场上所有系列、所有批次和规格的中老年奶粉下架，等待相关部门的处理，这一动作在两天内完成。2006年9月7日，国家工商总局在北京出面辟谣，称前段时间曝光的雅士利中老年奶粉不合格原因是其标签问题，产品质量没有问题，可恢复正常的生产与销售。

任务四

推销老年产品

情境导入

《中老年保健》是中日友好医院主办的一份老年杂志，于1986年创刊，每期定价6元。杂志栏目有：专家谈保健、哮喘病防治专栏、医学讲座、药物园地、老人天地、运动与健康、自我保健、人物访谈、心理咨询、饮食与健康、家庭生活、精神家园、女性之友、人生百味、广闻博录、电脑与网络、求医信箱等。

前些年，《中老年保健》的发行量一直位于同类杂志之首。然而，近年来，随着网络的发展，越来越多老年人开始通过上网获取保健信息，杂志的销量开始下滑。面对这种情况，杂志社市场部决定招聘推销员进入社区开展推销活动。

任务描述

如果你是《中老年保健》杂志社一名新招的推销员，你认为推销前应做哪些准备工作？如何接近潜在顾客？如何介绍产品？如何促进交易？

相关知识

（一）管理销售队伍

1. 招聘和选择销售人员

招聘和选择销售人员是销售队伍管理成功的关键。一项调查显示，25%的销售人员创造了企业

52%的销售额。

销售人员必备的素质是选择销售人员的依据，但看法并不完全统一。罗伯特·迈克默里说："我认为一个具有高效率推销个性的销售员是一个习惯性的追求者，一个怀有赢得和抓住他人好感的迫切需求的人。"他列出了超级销售员的五项品质：旺盛的精力、强烈的使命意识、对金钱的追求、坚忍不拔的毅力、挑战异议和跨越障碍的癖好。

2. 销售人员培训

对销售人员进行培训的花费是一种投资，也是人员促销成功的关键。

企业培训的内容有：公司各方面的情况；本公司的产品情况；了解本公司各类顾客和竞争对手的特点；如何做有效的推销展示；懂得推销工作程序和责任。

目前，销售人员的培训方法有讲授培训（课堂教学）、模拟培训（如角色扮演）、实践培训（在职锻炼）、会议培训法（可以进行内部经验交流）等。企业仍在不断探索着新的培训方法。

通过培训，销售人员应该在心态、知识、技巧和习惯四个方面有更大改善（见图 10—3）。

图 10—3　销售人员的成长

首先，销售人员应培养良好心态，因为销售成功的 80%来自积极的心态。

其次，销售人员应扩大知识面，多一门知识，就多一个和客户交流的平台。由于课程设置的原因，高等职业院校的学生在综合知识方面显然要略逊于普通本科院校，所以，建议职业院校的学生更要自己多读些书。

再次，掌握一定的销售技巧可以事半功倍。比如收集信息的技巧、接近客户的技巧、介绍产品的技巧、处理异议的技巧等，需要销售人员"读万卷书"，更需要"行万里路"，从实践中虚心学习。

最后，一切好的心态、行为、技巧只有内化成为无意识的本能反应即习惯，才能帮助你提高销售业绩。亚里士多德说过："优秀是一种习惯。"俄罗斯教育家乌申斯基的论述同样精辟："一方面，良好的习惯是人在其思维习惯中所存放的道德资本，这个资本会不断增长，一个人毕生可以享受它的利息。另一方面，坏习惯在同样的程度上就是一笔道德上未偿清的债务。这种债务能以其不断增长的利息折磨人，使最好的创举失败，并把人引到道德破产的地步……"销售人员的最高境界是把工作当习惯。如一个小故事所描述的，一个警察向上司报告："我们不要再盘问那个被控谋杀的业务员了。全队兄弟轮流问了他 3 个小时，他已经卖给我们 3 部吸尘器、2 部洗碟机和 5 个电吹风了。"这位业务员显然把推销工作当习惯了。

引例：一束玫瑰与一辆雪佛兰

乔·吉拉德被认为是世界上最伟大的推销员，他认为：卖汽车，人品重于商品。一个成功的汽车销售商，肯定有一颗尊重普通人的爱心，他的爱心体现在每一个细小的行为中。

有一天，一位中年妇女从对面的福特汽车销售商行走进了吉拉德的汽车展销室。她说自己很想买一辆白色的福特车，就像她表姐开的那辆一样，但是福特车行的经销商让她过一个小时之后再去，所以先过来这儿瞧一瞧。

“夫人，欢迎您来看我的车。”吉拉德微笑着说。

妇女兴奋地告诉他：“今天是我55岁的生日，我想买一辆白色的福特车送给自己作为生日礼物。”

“夫人，祝您生日快乐！”吉拉德热情地祝贺道。随后，他轻声地向身边的助手交代了几句。

吉拉德领着夫人从一辆辆新车面前慢慢走过，边看边介绍。当来到一辆雪佛兰车前时，他说：“夫人，您对白色情有独钟，瞧这辆双门式轿车，也是白色的。”

就在这时，助手走了进来，把一束玫瑰花交给吉拉德。他把这束漂亮的花送给夫人，再次对她表示祝贺。

那位夫人非常激动地说：“先生，太感谢您了，已经很久没有人给我送过礼物了。刚才那位福特车的推销员看到我开着一辆旧车，一定以为我买不起新车，所以在我提出要看一看车时，他就推辞说需要出去收一笔钱，我只好上您这儿来等他。现在想一想，也不一定非要买福特车不可。”后来，这位女士就在吉拉德那儿买了一辆白色的雪佛兰轿车。

资料来源：邹华英：《世界上最伟大的推销员》，3页，北京，电子工业出版社，2009。

3. 销售人员的激励

（1）物质激励。通过物质报酬的增加来刺激员工行为动机，调动其积极性。这类激励方法是企业最常使用的，包括金钱激励（如工资、奖金、优先认股权、公司支付的保险金等）、奖品激励、生活奖励等。

（2）非物质激励。非物质激励是对员工能力认可、价值尊重的重要体现。如梦想激励、弹性工作时间激励、选择工作区域激励、决策激励、家庭激励（帮助优秀销售人员解决家庭后顾之忧）、荣誉激励、提升激励、文化激励。

（3）逆向激励。逆向激励即表现为惩罚性措施，主要是对于业绩长期欠佳的员工进行必要的惩罚。其作用是让员工感觉到更大的压力，自动寻找更好的解决方案。目前，经常采取的逆向激励方法有自动淘汰、罚款、降薪、辞退等。

4. 销售人员评价

（1）考评资料的获取。考评资料主要从以下四个途径获得：销售人员销售工作报告；企业销售记录；顾客及社会公众的评价；企业内部员工的意见。

（2）考评标准的建立。常用的销售人员绩效考核指标主要有销售量、毛利、访问率（每天的访问次数）、访问成功率、平均订单数目、销售费用及费用率、新客户数目等。

（3）绩效评估方法。绩效评估有三个方面：横向评估，销售人员之间进行比较；纵向评估，将销售人员的现在和过去比较；工作评价，包括对企业、产品、顾客、竞争者、本身职责的了解程度，也包括销售人员的言谈举止、修养等个性特征。

（二）推销的一般过程

大部分培训方法把推销过程视为销售人员必须掌握的几个步骤，如图 10—4 所示。

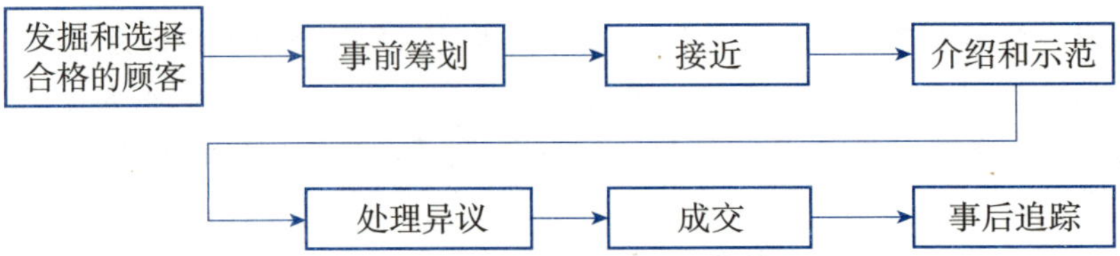

图 10—4　有效销售中的主要步骤

1. 发掘和选择合格的顾客

推销过程的第一步是发掘（prospecting）和界定合适的潜在顾客。一位专家说："如果销售人员不加挑选地追逐每一个顾客，很可能就会积累出这样一批客户：服务成本高，难以取悦，并且无论你提供什么好处，他都不会有反应。"

销售人员可以通过以下途径发现潜在顾客：请求现有顾客提供潜在顾客名单；建立来源信息网，比如供应商、经销商、非竞争者的销售人员；加入潜在顾客所属的组织或者从事能够吸引潜在顾客的演讲和写作活动；在报纸或工商指南上寻找顾客名单，并利用电话或信件追踪线索；或者未经预约直接到办公地点拜访顾客。

2. 事前筹划（准备工作）

销售人员访问潜在顾客前应尽可能了解顾客（公司需要什么、谁参与购买决定）以及它的采购人员（他们的个性和购买方式），这个步骤称为事前筹划（pre-approach）。销售人员可以向行业标准指南和网络、熟悉的朋友或者其他人咨询公司的情况。销售人员应制定访问目标，收集潜在顾客的信息。确定最佳接近方式——亲自拜访、电话联络或者信函。由于许多潜在顾客在某些时间会特别忙，所以销售人员应小心考虑最佳访问时间。此外，销售人员还应考虑对这个潜在顾客的总体销售策略。

3. 接近

在接近（approach）阶段，销售人员应该知道如何会见和招呼买主，并使彼此的关系有个好的开始。其范围包括销售人员的仪表、开场白以及接下去的话题。开场白应该是积极的，如："张先生，我是来自某公司的销售人员某某。我的公司和我都非常感谢您在百忙之中抽空与我见面。我将尽最大的努力使您和贵公司能从这次访问中获益，并感到它的价值。"在这个开场白以后，就可以接着洽谈一些关键性的问题，以更多地了解顾客的需求，或者展示货样以引起买主的注意及好奇心。

4. 介绍和示范

介绍（presentation）产品要抓住关键，可按照"FABE"的模式介绍：突出产品的特征（feature）、和竞争对手相比的优势（advantages）、带给消费者的利益（benefits）、相关的佐证（evidence）。最终满足消费者不同层次的要求。

以自己为主导，客户处于被动局面的介绍方法已经落伍，需要满足法成为有效的方法。这种介绍方式需要具有出色的倾听和解决问题的技巧。"我觉得自己更像个心理学家，"一位经验丰富的销售人员谈道，"我听顾客讲话，听他们的愿望、需求和问题，并尽力找到解决方案。如果你不是个好的倾听者，你就得不到订单。"

货样演示可以使销售介绍效果更好；可视的辅助设施可以展示产品的性能并提供其他相关信息；宣传册可留作顾客日后参考之用。要充分利用先进的演示技术，如音频和录像带、装有演示软件的便携式计算机以及网络演示技术等。

5. 处理异议

在销售过程中，客户对你的任何一个举动或在展示过程中的说法提出的不赞同、反对、质疑等都是拒绝，这些统称为客户异议。从接近客户、调查、产品介绍、示范操作、提出购买建议到签订合同的每一个环节，客户都有可能提出异议。所以，处理异议是销售人员必备的一项技巧。

有一句销售名言，即“销售是从客户的拒绝开始的，没有异议的客户是最难处理的客户。”通过异议判断客户需求，迅速修正销售技巧，异议是宣泄客户内心想法的最好反映。

客户产生异议的原因有三方面：销售员的原因，如无法赢得客户好感、做夸大不实的陈述、使用过多的专门术语、引用不正确的调查资料、说的太多但听的太少等；客户的原因，如拒绝改变、情绪处于低潮、没有意愿、预算不足等；与产品有关的原因，如价格因素、产品本身因素、服务因素、货源因素、时间因素。处理异议的常见方法有忽视法、比较法、太极法、反问法、间接反驳法等。

6. 成交

在解决了潜在顾客的反对意见后，销售人员就试着达成交易。但有些销售人员无法进入这一阶段，或者不能把它处理好。他们可能对自己缺乏信心，或是对向顾客要求订单有罪恶感，或是没有掌握适当的成交时机。销售人员应该知道如何识别购买者发出的特定成交信号，包括身体的动作、言辞或者意见。例如顾客主动往前坐、不断点头赞许、询问价钱或付款条件。届时，销售人员就可以使用各种达成交易的技巧，向潜在顾客要求订单，重申双方协议的要点，提议帮助顾客填写订单，询问顾客想要这一类型产品还是另外一种类型的产品，或者告诉购买者如果现在不买就可能买不到了。销售人员也可以提供给购买者成交的特殊理由，如特价优惠或额外赠送。

7. 事后追踪

如果销售人员希望确保顾客满意，并与顾客继续保持业务上的往来，事后追踪（follow-up）这个最后的步骤是必不可少的。销售人员通过追踪访问，以确保所有的安装、指导与服务都准确无误。追踪访问的目的在于发现各种问题，向买主表明销售人员的关注，消除购买者在售后可能产生的任何担心。因此，销售人员还应该制订一个维护客户关系的长期计划。

（三）SPIN 销售法

SPIN 销售法是由著名销售大师尼尔·雷克汉姆（Neil Rackham）创立的。尼尔·雷克汉姆的 SPIN 销售法是在 IBM 和 Xerox 等公司的赞助下通过对众多高新技术营销高手的跟踪调查提炼完成的。SPIN 销售法是一个通过询问潜在顾客、发现问题、解决问题的过程，特别适用于高科技产品等大客户销售，有助于建立长期的顾客关系。

1. 状况问题（situation questions）

通过提出状况问题或背景问题，主要了解老年顾客现在的基本情况，如年龄、身体情况、家庭情况等。背景问题不要问得太多，它是 SPIN 问题中效力最小的一个，问得过多对成功有消极作用。销售人员应事先做好准备工作，去除不必要的背景问题。

2. 困难问题（problem questions）

困难问题是针对老年顾客遇到的难点、生活中最不满意问题的询问，如“由于腿脚不好，您现在活动范围有多大?”“您对现在的助行设备是否满意?”“您正在使用的助行设备存在哪些缺陷?”

等。经验丰富的人倾向于问更多的困难问题，因为你的产品或服务正是为解决顾客的潜在问题而存在的。建议销售人员以帮助买方解决困难为条件，来考虑所售的产品和服务，而不要以产品拥有的细节和特点为条件来考虑。

3. 暗示问题（implication questions）

暗示问题是询问客户关心的困难、不满意问题所产生的后果，如“目前使用的助行设备（如轮椅）存在的缺陷在多大程度上影响了您的生活？”暗示问题让客户明白困难问题点对其深刻的影响，是将客户隐性需求转化为显性需求的工具。最终，使买方逐渐清楚，他的问题与卖方所提供的产品或解决方案的关系。暗示问题是所有 SPIN 问题中最有效的一种。出色的销售人员会问许多暗示问题。

4. 需求与回报问题（need-payoff questions）

通过提出需求与回报问题，将顾客的需求转化为对产品或解决方案的渴望，回答顾客可以得到的利益或回报，如“我们的主型设备（轮椅）给您的好处是什么？”这些问题注重对解决方案的询问，用这些问题可以使顾客明白你的对策可以提供的利益，而不是强迫你对顾客进行解释。

需要提醒的是，不要把 SPIN 模式看成一个公式，应该把 SPIN 模式看作是一个灵活的询问路线图（见图 10—5），它会帮助你顺利完成销售。

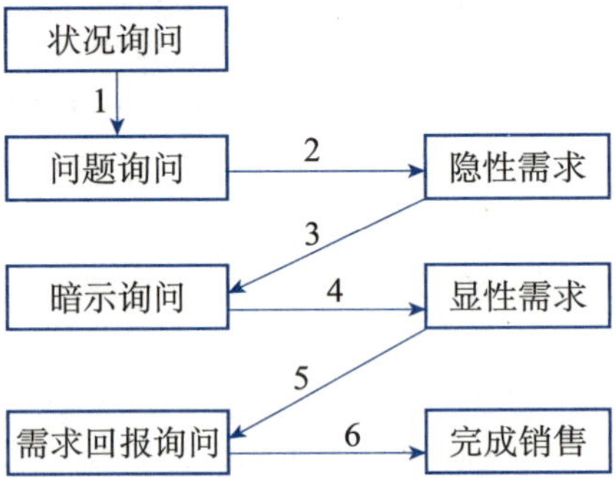

图 10—5　SPIN 询问路线图

引例：禄祥源老年用品店的针对性销售

禄祥源老年用品店一直教育员工：公司卖的不是商品，而是健康；不是产品本身，而是老人问题的解决方案。所以，销售员卖产品时会宣传健康知识，提供合理适配服务。来的顾客如果是买大件辅具产品，员工会详细了解老人的身体情况，根据老人的情况合理给他推荐物品，而不是推荐价格高的物品。这样表面看是销售额不高，但实际上因为服务专业而留住了永久客户。比如：通过询问和观察，面对一个腿脚不利落的老人，如果胳膊有一侧也不能动，员工就会给他推荐护理型轮椅，可以是小轮的，因为需要家人或别人推；但是，面对有的老人，腿脚虽然不利索，但是两个胳膊没有毛病，而且比较有力，这时就给他推荐自推、大轮轮椅；另外，轮椅的质量档次也有差异，可根据顾客的经济条件和身体条件推荐。

资料来源：由禄祥源（北京）科技有限公司提供。

同步训练

如果你是一名老年产品（可具体到某种大家熟悉的产品）的推销员，你认为该如何处理下面常见的顾客异议：

（1）你的产品价格太高了，别人的比你的便宜。

（2）你的产品真的像你说的那样吗？

（3）我现在不需要这种产品。

（4）我再看看，等以后再说吧。

（5）我朋友也在卖这种产品。

（6）我得和老婆（领导）商量一下再说。

知识链接

（一）认识促销组合与整合营销传播

1. 促销组合

促销（promotion）是指企业通过人员和非人员的方式，沟通企业与消费者之间的信息，引发、刺激消费者的消费欲望和兴趣，使其产生购买行为的活动。从这个概念看出，促销的核心是信息沟通，目的是引发、刺激消费者产生购买行为。促销的各种方式构成促销组合（promotion mix），主要包括面向大众的促销方式、面向个人的促销方式和顾客相互之间的口头宣传方式。

（1）面向大众的促销。

1）广告（advertising）。由明确的发起者以公开付费的方式，通过任何形式的传播媒体进行的任何对创意、商品和服务的非人员展示和促销活动。

广告有多种形式和用途，是促销组合的一个重要组成部分。据统计，在快速消费品促销中，广告的作用占40%。它的主要特点是公开展示、渗透性、夸张的表现力和非人格化。

2）销售促进（sales promotion）（也叫营业推广）。是指为鼓励尝试或购买商品（或服务）而进行的短期刺激。主要特点是形式多样、刺激性强、短期效应。

3）公共关系（public relations）。指设计面向公众或其他利害关系者的各种方案，以推广或维护企业形象，促进产品销售的活动。公共关系有四个明显特征：可信度高、影响面广、戏剧化（可能有意想不到的效果）、费用低。

（2）面向个人的促销方式。

1）人员推销（personal selling）。是指与一个或多个预期顾客进行面对面接触以展示介绍产品、回答问题和取得订单的活动。

人员推销在购买过程的某个阶段，特别是在建立购买者的偏好、信任和行动时，是最有效的工具。与广告相比较，人员推销有三个明显特性：面对面接触、利于人际关系培养、获得即时响应。

2）直复营销（direct marketing）。利用信件、电话、传真、电子邮件或互联网直接与特定的顾客或潜在顾客沟通，或引发其反馈或对话。直复营销有三个特征：定制化、实效性、互动性。

（3）顾客相互之间的口头宣传方式。

每个潜在顾客都有可能成为营销者，在互联网时代，顾客间的影响力更大。蜂鸣营销和口碑营销是顾客之间营销的典型形式。蜂鸣营销的创始人埃曼纽尔·罗森认为，“消费者都有自己的个人圈子，他们基本不听厂商的推销，但都听朋友说的话。”美国口碑营销协会对口碑营销做出了界定：给人们一个理由，让人们通过线上或线下的方式传播产品或服务的优点及使用经验。口碑营销有三个主要特征：影响力大、个人化、及时。

2. 信息沟通过程模型

图 10—6 展示了有效传播的九个关键要素。其中有两个主要的参与主体：发送者和接收者；两个主要工具：信息和媒介；四项主要活动：编码、解码、反应和反馈；一个干扰因素：噪音。

发送者必须知道自己的信息要传递给哪些受众，以及获得什么反应。他们必须以目标受众能够解码的方式对自己的信息进行编码，然后通过能够到达目标受众的媒介来传递信息，并开发反馈渠道来监控反应。发送者的经验与接收者重叠得越多，信息就会越有效。

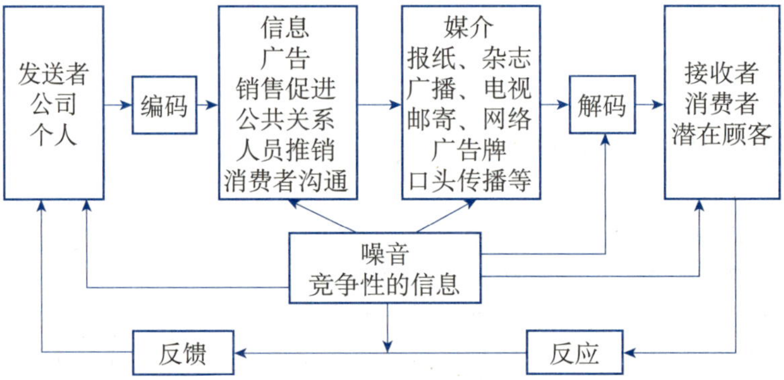

图 10—6　信息沟通过程模型

3. 整合营销传播

（1）整合营销传播的内涵。

整合营销传播（integrated marketing communication，IMC）兴起于 20 世纪 90 年代，主要倡导者是美国营销学者唐·舒尔茨，对其做出较有影响定义的是美国广告协会。按照美国广告协会的定义，IMC 是一个营销传播计划的概念，它注重以下综合计划的增加值，即通过评价广告、直接邮寄、人员推销和公共关系等传播手段的战略作用，并综合利用这些方法，对信息进行无缝结合，以提供明确、一致和最有效的沟通效果。

我国比较有影响的定义是：整合营销传播以消费者为核心重组企业行为和市场行为，综合协调地使用各种传播方式，以统一的目标和统一的传播形象，传递一致的产品信息，实现与消费者的双向沟通，迅速树立品牌在消费者心目中的地位，建立长期关系，更有效地达到品牌传播和产品销售目标。

整合营销传播无论如何定义，都强调了以下内容：

1）以消费者为核心，由原来的“请消费者注意”转变为“请注意消费者”。

2）以寻求发展顾客关系为目的，IMC 关注的是顾客份额和顾客终身价值，而不仅是市场份额。

3）以消费者数据库为运作基础，在信息化时代，要与消费者建立关系需要有效地使用数据库，它是 IMC 的一个特征。

4）以“同一种声音说话”为最重要特征，整合企业的一切营销和传播活动，围绕主题概念进行最佳组合，让人们从不同信息渠道获得一致的信息，使它们相互配合，发挥最大的传播效果。

5）强调营销活动的连续性，为保持“同一种声音”，就要保持各个阶段的逻辑一贯性。

6）强调双向信息交流，现代信息技术以及多种接触控制实现了企业与消费者之间的双向沟通，由此可以掌握消费者态度与行为的变化情况。

（2）整合营销传播决策。

图 10—7 描述了整合营销传播过程决策模型。这个过程包含若干一般选择（选择目标受众、设立目标、制定预算）、具体选择（要素组合、信息创意、媒体选择、时间安排）和活动评估（衡量传播效果）。

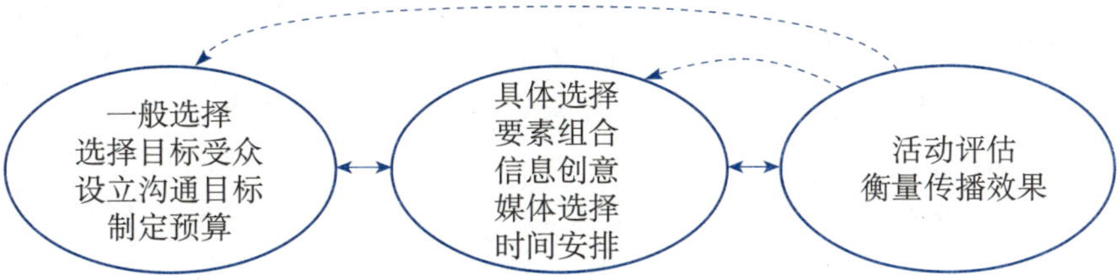

图 10—7　整合营销传播过程决策模型

1）一般选择。选择好受众可以使营销沟通人员更精确地传达讯息，防止向目标市场以外的人群做无用功。因此，目标受众的选择是营销沟通关键的第一步。

沟通目标的设立因促销手段的能力不同而不同。例如，大众媒体广告是为一个新品牌建立消费者认知的理想手段，购买现场的销售促进对消费者店内选择品牌有较大影响，人员推销对消费者异议处理和促进成交的推动作用是无与伦比的。但是，营销沟通的所有要素应该连结成一个整体，用“同一种声音说话”，力求达到最终的购买行为目标。

传播活动需要在预算范围内进行。主要预算方法有：

第一，量入为出法，也叫可用资金法，是指根据企业的实际承受能力安排预算，不成熟的、贫困的、跟在市场领导者后面亦步亦趋的小公司常用这种方法。

第二，竞争对等法，按部分竞争对手的大致费用来决定自己的促销费用。

第三，销售百分比法，以现行或预测的销售额百分比来安排企业的促销费用。

第四，目标和任务法，经营人员要明确自己特定的目标，确定达到这一目标而必须完成的任务以及完成这些任务所需要的费用，以此为依据来决定促销预算，这种方法根据实际目标及工作来制定预算，把费用与工作紧密联系在一起，但企业必须知道广告费用与实际效果的关系，并要有一定的经济实力。

课堂思考

上述所列四种预算方法各有什么优缺点？你认为哪一种最好？

2）具体选择。在众多促销组合中选择合适的促销方式是一件困难的事情，一般要考虑产品类型、市场特点、推式或拉式战略、消费者反应阶段、产品生命周期等因素。例如，人员推销对于销售复杂的老年康复器具效果更好，拉式战略需要广告发挥作用，产品衰退期往往需要采用销售促进等多种方式。

信息创意需要解决三个问题：说什么？怎么说？谁来说？信息内容应该和品牌定位相吻合，然后将其转化为合适的传播方式。选择一位可信度高、和品牌形象一致、受大众喜欢的名人做代言人能够受到更多的关注。

促销信息需要借助媒体得以传播。尽管媒体这个词通常指广播、电视、报纸和杂志等广告媒体，但是，媒体的概念适合所有的市场沟通手段，如帽子、衣服、建筑物、交通工具等。

做促销同样不能“三天打鱼，两天晒网”，做出一个时间规划至关重要。丰田销售公司副总裁曾说：“即使在需求旺盛时，在市场中保持动量也十分重要。”好的沟通效果需要充分和持久的努力。

3）活动评估。传播方案实施后，企业必须评价其效果。企业需要向目标顾客了解以下问题：能否识别和回忆所传播的信息，看到该信息的次数，能记住的信息内容，对信息的感觉，对公司产品过去和现在的态度等。最好能收集到与顾客有关的数据，如多少人购买了产品，多少人喜爱它，以及多少人同别人讨论它。

假设80%的目标顾客知道一个品牌，60%的人试用过，但试用过的人只有20%满意，则说明传播是有效的，但产品不能令人满意。但是，如果目标顾客中有40%的人知道该品牌，有30%的人试用过，试用过的人中有80%对产品感到满意，在这种情况下，则需要改进传播方案，发挥品牌优势。

（二）网络营销传播工具

随着互联网的快速发展，网络传播工具越来越成为促销传播的重要工具。

1. 网站

企业网站是网络营销综合传播工具。企业需要设计出包含或者表达其目标、历史、产品和愿景的网站，这些网站最好能让人过目不忘并能吸引重复访问者。西方专家认为有效的网站应该具备以下七个要素：

（1）情境（context）：网站布局和设计。

（2）内容（content）：网站上的文本、图片、声音和视频。

（3）社区（community）：怎样使用户之间进行沟通和交流。

（4）客户化（customization）：为不同的用户定制网站上的相关内容，或者让用户设置个性化网页页面。

（5）沟通传播（communication）：怎样使网站与用户之间建立起双向沟通传播。

（6）连接（connection）：网站同其他网站链接的程度。

（7）商务（commerce）：网站处理和解决交易的能力。

要想鼓励潜在顾客重复访问，企业必须对语境和内容因素特别注意，这就要求加入另一个“C”——持续的变化（constant change）。

网站访问者一般根据易用性和美观性来判断网站的优劣。易用性是指网站载入速度快、首页通俗易懂、链接到其他页面方便快捷。而美观性则体现为各个页面干净整洁而不被各种内容填满，字体、字号适宜，可读性强，网站颜色及声音使用恰当。

2. 网络广告

（1）点击付费广告。

点击付费广告（pay-per-click ads，PPC）发展非常迅速，这部分广告几乎占据了整个互联网广告的半壁江山。它是指企业把产品、服务等通过关键词的形式在搜索引擎平台（如百度、雅虎、谷歌等）上做推广，按效果付费，用少量的投入就可以给企业带来大量潜在客户，可有效提升企业的销售额。企业在购买该项服务后，通过注册一定数量的关键词，其推广信息就会率先出现在网民相应的搜索结果中。如在百度注册“老年产品”这个关键词，当消费者寻找“老年产品”时，企业就会被优先找到，百度按照给企业带去的潜在客户访问数收费。

在企业将大量资金投入搜索引擎的背景下，搜索引擎优化（search engine optimization，SEO）就成为网络营销的关键问题。SEO是一种利用搜索引擎的搜索规则来提高网站在有关搜索引擎内的排名的方式，主要目的是增加特定关键词的曝光率以增加网站的能见度，进而增加销售的机会。SEO的主要工作是：通过了解各类搜索引擎抓取互联网页面、进行索引以及确定其对特定关键词搜索结果排名等技术，来对网页进行相关的优化，使其提高搜索引擎排名，从而提高网站访问量，最终提升网站的销售或宣传的效果。对于任何一家网站来说，要想在网站推广中取得成功，搜索引擎优化都是至为关键的一项任务。

引例：百度推出“老年搜索”

2009年4月，百度推出了“老年搜索”。与普通的搜索功能相比，百度“老年搜索”增加了更多针对老年人群特点和需求的人性化设计，将老年人常用的如新闻、医疗、天气、曲艺、花鸟等网站在同一页面列出，老年人登录页面后不用打字，通过网址导航就能直接查找所需内容，而页面字体也根据老年人的需要做了优化，采用了大号字体。

资料来源：http：//baike. baidu. com/view/2345142. htm?fr=aladdin。

（2）横幅广告。

横幅广告（banner ads）是网络广告最早采用的形式，也是目前最常见的形式。横幅广告又称旗帜广告，它是横跨于网页上的矩形公告牌，当用户点击这些横幅的时候，通常可以链接到广告主的网页。

横幅广告一般是使用GIF格式的图像文件，可以使用静态图形，也可用动画图像。除普通GIF格式外，新兴的Rich Media Banner（丰富媒体横幅）能赋予横幅更强的表现力和交互内容，但一般需要用户使用的浏览器插件支持。

（3）插入式广告。

插入式广告（interstitial）或插播式广告，通常结合了视频或动画的广告形式，在网页发生变化时弹出，就像电视节目中出现在两集电视剧中间的广告一样。广告有不同的出现方式，有的出现在浏览器主窗口，有的新开一个小窗口，有的可以创建多个广告，也有一些是尺寸比较小的、可以快速下载内容的广告。无论采用哪种显示形式，插播式广告的效果往往比一般的横幅广告效果要好。

现在一种流行的插入载体是播客视频，广告主可以花钱在视频播放前插入时长15秒或30秒的广告，尽管这一费用高于其他媒体形式，但播客视频广告能够非常精确地到达某个细分市场，并且播客视频变得越来越流行。

3. 移动营销

移动营销（mobile marketing）又称无线营销，是指利用手机、平板电脑等工具，直接向目标受众定向和精确地传递个性化即时信息，通过与消费者的信息互动达到市场沟通的目标。移动营销是在强大的数据库支持下，利用手机通过无线广告把个性化即时信息精确有效地传递给消费者个人，达到“一对一”的互动营销目的。移动营销可以采用微信、短信、彩信、APP等适合除PC端以外的多种推广方式进行。其中移动广告近年来发展非常迅速，美国互联网广告局发布的数据显示，2012年，全球移动广告收入为89亿美元，高于2011年的53亿美元。其中，移动搜索广告增幅为

88.8%；移动显示广告增幅为87.3%；移动信息广告的增幅为40.2%。

企业还可以通过智能手机实施客户忠诚计划，通过追踪顾客的浏览记录和购买记录，对顾客进行奖励。通过追踪愿意接受服务顾客的地理位置，零售商在顾客靠近商店时及时发出该地区的促销信息，这样可以大大提高促销的有效性。

4. 社会化媒体营销

社会化媒体营销就是利用社会化网络、在线社区、博客、百科或者其他互联网协作平台和媒体来传播和发布资讯，从而形成营销、销售、公共关系处理和客户关系服务维护及开拓的一种方式。一般社会化媒体营销工具包括论坛、微信、博客（微博）、SNS社区，将图片和视频通过自媒体平台或者组织媒体平台进行发布和传播。

使用社会化媒体可以使消费者和品牌在前所未有的广度和深度上进行互动，营销人员应该尽全力鼓励有意愿的消费者积极参与。利用社会化媒体、口碑和话题营销要求企业全面权衡正面和负面效应。社会化媒体是一柄“双刃剑”，它能快速树立企业的良好形象，但也能一夜之间让企业臭名远扬。互联网让企业无法回避来自消费者的审查、批评，甚至恶意中伤。如果能够建设性、深思熟虑地使用社会化媒体和互联网，企业至少能够有办法树立一个良好的网络形象，在负面事件发生后，也会有办法进行补救。

项目小结

营销管理者在制定广告促销方案时，在确定目标市场并了解购买者动机的基础上，需要对广告的“5M”做出决策，即任务（mission）、预算（money）、信息（message）、媒体（media）和测量（measurement）。销售促进是短期很有效的促销方式，但需要根据促销目标灵活选择促销工具，精心设计促销方案。公共关系对塑造企业形象至关重要，公关经理要学会正确选择使用“PENCILS”工具，并选择恰当的媒体把信息传递给公众。企业应该有危机公关意识，当企业出现危机时，要临危不乱，遵照诚信、负责的原则及时做好内外部公关。推销决策首先要做好销售人员的招聘、培训、激励和评价工作。销售培训的重点是改变销售人员的态度，提升其技能，培养好的学习和工作习惯。推销过程一般包括发掘和选择合格的顾客、事前筹划、接近、介绍和示范、处理异议、成交和事后追踪环节。SPIN销售法是一个通过询问潜在顾客、发现问题、解决问题的过程，特别适用于高科技产品等大客户销售。

促销的核心是信息沟通，各种方式构成促销组合，主要包括面向大众的促销方式（广告、销售促进和公共关系）、面向个人的促销方式（人员推销和直复营销）和顾客相互之间的口头宣传方式（如蜂鸣营销、口碑营销）。整合营销传播过程包含若干一般选择（选择目标受众、设立目标、制定预算）、具体选择（要素组合、信息创意、媒体选择、时间安排）和活动评估（衡量传播效果）。

随着互联网的快速发展，网络传播工具越来越成为促销传播的重要工具。其中企业网站、网络广告（如点击付费广告、横幅广告、插入式广告）、移动营销和社会化媒体营销的作用日益突出。

教学做一体化训练

一、选择题（每题至少有一个正确答案）

1. 可信度最高的促销方式是（　　）。

A. 广告　　B. 销售促进　　C. 公共关系　　D. 人员推销

2. 以下促销方式中，最有利于人际关系培养的是（　　）。

A. 广告　　B. 销售促进　　C. 公共关系　　D. 人员推销

3. 为新产品或现有产品新特性建立知晓度的广告是（　　）。

A. 通知性广告　　B. 提醒性广告　　C. 说服性广告　　D. 强化性广告

4. 一条包含大量技术资料的广告信息适合在（　　）上做广告。

A. 报纸　　B. 杂志　　C. 广播　　D. 电视

5. 下列选项属于社会化媒体的是（　　）。

A. 论坛　　B. 微信　　C. 博客　　D. 广播

二、判断题（请在正确的论述后面打"√"，错误的论述后面打"×"）

1. 销售促进期刚结束，销售量下降，说明促销效果很差。（　　）

2. 有创意的广告一定是有效果的。（　　）

3. 应将SPIN模式看作是一个灵活的询问路线图。（　　）

4. 销售过程中顾客没有异议是比较理想的结果。（　　）

5. 对付商业谣言的最好办法是任其自生自灭。（　　）

三、简答题

1. 简述促销组合的内容。

2. 简述广告决策的内容。

3. 简述面向消费者有哪些销售促进工具。

4. 简述推销的一般过程。

四、案例分析

乔·吉拉德的故事

乔·吉拉德是世界汽车推销之王，他以连续12年平均每天销售6辆汽车的成绩创下一项吉尼斯世界纪录。当他在全世界与他人分享自己的成功经验时，他讲了这样一个小故事：

有一天，一位知名人士来向他买车，乔·吉拉德便推荐了一款最好的车型给他。试完车后，那人对车很满意，立即表示愿意购买。于是乔·吉拉德便陪同这位客人到收银台准备付账。他们边走边聊，可是当走到收银台时，客人突然变卦，说不买了，眼看就要成交的生意，一下子便没了。

乔·吉拉德为此事苦苦反思了一个下午，仍然百思不得其解。到了晚上11点多钟，他忍不住给下午那位客人打了一个电话。

"您好！我是乔·吉拉德，今天下午我曾经向您介绍一部新车，眼看您就要买下，却突然走了，我一直在反思，不知我什么地方做错了。"

"喂，你知道现在是什么时候吗？"

"非常抱歉，我知道现在已经是晚上11点钟了，但是我检讨了一下午，实在想不出自己错在哪里了，因此特地打电话向您讨教。"

"真的吗？"

“肺腑之言。”

“很好！你用心在听我说话吗？”

“非常用心。”

“但今天下午你没有用心听我说话。就在签字之前，我提到我的儿子吉米即将进入密歇根大学念医科，我还提到他的学科成绩、运动能力以及他将来的抱负，我以他为荣，但是你毫无反应。”

乔·吉拉德的确不记得对方曾说过这些事，因为他当时根本没有注意。他认为生意已经谈妥了，只剩下签字交钱最后一个程序。因此他根本就没有听对方说什么，反而在听办公室内另一位电话营销人员讲笑话。

这次教训是深刻的，让乔·吉拉德明白了一个道理：当客人在谈论一件非常自豪的事情时，自己不能无动于衷。

问题：

1. 乔·吉拉德丢掉这笔生意的深层次原因是什么？他当时应该怎么做？

2. 乔·吉拉德的故事给你什么启发？

五、营销辩论

长期以来被认为最成功的营销媒体——电视广告越来越多地被批评过于昂贵，以及再也不像以前那样有效。批评者认为，消费者通过转台跳过了很多广告，因此电视广告很难给消费者留下深刻印象。一些人称未来是互联网的世界。电视广告的支持者并不同意这一观点，他们认为电视的多感官影响力是无法超越的，没有其他媒体形式能够提供相同的潜在影响力。

辩论双方

正方：电视广告的影响力已经消退。

反方：电视广告仍然具有最强的影响力。

参考文献

1. ［美］菲利普·科特勒，凯文·莱恩·凯勒著．营销管理（第 14 版）．上海：格致出版社、上海人民出版社，2012.

2. ［美］菲利普·科特勒，凯文·莱恩·凯勒著．营销管理（中国版）（第 13 版）．北京：中国人民大学出版社，2009.

3. ［美］凯文·莱恩·凯勒著．战略品牌管理（第 3 版）．北京：中国人民大学出版社，2009.

4. ［美］克里斯托弗·洛夫洛克，约亨·沃茨著．服务营销（第 6 版）．北京：中国人民大学出版社，2010.

5. 应斌编著．银色市场营销．北京：清华大学出版社，2005.

6. 屈冠银主编．市场营销理论与实训教程（第 2 版）．北京：机械工业出版社，2009.

7. 屈冠银主编．电子商务物流管理（第 3 版）．北京：机械工业出版社，2012.

8. ［美］马丁·林斯特龙著．感官品牌．天津：天津教育出版社，2011.

9. ［美］艾尔·里斯，杰克·特劳特著．定位．北京：中国财政经济出版社，2002.

10. ［美］西奥多·李维特著．营销想象力．北京：机械工业出版社，2007.

11. 彭石普编著．市场营销：理论、实务、案例．大连：东北财经大学出版社，2011.

12. ［美］迈克尔·波特著．竞争优势．北京：华夏出版社，1997.

13. ［美］哈特利著．市场营销成与败．北京：中信出版社，2002.

14. ［美］威廉·庞德斯通著．无价：洞悉大众心理玩转价格游戏．北京：华文出版社，2011.

15. 李光斗著．情感营销．北京：北京大学出版社，2008.

16. 杜明汉主编．市场调查与预测——理论、实务、案例、实训．大连：东北财经大学出版社，2011.

17. ［英］迪克·斯特罗德著．现代老龄市场营销指导全书．北京：华文出版社，2011.

18. 在心主编．老年保健产业市场营销金典．北京：北京大学出版社，2013.

图书在版编目（CIP）数据

老年产品营销/屈冠银主编．—北京：中国人民大学出版社，2015.3
职业教育工学一体化课程改革规划教材．老年服务与管理系列
ISBN 978-7-300-20897-8

Ⅰ.①老…　Ⅱ.①屈…　Ⅲ.①老年人-产品营销-高等职业教育-教材　Ⅳ.①F769

中国版本图书馆 CIP 数据核字（2015）第 039416 号

职业教育工学一体化课程改革规划教材·老年服务与管理系列
北京劳动保障职业学院国家骨干校建设资助项目
总主编　王建民
老年产品营销
屈冠银　主　编
Laonian Chanpin Yingxiao

出版发行	中国人民大学出版社		
社　　址	北京中关村大街 31 号	**邮政编码**	100080
电　　话	010－62511242（总编室）		010－62511770（质管部）
	010－82501766（邮购部）		010－62514148（门市部）
	010－62515195（发行公司）		010－62515275（盗版举报）
网　　址	http://www.crup.com.cn		
经　　销	新华书店		
印　　刷	北京宏伟双华印刷有限公司		
开　　本	787 mm×1092 mm　1/16	**版　　次**	2015 年 9 月第 1 版
印　　张	14.5	**印　　次**	2025 年 7 月第 13 次印刷
字　　数	380 000	**定　　价**	32.00 元

版权所有　侵权必究　　印装差错　负责调换